# LA DERNIÈRE MARCHE

HELEN PREJEAN

# LA DERNIÈRE MARCHE

## UNE EXPÉRIENCE DU COULOIR DE LA MORT

POCKET

Titre original
*Dead man walking*
Traduit de l'américain par
Viviane Mikhalkov


ISBN : 2-266-07094-0

# REMERCIEMENTS

Je tiens à remercier tous ceux qui m'ont aidée dans l'écriture de ce livre :

Jason Epstein, directeur de collection à Random House qui a pris le risque de publier cette première œuvre et m'a guidée au long des trois révisions du texte. Sa rencontre a été pour moi une surprise. Je n'imaginais pas que le haut responsable d'une maison d'édition aussi vaste pût déployer tant de patience à l'égard d'un écrivain néophyte. Quant à ses collaboratrices, Julie Grau, Maryam Mohit et Mallay Charters, elles m'ont été d'une aide incommensurable. Mon agent littéraire, Gloria Loomis, personne énergique et dévouée, et ses deux assistantes, Kendra Taylor et Nicole Aragi, se sont montrées une source inépuisable d'encouragement et de soutien durant les deux années qu'a nécessitées la rédaction de ce livre. Jason DeParle, Lisa et Michael Radelet, Bill McKibben, ainsi que Sue Halpern, m'ont soutenue sans faillir pendant les révisions, me prodiguant des conseils inestimables.

Bien des gens ont lu le manuscrit et tous m'ont offert leurs suggestions : Liz et Art Scott, Tom Dybdahl, Judy Rittenhouse, Mary Riley, Millard Farmer, Ronald J. Tabak, Leigh Dingerson, Richard Dieter, Hugo Adam Bedau, Ronnie Friedman Barone, Bill et Debbie Quigley, Magdaleno Rose-Avila, Charles McGowan, Rosemary Lewis, sans oublier les religieuses de ma communauté – sœur Jane Louise Arbour, sœur Julie Sheatzley, sœur Barbara Hughes et sœur Jean Fryoux.

Nombreux ont été ceux qui m'aidèrent à réunir les

informations indispensables : Neal Walker, Nicholas Trenticosta, Gary Clements, Barbara Warren, Alice Miller, Howard Zehr, Ruth Immarigeon, Marc Mauer, Wilbert Rideau, Ron Wikberg, Sam Dalton, Ginger Berrigan, Michael Kroll, Dianne Kidner, Gerald Bosworth, C. Paul Phelps, Howard Marsellus, Peggy Norris, Pam et Keith Rutter, Allen Johnson Jr., Jonathan Eig, Janet Yassen, Jonathan Gradess, Dennis Kalob, Michael Small, John Craft, Bob Gross, Bill Pelke, Karima Wick, Loyd LeBlanc, Elizabeth et Vernon Harvey.

Le personnel de Hope House à La Nouvelle-Orléans m'a témoigné une aide et un encouragement indéfectibles : Odessa Carew, Idella Casimier, Don Everard, sœur Lilianne Flavin, Ethel George, frère Virgil Harris, Elaine Henry, Jarldine Johnson, Shirley Lemon, Patricia Robinson, Patrick Stevenson, Thero Stevenson, Melvin Thompson et frère Brendan Wilkinson.

Ont également travaillé sur le manuscrit à Random House Joan Benham, Shelley Garren et Dennis Ambrose, et ils n'ont pas ménagé leur peine. Enfin, c'est au travail inlassable de Walter Weintz, Bridget Marmion, Carol Schneider et Becky Simpson, que ce livre doit la couverture publicitaire dont il a bénéficié.

Enfin, je suis reconnaissante aux membres de ma communauté, les sœurs de Saint-Joseph de la Médaille, à ma famille et à Ann Barker, mon amie très chère, pour leur amour, leur amitié et le soutien moral qu'ils m'ont prodigué sans relâche.

# INTRODUCTION

Pour qu'une histoire soit intéressante, dit-on, il faut qu'elle retrace l'aventure d'un individu hors du commun plongé dans une situation banale ou bien celle de Monsieur Tout-le-monde confronté à une situation sortant de l'ordinaire. Dans ce livre, c'est le deuxième cas de figure qui s'applique. Protégée des vicissitudes de la vie de par mon origine bourgeoise, j'ai abordé en toute innocence l'un des sujets les plus explosifs et complexes qui soient sur le plan moral, la peine de mort.

Tout a débuté il y a dix ans, en Louisiane, quand j'ai écrit à un condamné du Couloir de la Mort et qu'il m'a répondu. Dès lors a commencé pour moi un voyage qui devait me conduire de la salle des exécutions aux associations en faveur des familles de victimes. Au début, la naïveté a guidé mes pas. Il m'a fallu du temps et bien des erreurs pour percevoir chacune des voix qui composaient le chœur de ce débat moral. Ce livre traite de mon cheminement.

De grandes douleurs s'expriment au fil des pages. Il y a tout d'abord des crimes indicibles. Puis, il y a la fureur, l'épouvante, la peine, une terrible ambivalence. Mais surtout, il y a le courage et une incroyable force d'âme.

L'expérience que je relate ici m'a changée à jamais.

Je me lançai aussitôt, sans plan préconçu, remettant à la Providence de placer dans ma bouche les mots justes au bon moment. Car j'avais remarqué que la Providence me soufflait toujours les mots qu'il fallait dire pour peu que je la laisse faire.

Mark Twain,
*Huckleberry Finn.*

# CHAPITRE I

Nous sommes en janvier 1982. Chava Colon, responsable de la Coalition pour le soutien aux prisonniers de Louisiane, me propose de correspondre avec un condamné à mort. J'y consens volontiers. Sa demande, à première vue, me semble avoir le même objectif que mon travail à Saint-Thomas, cité de logements sociaux de La Nouvelle-Orléans où je me suis établie dans l'intention de me consacrer aux Noirs défavorisés. Si cette cité n'est pas un Couloir de la Mort au sens littéral du terme, elle y ressemble par bien des aspects. Ici aussi, la mort est omniprésente ; armes à feu, maladies, drogue y règnent en maîtres et l'assistance médicale est quasi inexistante. Devenir la marraine d'un détenu ne m'éloigne pas de mon engagement : un homme confiné dans une cellule du Couloir de la Mort de Louisiane entre certainement dans la catégorie des défavorisés.

C'est en 1977 que je me suis forgée cette opinion, après avoir assisté à une conférence de John Vodicka, cofondateur de la Coalition de Louisiane. J'y ai appris bien des choses sur la peine de mort. Notamment qu'aux Etats-Unis, c'est dans les Etats du Sud qu'elle s'applique le plus sévèrement, la plupart du temps quand la victime est un Blanc.

Je rencontre souvent Chava Colon, car le local de la Coalition se trouve tout près de Hope House où je donne des cours de formation aux jeunes qui ont abandonné l'école.

Tout en inscrivant le nom du détenu sur un bout de papier, Chava me prévient : « C'est un solitaire, ce type, il n'écrit pas. Tu préférerais peut-être quelqu'un d'autre, qui réponde à tes lettres ? »

Voyant qu'il a fini d'écrire, je lui réponds : « Ne change rien. Je le prends. »

J'ignore, en cet instant, ce que ce petit bout de papier va me propulser dans un monde terrifiant dont je n'ai encore qu'une connaissance livresque, même si les meurtres sont fréquents à Saint-Thomas, tous ou presque relevant du même mélange explosif d'avenir bouché, de drogue et d'armes à feu.

Je lis : Elmo Patrick Sonnier, Matricule 95281, Couloir de la Mort, Prison d'Etat, Angola, Louisiane.

Le crime remonte au 4 novembre 1977. A l'énoncé des faits, je sens mon sang se glacer dans mes veines : ce jour-là, Patrick Sonnier et son jeune frère Eddie kidnappent un couple d'adolescents, Loretta Bourque et David LeBlanc, stationnés dans l'allée écartée d'un parc, du genre de celles qu'affectionnent les amoureux. Après les avoir transportés à une trentaine de kilomètres de là, les deux frères commencent par violer la fille, puis, l'ayant obligée, ainsi que son ami, à s'allonger par terre face au sol, ils leur font sauter la cervelle à tous les deux.

Je regarde le nom, horrifiée. Ai-je vraiment envie de connaître ce monstre ?

« C'est un Cajun de Louisiane. De Saint-Martinville », précise Chava.

L'assassinat n'en est que plus ignoble. En effet, cette petite ville au cœur de l'Acadie est l'un des endroits les plus charmants et accueillants qui soient. Ses habitants, à l'instar de ceux des bourgades voisines, agriculteurs ou pêcheurs pour la plupart, parlent le français et apprécient la bonne chère, échangent volontiers histoires et recettes de cuisine et aiment à danser le two-step ou le zydeco. Ils sont causants, même avec les gens qu'ils ne connaissent pas. C'est bien le dernier lieu sur terre où l'on imaginerait qu'un meurtre se produise.

Que vais-je bien pouvoir lui dire, à ce type ? Et lui, que trouvera-t-il à me raconter ?

« On a tout un dossier sur lui au bureau, dit Chava, si tu veux y jeter un coup d'œil. »

J'emporte l'adresse chez moi, dans l'appartement que je partage avec cinq autres religieuses depuis que je me suis installée à la cité Saint-Thomas, il y a environ six mois. Je me souviens encore de ma terreur en ce mois de juin 1981, lorsque j'ai garé pour la première fois la camionnette marron chargée de tout ce que je possède devant le 519, Saint Andrew Street, priant le Ciel de ne pas me faire tirer dessus. Sur les quinze cents personnes qui habitent les six blocs de brique claire de ce quadrilatère coincé entre le centre des affaires et le quartier des parcs, nous sommes pour ainsi dire les seuls Blancs. Uniquement des femmes, qui plus est. Au lendemain de ma première nuit, j'ai noté dans mon journal : « Peu dormi. Du vacarme jusqu'à trois heures du matin. Gens qui discutent et boivent au coin des rues. Suis tendue, inquiète. Ai entendu un coup de feu. En me couchant, ai vérifié que mon lit était bien sous le rebord de la fenêtre, au cas où une balle serait tirée de la rue. Suis-je bien à La Nouvelle-Orléans ? J'ai l'impression d'être en terre inconnue. »

Ma venue à Saint-Thomas est liée à un mouvement de réforme au sein de l'Eglise catholique, visant à mettre la foi au service de la justice sociale, conformément à la position adoptée par le Synode mondial des évêques de 1971, où la justice a été déclarée « partie constituante » de l'Evangile.

De tout temps, l'Eglise a prôné la justice dans ses enseignements. Il suffit pour s'en convaincre de relire les encycliques dites « sociales », que l'on qualifierait difficilement de littérature à l'eau de rose. Elles sont, à ce que l'on dit, le secret le mieux gardé de l'Eglise catholique. S'engager à mettre en pratique la justice dans les rapports sociaux est, en effet, plutôt dérangeant, car faire siennes les luttes des pauvres revient, finalement, à s'en prendre aux riches et à ceux qui servent leurs intérêts. Comme l'a dit la militante sociale catholique Dorothy Day * [1], « réconforter les affligés et affliger ceux qui vivent dans le confort, c'est cela qui est au cœur même de l'Evangile ».

En 1980, la communauté religieuse à laquelle j'appartiens, les Sœurs de Saint-Joseph de la Médaille, a pris l'engagement de « se tenir aux côtés des pauvres ». J'y ai adhéré moi aussi, sans grand enthousiasme. Cette nouvelle orientation bouleversait la foi que j'avais héritée de mon enfance, où la relation directe et personnelle

* Les appels de notes chiffrés sont répertoriés à la fin de l'ouvrage (p. 301), et indexés chapitre par chapitre *(N.d.E.)*

avec Dieu, la paix intérieure et l'amour du prochain vous ouvraient les portes du paradis à la fin de votre vie sur cette terre. Je me voyais mal en train de me colleter avec des données économiques et politiques. On était des bonnes sœurs, après tout. Pas des assistantes sociales ! Certaines réalités de la vie, bonnes ou mauvaises, étaient, à mon sens, des données de base fermement établies et le fossé entre riches et pauvres n'était jamais que l'une d'elles. Jésus-Christ lui-même n'avait-il pas dit : « Les pauvres seront toujours parmi vous » ? De plus, tout était terriblement complexe ; le monde vivait dans le désordre et la question sociale était embrouillée au milieu de toutes les autres. Que l'on tire sur un fil – améliorer les conditions de logement des déshérités, par exemple – et une avalanche de problèmes vous dégringolait sur la tête : bureaucratie, gaspillage au sein des programmes d'aide gouvernementaux, racisme en matière de transactions immobilières et bancaires, chômage. Bref, tout cela était d'une confusion inouïe.

C'est en juin 1980 que la lumière se fit en moi. Je me rappelle la date, car elle changea ma vie. Ma communauté s'était rassemblée à Terre Haute, dans l'Indiana, afin de recevoir les directives de nos supérieures pour la décennie à venir. L'orateur principal, sœur Marie Augusta Neal, de la congrégation des sœurs de Notre-Dame de Nazareth, nous fit un exposé sur les inégalités dans le monde. Lesquelles étaient flagrantes : les deux tiers de la population mondiale vivaient au seuil ou en deçà du seuil de pauvreté, alors qu'un tiers baignait dans l'abondance. Sociologue de formation, elle connaissait son sujet. Savions-nous, demanda-t-elle, que les Etats-Unis consomment 48 % des biens produits sur la planète, alors qu'ils ne regroupent qu'environ 6 % de la population mondiale ? Qu'allions-nous faire pour remédier à cela ? En moi-même, je lui opposais que *nous étions des religieuses ; nous n'étions pas des assistantes sociales ni des militantes politiques*. J'aurais pu croire qu'elle avait lu mes pensées, car elle déclara qu'être apolitique ou neutre face à de telles injustices signifiait, en réalité, soutenir le statu quo – autrement dit, prendre politiquement position. Et qui plus est, du côté des oppresseurs.

Mais ce fut sa manière de présenter le message de Jésus qui modifia le plus radicalement mon point de vue :

« Les Evangiles nous enseignent que Jésus a annoncé la bonne nouvelle aux pauvres et cette bonne nouvelle était qu'ils n'allaient pas rester pauvres longtemps. » Pour cela, ils devaient cesser d'accepter humblement pauvreté et souffrances comme étant la volonté de Dieu, mais au contraire se battre pour obtenir le minimum vital qu'ils étaient en droit d'attendre. « Et ce que demande Jésus à ceux qui ne sont pas pauvres, poursuivit-elle avec force, c'est de se défaire de leurs biens et de les partager avec les démunis. »

Quelque chose en moi avait dû mûrir dans ce sens car, en l'espace d'un éclair, je compris que j'avais mené jusque-là une vie spirituelle éthérée, déconnectée du monde. La réunion terminée, je partis en quête des pauvres. Un an plus tard, je débarquais à Saint-Thomas.

J'avais grandi à Baton Rouge, en Louisiane, dans les années quarante et cinquante, au sein d'une famille unie comme chacun rêverait d'en avoir. Mon père et ma mère débordaient de tendresse et d'attentions pour leurs enfants; j'avais un frère et une sœur, Louie et Mary Ann, avec qui je jouais, me disputais, ou faisais des blagues. Bref, que j'aimais. Nous étions inscrits dans des écoles catholiques, habitions une grande maison de deux étages et voyagions beaucoup, aux Etats-Unis comme au Canada et en Europe.

Le soir, ma mère me faisait m'agenouiller au pied de mon lit pour dire ma prière. Celle-ci se terminait toujours par : « ...et pour les pauvres qui n'ont nulle part où dormir cette nuit ». Ces pauvres, pour moi, occupaient un lieu vague, au pays de Peau-d'Âne et de Cendrillon. Je n'avais aucun rapport direct avec eux.

Les « gens de couleur » qui travaillaient pour nous, je ne les considérais pas comme des pauvres. Ils étaient simplement des « gens de couleur » qui font ce que font les « gens de couleur », c'est-à-dire travaillent pour les Blancs et vivent là où vivent les gens de couleur : à la campagne – dans des baraquements, et en ville – dans le quartier noir. Quand j'étais petite, un couple de Noirs vivait chez nous à demeure, dans « les communs » comme nous appelions la maison où ils logeaient, en retrait de la nôtre. L'homme s'occupait du jardin et la femme, en uniforme blanc, aidait aux travaux domestiques. Ils n'utilisaient jamais nos salles de bains et prenaient toujours leurs repas à la cuisine. A la maternelle, de même qu'à l'école primaire, tous les élèves étaient des Blancs ; à l'église, les Noirs avaient leurs bancs dans un coin réservé et venaient en dernier recevoir la communion. Dans les autobus, ils se tenaient à l'arrière. Et pour un enfant blanc, aller s'asseoir « cinq vraies secondes » dans le fond du bus avec les Noirs était un pari d'une audace infinie. Je l'avais fait plusieurs fois pour filer dare-dare rejoindre mes amies qui gloussaient à l'avant.

Pourtant, dès ma petite enfance, quelque chose m'attirait déjà chez les Noirs. Une fois, je me rappelle, j'avais cinq ans à l'époque, je m'étais glissée parmi des ouvriers noirs que mon père avait engagés pour arracher une souche d'arbre. Je les avais regardés manier la hache d'un mouvement lent et régulier, je les avais écoutés fredonner des blues et se raconter des histoires de femmes, d'ivresse et de prison. J'avais devant moi la vie à l'état brut, sans fioritures, la vie terre à terre. Et elle était vibrante, opiniâtre, forte. J'étais fascinée. Ce ne fut pas le cas de ma mère. A peine m'eut-elle aperçue qu'elle m'ordonna de rentrer.

C'est à l'âge de douze ans, en décembre 1952, que je fus pour la première fois témoin de violences physiques à l'égard d'une personne de race noire. Je me rendais en autobus à la Troisième Rue faire des courses de Noël avec une amie de classe, Elise Gauthier. Nous étions en cinquième. Tout nous paraissait drôle, cette année-là. Pendant tout le trajet, nous nous étions raconté des blagues éculées qui nous avaient fait rire aux larmes. Arrivé à la Troisième Rue, l'autobus s'arrêta. Les passagers se pressaient pour descendre quand Elise et moi entendîmes le chauffeur hurler des obscénités à l'adresse d'une jeune femme noire, tout en la bourrant de coups de pied pour la faire s'activer. Elle atterrit à quatre pattes sur le trottoir. Son sac s'était ouvert et de la monnaie roulait dans tous les sens. Elle ne dit pas un mot, ne lança même pas un regard au chauffeur. Elle se remit simplement debout et partit. La scène m'avait écœurée.

Sans aller jusqu'à remettre en question la ségrégation raciale, mes parents ne traitaient pas les Noirs durement. Papa, qui était avocat, représentait des Noirs et leur demandait cinq dollars pour ses services. Il en avait aidé plusieurs à acquérir des biens et à devenir propriétaires de leur toit. Il me faudrait des années pour comprendre l'inhumanité qu'ils subissent à tous les niveaux de la vie et apprendre que la seule gentillesse ne suffit pas quand le système entier est injuste.

Ici, à Saint-Thomas, dans cet Etat de Louisiane qui, selon les statistiques, est au premier rang de la nation pour la misère et au neuvième pour les homicides, où les habitants gagnent en moyenne 10 890 dollars par an, où la moitié de la population ne termine pas ses études secondaires, où un habitant sur six se nourrit grâce aux bons d'alimentation, où un bébé sur trois naît d'une mère célibataire, je découvre maintenant bien des choses sur le système et ce qu'il impose aux gens.

Nombreuses sont les filles de dix-sept ans à avoir un enfant, quand ce n'est deux. Sans aucune chance de poursuivre des études supérieures ou simplement de visiter la Floride en classe de terminale, sans espoir de faire carrière ou de jamais posséder une voiture – laquelle leur procurerait indépendance et liberté de mouvement – elles sont la proie du premier garçon qui posera les yeux sur elles. Combien sont-elles, comme cette Lily de seize ans, à m'avouer, en berçant un petit paquet enveloppé de chiffons comme elles le feraient d'une poupée, qu'elles ont voulu ce bébé pour avoir enfin quelque chose qui ne soit rien qu'à elles !

Crayon en main, je fais des calculs dans tous les sens, pour aider Shirley, une mère célibataire, à joindre les deux bouts. Comment peut-elle vivre avec son enfant des 138 dollars de l'AFDC, le Fonds d'aide aux familles avec enfants à charge, et des 123 dollars de bons d'alimentation ? Elle est au désespoir, incapable de décider s'il vaut mieux pour elle travailler ou continuer de vivre sur ses allocations familiales, lesquelles lui fournissent au moins une assurance médicale pour l'enfant. L'emploi de caissière auquel elle songe est un temps partiel de 35 heures (horaire communément adopté par la plupart des supermarchés de la ville), payé au minimum, sans aucune couverture médicale ni cotisation à une caisse de retraite. Prendre un travail est synonyme de frais supplémentaires – garde du bébé, dépenses médicales, augmentation du loyer (le montant étant calculé en fonction du revenu), transport... Les habitants de Saint-Thomas qui parviennent à décrocher un travail à *plein temps* reçoivent en général des salaires minimum et ceux-ci ne dépassent que de trente-cinq dollars environ le montant des allocations familiales. Une étude du Bureau des Statistiques indique qu'en 1990, les personnes employées à plein-temps et payées au salaire minimum n'ont reçu que 8 840 dollars dans l'année. J'avais toujours cru qu'avoir un métier était le moyen de s'en sortir. Je sais maintenant ce que signifie l'expression « un salaire de misère ». (En 1989, trente-sept millions trois cent mille travailleurs américains, soit 39 % des citoyens imposables, ont touché des revenus annuels inférieurs à 15 000 dollars) [2].

Et les enfants ? Au dîner, sœur Thérèse Saint-Pierre parle des petits de trois et quatre ans de son groupe préscolaire, à qui des mots comme « laitue » ou « divan » sont totalement inconnus. La plupart d'entre eux iront grossir le chiffre des échecs scolaires, et cela dès le Cours Moyen. Evidence prévisible avant même qu'ils n'entrent à l'école primaire où, de toute façon, les classes sont surpeuplées, mal encadrées et mal équipées.

Quelle autre solution auront-ils, si ce n'est « fourguer des sachets » ? C'est si facile de se faire vingt dollars en vendant de la cocaïne dans les rues. Alors que, s'ils prennent un petit boulot après l'école ou pendant les vacances, le montant de leur salaire sera retiré des allocations de leur mère.

Je les vois faire, ces gamins. Choquée, ahurie, j'assiste à des échanges de poudre blanche au vu et au su de tout un chacun, sans jamais qu'aucun policier se montre. Les autorités s'en émeuvent-elles ? Nullement. Déjà en 1972, voici ce qu'un haut responsable de la municipalité rétorquait benoîtement à sœur Lory Schaff venue lui exposer ses inquiétudes, elle qui avait fondé Hope House en 1969 : « Nous savons bien que la drogue va surgir *quelque part,* dans toutes les villes du pays. Au moins, chez nous, connaissons-nous l'endroit ! »

Et la violence ? En général, lorsque la presse fait état d'un assassinat, c'est que la victime est un Blanc et, dans ce cas, l'article a droit le plus souvent à la première page. Or, les meurtres commis à Saint-Thomas ont pour victimes des Noirs.

Mais le pire est encore la manière dont la police traite les habitants du quartier. Chaque fois, la même histoire se répète : rafle – à l'encontre de jeunes gens principalement – insultes, passages à tabac, pouvant aller jusqu'à mort d'homme. J'ai été personnellement témoin de cas semblables. J'ai vu des agents plaquer violemment contre des voitures de police les jeunes qu'ils arrêtent, leur passer les menottes, les jeter à l'intérieur et les emmener au loin. Un jour, l'un d'eux nous interpella, une religieuse et moi, alors que nous assistions, ébahies, à la scène : « Les sœurs, z'êtes témoins. J'ai pas de drogue. C'est eux qui vont m'en fourrer dans les poches. J'ai pas de drogue, moi ! » Une étude du Département fédéral de la Justice portant sur la période 1984-1990 révèle que La Nouvelle-Orléans est la ville des Etats-Unis où le plus grand nombre de plaintes a été déposé à l'encontre de la police [3].

Un poème de Langston Hughes me revient en mémoire :

Les Nègres,
Doux et dociles,
Soumis, humbles et bons :
Méfie-toi du jour
Où ils changeront [4]...

Et pendant ce temps-là, Reagan taille dans toutes les subventions : fonds d'aide prénatale et à l'enfance, logements sociaux, apprentissage, bons d'alimentation. Entre 1981 et 1991, le gouvernement fédéral a diminué de 25 %, en dollars réels, le budget de l'Education nationale et augmenté de 29 % les crédits de la Justice alloués à la juridiction criminelle. A mesure que l'on brade les programmes sociaux, de nouvelles prisons sont bâties. Entre 1975 et 1991, le nombre d'établissements pénitentiaires pour adultes est passé de trois à douze en Louisiane et la population carcérale a augmenté de 249 %. Pendant toutes les années quatre-vingt, la Louisiane a été au premier, deuxième ou troisième rang des Etats-Unis pour le nombre d'inculpations, et ce, à un coût annuel de 15 000 dollars par détenu. Somme qui ne tient pas compte du coût de construction des prisons, lequel se monte, en moyenne, à près de 50 000 dollars le lit.

Cette croissance exponentielle des lieux de détention n'est pas l'apanage exclusif de la Louisiane, c'est une tendance générale à travers tout le pays. En 1990, un million cent mille personnes ont été sous les verrous aux Etats-Unis, chiffre de détention le plus élevé au monde, alors qu'en 1980 il atteignait à peine cinq cent mille. Mais si l'on veut connaître le taux global de la population relevant de la juridiction criminelle, il faut encore ajouter à ce nombre les individus libérés sur parole ou placés en liberté surveillée. L'on obtient alors, toujours pour l'année 1990, le chiffre d'un adulte sur quarante-trois : un homme sur vingt-quatre et une femme sur cent soixante-deux. Coût total annuel de l'opération : vingt milliards de dollars.

Presque tous les gens que je connais à Saint-Thomas ont un membre de leur famille en prison. (En 1989, un Noir sur quatre, de sexe masculin, dans la tranche d'âge des 20-29 ans, se trouvait sous contrôle juridique.) Comme le résume une femme : « Nos jeunes ne quittent le quartier qu'en panier à salade ou en corbillard. »

J'ai l'impression de me trouver en zone de guerre, en territoire étranger. Langue, habitudes et règles de vie n'ont rien à voir avec ce que j'ai connu auparavant.

« Bien sûr que c'est pas un endroit pour élever nos gosses », s'écrie une mère, les yeux brillants de colère. « C'est un ghetto où on nous parque ! Mais où est-ce que je pourrais aller ? Nulle part ailleurs je pourrais payer le loyer et l'électricité. »

Et malgré tout, je ne désespère pas : ici, c'est un gamin qui se fait de l'argent dans un drugstore, le soir après l'école, pour que sa mère qui travaille elle aussi puisse acheter des vêtements à ses sœurs ; là, c'est un jeune de vingt-deux ans qui, après une courte période de détention, a décidé d'apprendre à lire et suit régulièrement les cours du Centre d'enseignement pour adultes (il en est au niveau CM2) ; là encore, c'est une mère qui remplit deux emplois pour que sa fille puisse poursuivre ses études en fac ; ou bien c'est un ancien détenu qui organise un club de garçons dans le quartier ; ou un étudiant compétent qui apprend aux gens de la cité à monter des groupes d'entraide... Ceux-là sont comme les fleurs qui poussent tout droit entre des blocs d'asphalte. C'est à eux que je dois ma persévérance.

Face à leur dénuement, comment pourrais-je ne pas considérer comme un privilège le fait d'être capable de lire n'importe quel texte et de le comprendre, d'écrire une phrase entière avec la ponctuation correcte, ou encore d'avoir parmi mes relations avocat, juge, éducateurs, religieux que je peux contacter si besoin est ? Privilèges qui m'ont accompagnée tout au long de ma vie depuis l'enfance et que j'avais tenus jusque-là pour un état de fait allant de soi. Qu'en serait-il de moi si j'avais dû grandir sans le soutien d'aucune de ces béquilles? Mon caractère aurait-il été sans faille ? Qu'est-ce qui me permet de croire que je ne me serais pas retrouvée enceinte à dix-sept ans, moi? Ou que je serais respectueuse de la loi?

Mystérieusement, ma vie et mon travail à Saint-Thomas me font aller à l'essentiel et me procurent une certaine liberté d'esprit. J'apprécie jusqu'au fait de ne pas avoir l'air conditionné. La chaleur ralentit les gestes, vous laissez tomber les choses inutiles. La moindre brise vous fait bénir le ciel et vous recherchez la compagnie des arbres. Un bain froid, un verre d'eau glacée, voilà ce qui est bon. Des choses simples. Surtout, j'ai l'occasion pour la première fois de me lier avec des Noirs, et de réaliser enfin tout ce dont a été privée ma vie d'autrefois, dans mon milieu de Blancs.

Je ne vais pas dans le sens de l'époque, pourrait-on dire. Nous sommes dans les années quatre-vingt. Les militants des années soixante, à ce qu'il paraît, sont en période d'hibernation. Et j'en suis, moi, à faire des échauffements avant de passer à l'action.

Je me nourris d'auteurs comme Gandhi, Alice Walker, Albert Camus, Dorothy Day ou Martin Luther King. Mes prières se sont modifiées. Autrefois, je demandais à Dieu de remettre les égarés dans le droit chemin et de réconforter les affligés. Maintenant, je sais, je le sais véritablement, que c'est à nous que Dieu confie ces tâches.

Voilà pourquoi, le soir où Chava me transmet le nom de ce détenu du Couloir de la Mort, je lui écris une lettre, aussitôt le dîner terminé.

Mon correspondant, M. Sonnier, Cajun de Saint-Martinville, est blanc. Voilà qui a de quoi surprendre. J'aurais imaginé qu'il s'agissait d'un Noir. Je lui parle un peu de moi, de mon travail. Et je lui dis que s'il ne veut pas me répondre, cela n'est pas important. Moi, je continuerai à lui écrire.

Je lui envoie trois photos. Une de moi à poney dans les bois (la seule que je possède et Chava a insisté pour que je lui envoie mon portrait) ; une autre de Bay Saint Louis sur le Mississippi, avec l'eau toute bleue et scintillante; et une image du Christ en croix.

Au moment d'écrire sur l'enveloppe « Couloir de la Mort », je fais une pause. A quoi cela ressemble-t-il, de vivre Rue des Gens qui attendent la mort ? Quel effet ça fait d'avoir commis un acte vraiment terrible, mauvais, irréparable ? Moi, je ne peux plus me supporter quand j'ai fait de la peine à quelqu'un. Je me rappelle encore dans quel état j'étais, quand avec un groupe de copains on s'est moqués d'une grosse fille à une soirée. J'étais en classe de seconde, à l'époque. Avant, à huit ans, j'avais torturé un opossum que des gamins du voisinage avaient coincé dans un angle de mur. Et moi, pour leur prouver que j'étais aussi dure qu'eux, j'ai pris mon tour pour frapper l'animal avec un bâton jusqu'à ce que le sang lui sorte de la gueule. J'en ai eu des cauchemars toute la nuit. Toute la nuit, j'ai vu sa tête en sang et je n'ai cessé de me dire que des bébés opossums attendaient peut-être que leur mère leur rapporte à manger.

Mais ça, c'est ma sensibilité à moi. Pas celle de ce Sonnier. Lui, ça lui est peut-être égal de faire souffrir les autres. Peut-être ne réalise-t-il pas que les proches de ses victimes, prisonniers de leur désespoir, sont dorénavant et par sa faute enfermés eux aussi dans un Couloir de la Mort. La violence lui est peut-être naturelle. Et si c'était une brute ?

Tout en cachetant l'enveloppe, je me demande à quoi ressemblaient ses victimes. Je pense à la douleur de leurs parents. Ce doit être horrible de perdre un enfant, assassiné sans raison. J'imagine la souffrance de ma mère si Mary Ann, Louie ou moi-même étions abattus. Elle aurait préféré mourir elle-même. Pauvres parents ! Comment les réconforter ? Cela fait maintenant cinq ans que le crime a eu lieu. Les Bourque et les LeBlanc doivent avoir relégué leur peine au fond de leur cœur, me dis-je. Ils n'ont certainement pas envie d'entrer en contact avec quelqu'un lié au meurtrier.

J'ai tort. Et Lloyd LeBlanc me reprochera par la suite de ne pas avoir cherché à le rencontrer dès le début. Quant aux Bourque, ils seront outrés et blessés de l'attention manifestée par l'Eglise à l'égard du meurtrier de leur fille. Goldie Bourque s'en plaindra à un reporter : « Pourquoi n'est-elle pas venue nous parler, pour comprendre ce que nous éprouvons ? » Je ne rencontrerai les Bourque et les LeBlanc qu'un an et demi plus tard, quelques jours avant l'exécution de Pat Sonnier, à l'audition de son recours en grâce. Bien des années après, Elizabeth et Vernon Harvey, dont la fille Faith aura été tuée par Robert Lee Willie, autre condamné à mort avec qui je me lierai, m'emmèneront à des réunions de familles de victimes et je découvrirai alors comment les aider aussi. Mais pour le moment, je n'en suis pas encore là.

Une semaine plus tard, je reçois une lettre en provenance de la prison d'Etat d'Angola, en Louisiane, me signifiant que je n'ai pas observé le réglement quant à la taille des photos jointes à mon courrier. Celles du Christ et de Bay Saint Louis, qui excèdent la taille autorisée, me sont retournées.

Une autre lettre suit peu après. D'Angola, elle aussi. De l'homme qui, paraît-il, ne répond à personne. Sonnier.

En fait, il serait bien content de correspondre avec moi. Jusque-là, il a tenté de se débrouiller seul, ne voyant pas l'intérêt de se lier avec quelqu'un puisque de toute façon il va mourir. Mais il avoue que « c'est trop dur ». Mon courrier sera le bienvenu. Il me dit aussi que lorsque le gardien lui a jeté la lettre par les barreaux de sa cellule, il a cru tout d'abord que c'était une erreur. Une Helen lui écrivait ? Qui ça ? Son ex ? Celle-là, il ne veut pas en entendre parler. Le torchon brûle entre eux. Sa lettre, il allait la déchirer sans la lire. Regardant mieux, il avait vu marqué « Sœur Helen » sur l'enveloppe. Une bonne sœur ? Il n'en raffole pas des masses, des bonnes sœurs. Elles lui ont refilé trop de coups de règle sur les doigts au catéchisme, quand il était petit. Sa fière ironie me fait sourire.

Je me représente la scène : « Qui est Dieu ? » *Clac, clac, clac !* « Dieu est *amour*. Ne l'oubliez pas. » *Clac, clac !*

Ma photo sur le poney l'a bien fait rigoler. Il ne branlait pas trop des pattes sous mon poids, ce malheureux canasson ? Les bonnes sœurs qu'il a connues portaient l'habit. Est-ce que je suis en habit, moi aussi ?

Il me demande si « on peut parler avec des mots normaux ». Le conseiller spirituel qu'il a eu lui parlait « en citations » de la Bible. Il n'y comprenait rien. Leur relation n'a pas duré.

Je lui réponds que nous allons parler comme tout le monde, ce qui est la seule façon que je connaisse.

Nous correspondons bientôt régulièrement. Je joins parfois des coupures de journaux à mes lettres, ou bien des bandes dessinées. Lui me décrit sa cellule. Elle mesure environ deux mètres de large sur deux mètres cinquante de long. Sa couchette occupe tout un côté, des toilettes et un lavabo en acier, surmonté d'une plaque d'acier poli en guise de miroir, sont scellés au mur du fond. Ses affaires, il les garde sous son lit dans une caisse qu'il utilise pour faire des exercices de traction. C'est difficile de ne pas grossir dans ce genre d'endroit quand il n'y a au menu que pommes de terre, riz, crêpes de maïs et haricots et que l'on passe vingt-trois heures sur vingt-quatre en cellule. Il n'est autorisé à en sortir qu'une heure par jour, à des moments variables (le plus tôt étant cinq heures du matin) et il peut, s'il le désire, aller voir les onze autres prisonniers de sa section. Mais les relations entre détenus sont souvent tendues. « Si quelqu'un t'a dans le nez, il peut venir t'asperger d'eau bouillante à travers les barreaux ou te bombarder avec les piles de sa radio. Ou encore te balancer ses excréments. » Bref, il préfère rester dans son coin. Il a comme voisin de cellule un Noir pas commode, qui voit du racisme partout et lui, il n'est pas d'accord.

Sans pour autant oublier son crime, je commence à considérer Sonnier comme mon semblable. Très vite, je suis incapable de faire coïncider le Cajun simple et sans façon de ses lettres avec le meurtrier brutal de deux jeunes gens sans défense.

Je remarque que les enveloppes portent au coin un petit carré rouge avec la mention « indigent ». Privé de revenus, étant interdit de travail, il a droit à deux enveloppes comme celles-là par semaine, m'explique-t-il. S'il était autorisé à travailler, il toucherait deux *cents* et demi de l'heure. (Apparemment, le Treizième Amendement de la Constitution sur l'abolition de l'esclavage [5] ne s'applique pas aux détenus.) Je lui propose de lui envoyer des timbres. Il est enchanté. « Comme ça, je pourrai vous écrire plus souvent. » Ses enveloppes s'ornent maintenant de dessins, alligators, canards ou écureuils.

Sa mère, qui habite à Saint-Martinville, vient rarement le voir. « Sa santé n'est pas très bonne, c'est dur pour elle de venir jusqu'ici », dit-il pour l'excuser. Son frère Eddie est également détenu à Angola. Condamné à perpétuité.

Nous correspondons depuis près de deux mois quand il m'envoie un portrait de lui, pris après son incarcération. Je ne l'ai encore jamais vu en photo. On ne peut pas dire qu'il ait l'air dangereux, mais ses sourcils broussailleux et leur implantation vers le bas lui donnent une expression pas très rassurante. Je suis soulagée de le savoir derrière les barreaux.

Sonnier ne m'ayant encore rien dit de son crime, j'appelle Chava et lui demande la permission de consulter son dossier.

Lorsque j'arrive à la Coalition, deux piles m'attendent sur la table, épais dossiers marron que Chava m'autorise à emporter si je le souhaite. Il y a aussi les minutes du procès, c'est-à-dire la transcription du moindre mot prononcé durant les audiences. Ce sont ces pièces que les avocats épluchent pour interjeter appel, m'explique Chava, ainsi que les arrêtés de la cour fédérale, chargée de vérifier que les tribunaux des Etats ont bien respecté les droits constitutionnels des accusés. (Le nombre de jugements modifiés suite à la révision en cour fédérale est élevé. Pour la période couvrant les années 1976-1990, 40 à 60 % des peines capitales ont ainsi été commuées) [6].

Chava m'apprend encore que durant sa première semaine de détention au Couloir de la Mort, Patrick Sonnier a reçu deux lettres, l'une du juge de son procès lui annonçant la date de son exécution – six semaines plus tard –, l'autre de son avocat lui signifiant la fin de ses services. Selon le code de Louisiane, les avocats commis d'office n'ont à défendre leur client que devant les tribunaux d'Etat. Ils ne sont pas tenus de le faire en appel devant la cour fédérale [7]. Or, le sursis ne peut être prononcé qu'une fois l'appel interjeté.

« Je ne te dis pas les coups de fil paniqués qu'on reçoit des types du Couloir, pour nous supplier de leur trouver un avocat, s'exclame Chava. Tu te doutes bien qu'ils n'ont pas le premier sou pour le payer et que les avocats qui acceptent de défendre un condamné à mort – gratis, bien entendu – ne se bousculent pas au portillon. Ils ont d'autres chats à fouetter que de rappliquer au premier claquement de doigts. Pour les recruter, c'est la croix et la bannière, car préparer un pourvoi en appel exige des heures et des heures de boulot. »

Je lui demande qui s'en charge dans ce cas.

« Des gens qui croient en l'équité. »

Il arrive en effet que des avocats pourtant favorables à la peine de mort acceptent de représenter un condamné en appel parce qu'ils croient que le droit à l'*habeas corpus* ne saurait être dénié à quiconque, quelle que soit l'horreur du crime commis. La Coalition, malgré tout, est obligée de recruter plus de la moitié de ses avocats dans d'autres Etats. L'avocat de Sonnier, originaire de Louisiane n'a pas été commis d'office. Il s'est proposé de lui-même.

Le fait qu'il ait décidé volontairement de se charger de la défense doit inciter Pat à lui faire confiance. J'imagine, moi, qu'il doit être très fort. J'ignore tout des points de droit sujets à révision dans ce type d'affaires. Pat n'a mentionné qu'une seule fois, et en passant, avoir reçu une lettre de son avocat.

« Tu n'auras qu'à tirer la porte en partant. Ça se fermera tout seul », me lance Chava. Et le voilà parti.

Je considère la montagne de documents qui s'élève devant moi. Je fais glisser la pile des minutes, sept tomes, à un bout de la table et ouvre un dossier intitulé « Correspondance ». Je tombe sur une lettre d'Eddie Sonnier, le frère de Pat, envoyée de la prison de la paroisse *.

« Ces avocats qu'on a, je suis pas sûr qu'ils font ce qu'il faut pour mon frère ou moi, parce qu'on les voit pour ainsi dire jamais. Pouvez-vous nous aider ? »

Je saisis un autre dossier au sommet de la pile. « Presse ».

« Peu d'indices », titre en première page le *New Iberian* du 7 novembre 1977, au-dessus d'une photo représentant un couple d'adolescents : le garçon a des yeux rieurs, la fille un demi-sourire paisible. Selon l'article, David LeBlanc, dix-sept ans, et Loretta Bourque, dix-huit ans, étaient des jeunes gens heureux et épanouis jusqu'à la soirée fatidique de ce vendredi lorsque, revenant d'un match de football au lycée catholique, ils ont été abattus chacun de trois balles de 22 long rifle, tirées à bout portant dans la nuque.

Au lendemain de la découverte des cadavres, l'*Iberian* publie dans son éditorial : « Il est difficile d'imaginer qu'une aimable communauté comme la nôtre abrite

* Paroisse : nom donné aux districts, en Louisiane *(N.d.T)*.

en son sein un individu capable d'envisager une telle ignominie et, qui plus est, de la perpétrer. »

Il faut tout un mois d'enquête pour capturer les assassins. Le 2 décembre, leurs visages ricaneurs s'étalent à la une de l'*Iberian*. Il s'agit d'Elmo Patrick Sonnier, vingt-sept ans, et d'Eddie James Sonnier, vingt ans, placés en garde à vue sans caution dans la prison de la paroisse. Des avocats leur ont été commis d'office.

Outre cette accusation de meurtre, les frères Sonnier ont à répondre de dix chefs d'inculpation pour enlèvement qualifié et d'un onzième pour viol caractérisé. On déclare, de source policière, que six semaines auparavant, d'autres couples d'adolescents ont été attaqués au même endroit par deux hommes se prétendant vigiles, qui ont passé les menottes aux garçons et ont molesté les filles. Terrorisés ou honteux, la plupart de ces jeunes gens n'ont pas porté plainte et ce n'est qu'à la suite de l'émotion suscitée par le double meurtre qu'ils sont allés déposer, permettant d'identifier les agresseurs.

Le procès fait apparaître toute l'horreur des dernières heures de David LeBlanc et de Loretta Bourque. Sortis tirer le lapin à la carabine, les frères Sonnier tombent sur le couple stationné dans une allée écartée. Se faisant passer pour des vigiles, selon leur habitude, ils accusent les jeunes gens de s'être introduits dans une propriété privée. Ils leur passent les menottes, les attachant l'un à l'autre, et les jettent à l'arrière de leur véhicule. Après avoir parcouru une trentaine de kilomètres sur des pistes désertes, ils s'arrêtent aux abords d'un champ de pétrole désaffecté. Ils font descendre Loretta et l'entraînent, seule, dans les bois. Après l'avoir violée, ils ordonnent au couple de s'allonger par terre, face au sol.

Herbe froide et humide de rosée. Ce sera la dernière sensation que Loretta et David auront éprouvée avant d'être abattus. Mort instantanée, stipule le rapport du médecin légiste.

Les aveux des deux frères sont émaillés de contradictions. Tout d'abord, Patrick Sonnier se déclare l'auteur du crime. S'il a tué les deux jeunes gens, c'est pour ne pas risquer d'être dénoncé par eux et renvoyé à Angola où il avait déjà fait un temps, en 1968, pour le vol d'un camion. Il réitère ces aveux plusieurs jours d'affilée, une deuxième fois, une troisième, et même une quatrième. Au cours de la reconstitution, il va jusqu'à indiquer l'endroit précis où il se tenait quand il a tiré. Mais au procès, coup de théâtre : il prétend n'avoir avoué que par crainte de la brutalité policière et dit que c'est Eddie, devenu fou furieux, qui a abattu les jeunes gens. Celui-ci soutient que c'est Patrick qui a perpétré le meurtre et que lui-même, effrayé par son frère, n'a fait que tenir la lampe de poche. Les deux accusés reconnaissent une partie des faits, l'enlèvement. Pour ce qui est du viol, Patrick nie y avoir participé. Eddie soutient le contraire, admettant par ailleurs avoir lui aussi abusé sexuellement de Loretta. Il proteste néanmoins qu'elle était « consentante ».

A leur procès respectif, les frères sont reconnus tous deux coupables d'assassinat et condamnés à la peine capitale. Cependant, la Cour suprême de Louisiane n'entérine pas les sentences : considérant que c'est Patrick qui a pressé la détente et qu'Eddie, plus jeune, s'est laissé entraîner, elle commue la peine de ce dernier en prison à perpétuité. Quant à Patrick, sa sentence est invalidée, en raison d'indications erronées fournies par le juge aux jurés lors de la délibération [8]. Un autre procès est ordonné, pour révision de la sentence.

Au second procès de Patrick, Eddie, appelé à témoigner, déclare : « Je veux me libérer du poids qui m'oppresse et dire la vérité. » Il affirme avoir abattu lui-même les deux jeunes gens. S'il a vu rouge, explique-t-il, c'est que le garçon a dit quelque chose qui a excité sa rage et qu'en plus, il s'appelait David. Or, peu de temps auparavant, sa petite amie venait de laisser tomber, lui, pour un type qui portait ce nom : les deux David n'en ont plus formé qu'un dans sa tête. Il ne s'est plus contrôlé. Et comme c'est lui qui tenait le fusil, il a tiré.

Le procureur jette le discrédit sur ces aveux tardifs, arguant qu'Eddie Sonnier, dont la peine a été commuée par la Cour suprême, cherche bien évidemment à sauver son frère de la chaise électrique. Le juge se laisse volontiers convaincre. Et Patrick Sonnier est condamné à la peine capitale, pour la seconde fois [9].

D'autres articles brossent le portrait des parents des victimes.

Les LeBlanc vont à la messe régulièrement et font élever leurs enfants dans des institutions religieuses. David était leur fils unique. Ils n'ont plus qu'une fille, Vicky, étudiante en première année d'université. A leur âge, Lloyd et Eula LeBlanc n'auront plus d'enfants. « Par la faute des Sonnier, le nom des LeBlanc va s'éteindre à jamais », se lamente le père.

Fervents catholiques, Godfrey et Goldie Bourque ont, quant à eux, sept enfants. Loretta était l'aînée. Le plus jeune, Hubert, âgé de cinq ans, souffre d'une lésion cérébrale congénitale qui l'empêche de marcher, de parler ou de se nourrir seul. Il demeure en permanence étendu sur son lit, dans le salon. La famille l'a surnommé « le petit ange du Seigneur ».

Le soleil a décliné, un rayon orangé filtre encore par l'une des hautes fenêtres. Je referme le dossier. Je me prends la tête dans les mains.

Deux adolescents. Un garçon et une fille. Deux vies tranchées net encore à l'état de bourgeon. Deux vies qui ne fleuriront pas.

Et leurs parents... Voués à ressasser éternellement la mort horrible de leurs enfants. Condamnés à perpétuité à trembler pour ceux qui leur restent. Réveillés, la nuit, par des cauchemars terrifiants.

L'atrocité de ce meurtre me laisse abasourdie. Comme dans mon enfance, lorsque je me suis retrouvée par terre, éjectée du manège trop rapide sur lequel j'avais voulu grimper.

Chava a beau m'avoir autorisée à emporter les dossiers chez moi, je ne les prendrai pas. J'en sais assez. Plus qu'assez. Je les laisse sur la table et atteins la sortie, brisant sur mon passage le rai de soleil couchant. Et tandis que je referme la porte, les paroles de Jérémie jaillissent de mes lèvres :

> A Rama, une voix se fait entendre
> Une plainte amère ;
> C'est Rachel qui pleure ses fils.
> Elle ne veut pas être consolée pour ses fils,
> Car ils ne sont plus. (31, 15) *

Quelques jours plus tard, je reçois une lettre de Patrick Sonnier. Elle fourmille des petits détails qui tissent son quotidien : au petit déjeuner, le porridge était dur ; les œufs brouillés lui manquent ; il a passé dix cigarettes à un type de sa section. « Pour lui donner

* Toutes les citations de la Bible sont tirées de la *Bible de Jérusalem* (éd. du Cerf, 1973, Desclée de Brouwer, 1975 *(N.d.T.)*

encore une chance ». La dernière fois qu'il l'a fait, l'autre ne lui a pas renvoyé l'ascenseur. Mais il faut bien lui donner « encore une chance », à ce type. Un canard est dessiné sur l'enveloppe. Colorié en vert et bleu.

Derrière sa description du train-train quotidien, les œufs, les cigarettes, je perçois ce qu'il tait, la réalité qu'il prend un soin méticuleux à omettre – la mort que l'Etat lui réserve.

En Louisiane, autrefois, la coutume était de pendre les criminels. Mais il arrivait que l'on connaisse des problèmes, pour peu que l'on n'ait pas veillé à placer correctement le nœud en passant la corde : le condamné risquait d'être seulement étranglé et de ne pas mourir immédiatement. Ou d'être décapité, si la distance de la corde à la trappe avait été mal calculée par rapport au poids du condamné. Et, en 1940, l'Etat opta pour l'électrocution, jugeant ce mode d'exécution plus humain et plus sûr que la pendaison.

C'est en 1890 qu'un condamné fut électrocuté pour la première fois aux Etats-Unis – William Kemmler, exécuté par l'Etat de New York dans la prison d'Auburn. Le *New York Times* de l'époque définit cette méthode comme une « euthanasie par l'électricité ». Un appel ayant été interjeté à l'encontre de la décision du tribunal de l'Etat de New York, arrêtant que la mort par électrocution n'était pas un « châtiment cruel et anormal », la Cour suprême des Etats-Unis, saisie de l'affaire, statua : « La science électrique, à ce jour, permet aisément de générer et d'appliquer à la personne du condamné un courant d'électricité de force connue, suffisante pour produire avec certitude une mort instantanée et, de ce fait, indolore. »

Voici ce que rapporta le journaliste du *New World* qui assista à l'exécution de Kemmler :

« Le courant avait passé dans son corps durant quinze secondes quand on retira l'électrode placée sur sa tête. La poitrine du condamné se gonfla brusquement : les courroies qui le maintenaient se tendirent, de l'écume pourpre jaillit de ses lèvres et éclaboussa la sangle de cuir qui entourait sa tête. Le condamné était toujours vivant.

« Le directeur de la prison, le médecin, les gardiens, tout le monde perdit la tête. L'on cria de remettre le courant... Une odeur de chair grillée et de cheveux carbonisés emplit la salle. L'espace d'un instant, une flamme bleue grésilla au bas du dos de la victime. Cette fois, la décharge de courant dura quatre minutes... »

Cela se passait en 1890.

Le 16 octobre 1985, l'Etat d'Indiana dut s'y reprendre à cinq fois pour électrocuter William Vandiver et cela prit dix-sept minutes.

Le 22 avril 1983, quand l'Etat d'Alabama électrocuta John Louis Evans, l'électrode de la jambe se détacha à la première décharge. L'appareillage réparé, on administra une deuxième décharge au détenu. De la fumée et des flammes jaillirent de ses tempes et de sa jambe, sans que pour autant Evans perdît la vie. Son avocat demanda alors formellement au gouverneur George C. Wallace de suspendre la procédure. Celui-ci refusa. Et l'on soumit le condamné à une troisième décharge. Il fallut en tout quatorze minutes pour réussir à le tuer.

Le 5 mai 1990, alors que l'Etat de Floride tuait Jesse Tafero selon la procédure standard d'une décharge de deux mille volts administrée pendant deux minutes, des flammes de vingt centimètres de haut jaillirent de la cagoule et le bourreau dût interrompre son œuvre. Comme le constatèrent les représentants officiels, l'éponge placée sur la tête de Tafero avait pris feu.

Une seule personne ressortit vivante d'une exécution par électrocution, Willie Francis. Il n'avait que dix-sept ans lorsque, le 2 mai 1946, il fut sanglé sur la chaise électrique portable de Louisiane, à la prison de la paroisse Saint-Martin. Selon les rapports de témoins oculaires, quand le courant passa dans son corps, « ses lèvres se gonflèrent, il gémit et eut un sursaut si fort que la chaise se souleva du sol ; il dit alors : " Enlevez-moi ça, que je respire ! " » Les autorités ordonnèrent à plusieurs reprises d'administrer une nouvelle décharge. En vain. N'étant pas parvenu à tuer le condamné, on finit par le ramener en cellule pour qu'il récupère.

Chargée d'étudier si le fait de soumettre une seconde fois Francis à l'exécution pouvait être considéré comme « un châtiment cruel et anormal » ou comme un cas de « peine redoublée », la Cour suprême ne put se prononcer. Et, le 8 mai 1947, la Justice de Louisiane fit de nouveau sangler Willie Francis sur la chaise électrique. Cette fois, on parvint à le tuer [10].

Les témoignages accumulés au fil des années donnent

un compte rendu détaillé de l'électrocution et de la façon dont cette forme d'exécution est pratiquée dans divers Etats d'Amérique. Juge à la Cour suprême des Etats-Unis, William F. Brennan en fait état dans son jugement rendu sur l'affaire « Glass contre l'Etat de Louisiane » :

« Les mains du condamné commencent par devenir toutes rouges avant de blanchir complètement, les ligaments de son cou saillent comme des fils d'acier... Ses membres, doigts, orteils, ainsi que son visage se tordent violemment... Le courant électrique est si puissant qu'il arrive que les yeux, jaillissant des orbites, tombent sur les joues... Le prisonnier défèque souvent, il urine, vomit du sang et bave... Il s'enflamme parfois... On entend alors comme un grésillement de bacon en train de frire et une odeur de chair grillée se répand, douceâtre à vous rendre malade... Lors de l'autopsie, pratiquée immédiatement après l'électrocution, le foie s'avère si chaud que des médecins affirment ne pouvoir le tenir dans leurs mains... Le corps présente souvent des brûlures atroces... »

On croit, en général, qu'un homme soumis à un courant de deux mille volts perd conscience sur-le-champ et, de ce fait, ne souffre pas. Le docteur Harold Hillman, directeur du laboratoire de neurologie appliquée de l'Université du Surrey, en Angleterre, conteste ce point de vue. De l'étude approfondie qu'il a faite des rapports d'autopsie de treize condamnés électrocutés en Floride et en Alabama entre 1983 et 1990, il ressort que l'exécution par électrocution est « atrocement douloureuse », le prisonnier pouvant rester conscient un certain temps. Pour que la mort soit instantanée, il faudrait que l'intégralité du courant atteigne le cerveau. Or, seule une faible quantité y parvient, la majeure partie passant à fleur de peau ou traversant l'épiderme pour rejoindre l'électrode opposée. Et le dommage causé au cerveau est minime, comparé aux brûlures massives que présente la peau.

Je le cite : « Stimulés par une décharge électrique d'une puissance extrême, les muscles réagissent en se contractant au maximum. Le résultat est que le prisonnier se trouve dans l'incapacité d'effectuer le moindre geste et demeure privé de réaction pendant un court moment, même après que le courant a été coupé. Il arrive que le cœur continue à battre, de nombreux cas en font état. On croit généralement que l'absence notoire de mouvement signifie que le condamné a perdu toute perception sensorielle. Rien n'est plus faux. S'il ne bouge pas, c'est que tous ses muscles sont en état de contraction maximale. »

Au cours des mois à venir, Patrick Sonnier me fera part de sa terreur face à cette mort qui l'attend. Un cauchemar le taraude sans cesse, toujours le même : des gardiens entrent dans sa cellule et le traînent, hurlant, jusqu'à la chaise, où ils l'attachent avec de larges sangles de cuir et lui couvrent la tête d'une cagoule. Et pendant tout ce temps, il ne cesse de hurler « Non, non, non ! » Craignant que son cauchemar ne revienne, Pat ne sait plus ce que c'est que dormir d'un sommeil paisible et ininterrompu. Il préfère « somnoler par petits bouts » pour ne pas risquer de sombrer dans le sommeil.

L'idée que l'État projette de sang-froid de tuer Patrick Sonnier m'est insupportable. En même temps, le souvenir de ses jeunes victimes ne quitte pas mon esprit. Je me sens coupable quand je pense à eux. J'ai le sentiment bizarre d'avoir commis un meurtre moi-même. Pourquoi ? Pourquoi ?

Prier m'aide à y voir clair.

Je sais que si j'avais été présente sur les lieux, lors de l'enlèvement, j'aurais fait tout mon possible pour secourir les jeunes gens.

Je sais aussi que je compatis à la douleur de leurs proches, que je ne souhaite rien autant que soulager leur peine, si seulement je savais ce qu'il convient de faire.

Je sais enfin que je me consacre à des gens qui vivent dans une misère absolue et que je ne désespère pas de leur venir en aide, de réussir à empêcher l'un ou l'autre de sombrer dans la délinquance. Sur tous ces points, j'ai la conscience tranquille. Rien ne me pèse, je n'éprouve pas de culpabilité.

D'où vient alors mon malaise ?

Il me faut un certain temps pour le comprendre : c'est que des gens sont morts, assassinés, que leur meurtrier est vivant et que moi, je me suis liée d'amitié avec lui.

Est-ce cela, trahir les victimes ? Devrais-je prendre leur parti ? Que valent mes convictions sur la peine de mort quand ma fermeté n'a jamais été mise à l'épreuve ? Personne parmi mes proches n'a été abattu d'une balle dans la nuque. Si ma mère, ma sœur Mary Ann ou mon frère Louie, venaient à disparaître sauvagement massacrés, aurais-je de la compassion à l'égard du meurtrier ? Ma magnanimité ne vaut pas cher, je le vois bien.

S'il arrivait qu'une personne que j'aime soit assassinée, j'éprouverais rage, douleur, impuissance et un immense sentiment de perte, c'est certain. Et ces sentiments m'accompagneraient peut-être jusqu'à la fin de mes jours. Je ne prétends pas savoir de manière infaillible quelle réaction serait la mienne devant une telle tragédie. J'essaie seulement de suivre la voie du Christ. Et Jésus a refusé de répondre à la haine par la haine, à la violence par la violence. Je prie pour avoir la force d'être comme lui. Je ne peux croire en un dieu qui rende peine pour peine, douleur pour douleur, torture pour torture. Et je ne crois pas non plus que Dieu ait investi les hommes du droit de torturer et de tuer autrui. L'Histoire est souillée du sang de victimes tombées sous les coups de prétendus « vengeurs divins ». Rois et papes, généraux, chefs d'Etat ont massacré au nom du Seigneur et en revendiquant sa bénédiction. Je ne crois pas en leur Dieu.

A force d'analyser mes sentiments et mes convictions, je découvre en moi une certitude morale : celle, au cas où je serais assassinée, de ne pas vouloir que ma mort soit vengée. Je ne voudrais pas que mon meurtrier soit exécuté. *Surtout par le gouvernement.* Incapable de garder le contrôle sur ses propres fonctionnaires, de répartir équitablement les impôts, de combler ses déficits budgétaires, comment le gouvernement pourrait-il décider lesquels de ses citoyens il faut exécuter ?

Les *Réflexions sur la guillotine* d'Albert Camus me tiennent lieu de boussole *. Ecrit en 1957 alors que l'odeur nauséabonde d'Auschwitz planait encore sur le monde, ce livre expose l'une des convictions fondamentales de l'auteur, à savoir qu'aucun gouvernement n'est jamais assez innocent, sage ou juste pour revendiquer un droit aussi absolu que celui de mettre à mort.

* Les extraits cités sont repris des *Essais* d'Albert Camus, La Pléiade, NRF, Paris, 1965 *(N.d.T.)*

> La société [...] élimine souverainement les méchants de son sein, comme si elle était la vertu même. Tel homme honorable qui tuerait son fils dévoyé en disant : « Vraiment, je ne savais plus qu'en faire » [...] Affirmer, en tout cas, qu'un homme doit être absolument retranché de la société parce qu'il est absolument mauvais revient à dire que celle-ci est radicalement bonne, ce que personne de sensé ne croira aujourd'hui. (p.1058)

Camus dévoile toute la contradiction de la politique sur le plan moral, lorsqu'elle se met à imiter la violence qu'elle prétend abhorrer. Violence d'autant plus grave qu'elle est préméditée.

> Beaucoup de législations considèrent comme plus grave le crime prémédité que le crime de pure violence [...] Pour qu'il y ait justice, il faudrait alors que la peine de mort châtiât un criminel qui aurait averti sa victime de l'époque où il lui donnerait une mort horrible et qui, à partir de cet instant, l'aurait séquestré à merci pendant des mois. Un tel monstre ne se rencontre pas dans le privé. (p.1039)

Je commence à noter différents traits de caractère chez Pat Sonnier, sa gratitude pour l'intérêt que je lui porte et qu'il exprime dans chacune de ses lettres, son désintéressement aussi. Il ne me demande jamais rien. Ni argent, ni mon numéro de téléphone (alors que les détenus d'Angola sont autorisés à passer des appels en PCV). Il me répète seulement combien il est heureux d'avoir enfin quelqu'un avec qui parler, car jusqu'à présent il s'est senti bien seul. Sa solitude, son abandon me poussent vers lui. Je hais le mal qu'il a commis, mais je pressens en lui une humanité essentielle et véritable. C'est elle surtout qui m'attire.

Dans ma lettre suivante, je lui demande s'il a des visites. Non, me répond-il, personne ne vient jamais le voir.

Je lui propose alors de remédier à cet état de choses.

## CHAPITRE II

La réponse de Pat brûle d'enthousiasme. Il va m'inscrire sur sa liste de visiteurs pour que l'administration effectue les vérifications nécessaires. Il a beaucoup hésité avant de décider dans quelle catégorie me mettre, ami ou conseiller spirituel. Il a fini par opter pour la seconde. Je n'ai aucune idée de ce que sa décision implique. J'apprendrai plus tard que la différence est considérable : un conseiller spirituel est autorisé à demeurer au Quartier de la Mort après 18 heures, alors que famille et amis sont tenus de partir. De plus, le conseiller spirituel peut assister à l'exécution. Je communique aussitôt à Pat ma date de naissance et mon numéro de sécurité sociale.

Pendant des mois, rien ne se passe. Puis, en juillet 1982, je reçois une lettre de l'aumônier catholique de la prison, m'informant que je ne peux être autorisée à devenir le conseiller spirituel de Pat sans avoir eu au préalable un entretien avec lui. Je me rends à Angola.

Le rendez-vous est fixé en début d'après-midi. Comme je n'ai pas le sens de l'orientation, j'ai pris soin de noter l'itinéraire. La prison est à trois heures de voiture de La Nouvelle-Orléans, au bout d'une voie détournée qui se termine en cul-de-sac au portail. Je prends la route sur les neuf heures du matin.

J'ai plaisir à quitter ma cité surchauffée et à rouler dans la campagne, à suivre la course des nuages dans le ciel et à contempler les vastes eaux bleues du lac Pontchartrain.

Avec son relief de collines boisées, si différent du

reste de la Louisiane qui s'étend, plate comme une limande, la région de Tunica est pour moi un agréable changement. La route 66, que je suis, serpente à l'ombre d'une voûte d'arbres, au milieu d'un paysage verdoyant, et l'air y est plus frais qu'ailleurs.

Ils ont été des milliers à suivre ce chemin depuis 1901, date à laquelle fut ouverte la prison d'Angola. A l'heure actuelle, près de 4 600 détenus sont incarcérés sur les 7 200 hectares, la moitié d'entre eux, pratiquement, étant des « rayures larges » – des condamnés à perpétuité.

Les peines sont lourdes en Louisiane. En même temps qu'il a rétabli la peine de mort en 1977, le Congrès de l'Etat en a profité pour reformuler la peine de prison à vie : liberté surveillée, liberté conditionnelle et pourvoi en appel ont été réduits au minimum pour les assassinats et les homicides volontaires. Un jeune de dix-huit ans, inculpé pour la première fois de vente de stupéfiants, se voit ainsi condamné à la perpétuité sans possibilité de liberté surveillée ou conditionnelle. Et sous couvert de lutter contre le nombre croissant de « criminels de carrière », la loi antirécidive assène la perpétuité, même quand le délit n'est pas accompagné de voies de fait.

A une huitaine de kilomètres de la prison, un panneau cloué à un arbre attire mon attention. « *Courage ! Tu y es presque* », y est tracé à la main. A la sortie d'un virage en épingle à cheveux, une vaste étendue dégagée s'ouvre devant moi, large ciel sur lequel se découpe le pénitencier. Je roule jusqu'au portail. Des gardes armés en uniforme bleu occupent une guérite de verre. L'un d'eux s'approche de la voiture. Je lui présente la lettre de l'aumônier. Ils inspectent ma voiture, coffre, boîte à gants, sièges, plaquent un laissez-passer sur le pare-brise et m'indiquent le bâtiment administratif, quatre cents mètres plus loin, à l'intérieur de l'enceinte.

Des zinnias jaunes et rouges le long du chemin, un gazon entretenu. Des vaches tachetées noir et blanc qui ruminent dans un pré. Une colonne de détenus, des Noirs dans une très grande majorité, qui se rendent aux champs de soja et de légumes, la houe sur l'épaule, encadrés à l'avant et à l'arrière par des gardiens à cheval armés de fusils. Au temps jadis, il y avait là trois plantations de coton, où des esclaves importés d'Afrique travaillaient. Ils ont légué à l'endroit le nom de leur pays d'origine, l'Angola.

Abus, corruption, révoltes ont émaillé l'histoire de cet établissement depuis sa création. L'année 1951 vit une ébauche de timides réformes, suite à l'action de huit détenus, entrés dans la légende sous le nom de « la Bande du Tendon d'Achille », qui préférèrent se sectionner le tendon à la lame de rasoir plutôt que prendre leur place dans « la longue file » pour aller travailler aux champs où ils étaient systématiquement frappés, voire tués par les gardiens. A l'époque, le *Shreveport Times* et le *Times-Picayune* de La Nouvelle-Orléans se firent les hérauts de l'affaire et la publicité qui s'ensuivit aboutit à ce qu'une commission gouvernementale fût chargée de mener enquête. Celle-ci conclut à l'opportunité d'apporter de menus changements. Il fallut attendre 1975 et l'intervention de la cour fédérale pour que les autorités de Louisiane mettent en œuvre des réformes indispensables et transforment en chenil le « Chapeau Rouge », où l'on enfermait les récalcitrants dans de minuscules cachots entièrement faits de béton armé (y compris les latrines) et pourvus en guise de fenêtre d'un étroit soupirail au ras du plafond.

J'attends l'aumônier à l'Administration. Il me rejoint bientôt dans la salle d'attente, venant de son bureau dans l'aile du bâtiment. C'est un homme âgé dont le visage exprime la bonté et la voix la lassitude. Il me demande pourquoi je tiens à devenir conseiller spirituel de Sonnier. Je lui expose mes raisons : Pat n'a personne et visiter les prisonniers est, pour les chrétiens, œuvre de miséricorde.

Il m'incite aux plus grandes précautions. « Ces gens sont le rebut de la terre, déclare-t-il avec insistance. On ne peut en aucun cas leur faire confiance. » Je n'oublierai jamais sa phrase. A ce qu'il prétend, ce sont tous des escrocs qui essaieront de m'utiliser d'une manière ou d'une autre. Or, je ne saurais oublier que mon travail consiste à aider un homme à sauver son âme. En faisant qu'il reçoive les sacrements de l'Eglise avant de passer de vie à trépas.

C'est évidemment un catholique de la vieille école, d'avant Vatican II. Il me suffit de feuilleter la brochure qu'il distribue aux détenus pour m'en convaincre –

pureté sexuelle et modestie du vêtement y tiennent la première place. Par la suite, je serai pour lui la cause d'un tel agacement qu'il s'efforcera de m'interdire, et aux femmes en général, d'être conseiller spirituel de condamnés à mort. Le directeur de la prison me dira même : « Vous allez lui flanquer une attaque. » Mais pour l'instant, en cet après-midi de juillet, nous en sommes encore à échanger des propos amènes.

Au moment de partir, il m'engage à porter mon habit quand je viendrai visiter les prisonniers. Son idée fixe sur la modestie du vêtement, me dis-je intérieurement. Mais cela va plus loin. « Les détenus savent que le pape demande aux religieuses de porter l'habit, insiste-t-il. En faisant fi des recommandations de vos autorités, vous les encouragez à agir de même. » Son explication me désarçonne. Je doute fortement que les prisonniers d'Angola aient quelque idée du code vestimentaire jugé souhaitable par le pape ou s'intéressent seulement à la question.

L'habit est un sujet que je n'ai plus abordé depuis fort longtemps. On en a beaucoup débattu en 1968, quand nous avons cessé de le porter. Beaucoup de catholiques regrettaient nos longues robes. Nous voir habillées « comme des anges » les faisait penser à Dieu et ils se sentaient perdus en nous voyant vêtues comme tout le monde.

Pour ma part, ne plus porter l'habit a certainement rallongé la durée de ma vie. Une fois, je m'en souviens, j'étais encore professeur stagiaire à l'époque, mon voile s'est enflammé à un cierge durant un service religieux et j'ai bien failli partir en fumée sous les yeux médusés de mes élèves. En outre, je marche vite et il m'est arrivé plusieurs fois de rester accrochée par le voile à une poignée de porte. L'habit que nous portions nous couvrait entièrement, à l'exception du visage et des mains, et l'une des sœurs de notre communauté, Alice Macmurdo, fut un jour l'objet d'une méprise inattendue dans un magasin de tissu : se sentant tirée par-derrière à plusieurs reprises, elle se retourna pour se trouver, ô surprise, devant une acheteuse au comble de l'embarras, qui avait pris son voile pour un coupon de tissu !

Je doute que ce vieux prêtre, aussi charmant soit-il, apprécierait mes souvenirs. Je le quitte en le remerciant pour ses conseils et le temps qu'il a bien voulu m'accorder.

Sur le trajet de retour, je sens se glisser en mon cœur un peu de la circonspection des détenus envers lui. « Le rebut de la terre » a-t-il dit. Moi, je ne pourrais jamais les appeler ainsi. Il est vrai que je n'ai pas son expérience. En tout cas, il a raison sur un point – je dois rester sur mes gardes et ne pas me laisser abuser. A ce jour, je ne suis pour ainsi dire jamais entrée à l'intérieur d'une prison, sauf à la fin des années soixante, aux beaux jours des bonnes-sœurs chanteuses... « Dominique-nique-nique. » Comme j'arrivais à tirer de ma guitare deux-trois accords passables, j'ai accompagné une fois ou deux une religieuse à la maison d'arrêt de la paroisse d'Orléans, pour y donner un spectacle. En ouverture, j'ai proposé « Si j'avais un marteau. » Que les prisonniers ont repris avec un bel enthousiasme.Mais bientôt, ils se sont mis à rajouter des couplets de leur composition : « Si j'avais une pince... Si j'avais un surin ». Les gardiens en roulaient des yeux effarés.

Et ce Patrick Sonnier, comment sera-t-il ? Je revois l'arc farouche de ses sourcils sur la photo. Je sens un frisson glacé me parcourir l'échine. Comment sera-t-il, en vrai ? L'angoisse me prend. Comment ai-je pu me laisser entraîner dans une aussi étrange amitié et où va-t-elle me mener ?

Au début du mois de septembre, je reçois l'approbation des autorités de la prison. Me voilà donc habilitée à devenir le conseiller spirituel d'Elmo Patrick Sonnier. Comme date de ma première visite, je choisis le 15 septembre 1982.

Joint à l'autorisation, m'est adressé le règlement à l'intention des visiteurs, publié par le Département des Peines de Louisiane. Un point m'inquiète : la fouille. Il y est en effet spécifié qu'aussitôt entré sur le territoire d'un établissement pénitentiaire, « vos possessions, votre véhicule et votre propre personne sont soumis à la fouille, laquelle comporte “ palpage des vêtements, inspection par chien, fouille à corps, toutes cavités corporelles comprises ”. »

Espérons qu'ils feront une exception pour moi, compte tenu que je suis religieuse. Je n'ai, hélas, aucun moyen d'en avoir la certitude à l'avance. J'ai entendu des histoires ignobles de visiteurs fouillés à corps, en Géorgie. Enfin, j'ai connu des situations autrement angoissantes – échange de tirs dans le quartier, par exemple. J'ai appris à ne pas m'élancer au-devant des problèmes, comme suggère de le faire une maxime de notre communauté à propos de la grâce, mais au contraire à les aborder au fur et à mesure qu'ils se présentent.

Le 15 septembre, donc, je prends la route pour rendre ma première visite à Pat. La chaleur de l'été ne s'est pas encore apaisée, mais déjà les arbres le long de la chaussée sont tout desséchés et jaunis. J'ai emporté avec moi un Thermos de café, mon autorisation et une photo d'identité.

Il est aux alentours de 10 heures lorsque j'arrive à destination. Les murs de l'Accueil, s'égaient de bouquets de fleurs artificielles, petit signe de bienvenue où l'on devine une main féminine, et la poubelle arbore une inscription : « Elle sera très contente si vous jetez votre mégot dans le cendrier réservé à cet usage. » De fait, presque tous les gardes de service aujourd'hui sont des femmes. Elles s'avèrent aimables et correctes.

Je présente mes papiers d'identité et l'autorisation. Une gardienne inspecte mon porte-monnaie (les sacs sont interdits), retourne mes poches, palpe le devant et les côtés de mon habit. La fouille s'arrête là. Ouf, je respire, même si j'ai encore le bout des doigts glacé.

Le Couloir de la Mort est situé dans un bâtiment proche de l'entrée principale de l'établissement. Je passe la guérite du garde et attends devant un portail qui donne sur une cour entourée d'un grillage. Le garde de faction au sommet du mirador, une femme, actionne le vantail électroniquement. Un fort cliquetis se fait entendre. Je franchis le portail qui se referme sur moi avec bruit. Un chemin bordé de fleurs mène au bâtiment, des canards nagent dans une mare. On se croirait dans un petit square paisible.

Un gardien m'accompagne le long d'un couloir. Nous passons toute une série de portes. « Une femme dans la section », hurle-t-il, pour que les prisonniers reculent. Premier barrage – bang ; deuxième barrage – bang ; troisième barrage – bang. Métal contre métal. Peinture verte, ciment, barreaux. Chaleur étouffante. Trop d'endroits barricadés, l'air ne circule pas. Porte métallique verte, percée d'un trou protégé par des barreaux. Et au-dessus, en majuscules rouges : *Couloir de la Mort.*

Le gardien ouvre une porte sur ma droite et m'enjoint

d'entrer. « Attendez. On va chercher votre homme. » Sur ces mots, il verrouille la porte, m'enfermant à l'intérieur.

Je regarde autour de moi, le ventre serré par un étau de glace. La pièce comporte six stalles d'un blanc cru, de la dimension d'une cabine téléphonique, mais construites dans un contre-plaqué épais. Un grillage aux mailles serrées sépare le visiteur du détenu. Côté visiteurs, un ventilateur tourne avec bruit ; des chaises de plastique sont empilées dans un coin et de grands fûts métalliques peints en rouge sont disposés en guise de poubelles. Je suis seule dans la pièce.

L'endroit me donne la chair de poule. Cette antichambre de la mort suscite un sentiment très particulier, nullement comparable à celui qu'on éprouve dans une salle d'attente d'hôpital. Là, des malades attendent de mourir. Ici, des gens attendent d'être tués. Et nous sommes en Amérique, et les responsables de la prison sont des représentants officiels du gouvernement. Ce qui se pratique en ces lieux est codifié et défini par la loi. Tout devrait y être légitime et juste. Du moins, est-ce ce que me dit une partie de mon cerveau, celle qui a suivi les cours d'instruction civique, à l'école, et qui veut croire que son pays n'oserait jamais violer les droits de ses citoyens.

*Couloir de la Mort.*

Mon estomac traduit mieux que mon cerveau le sens de ces majuscules rouges.

Je déambule lentement dans la pièce, en respirant profondément pour essayer de me calmer. La visite va se prolonger deux heures. Cette durée, qui me paraît bien longue, intensifie mon angoisse. Tout d'abord, je suis enfermée derrière quatre, je dis bien quatre, portes, dans un endroit étrange, totalement irréel. Ensuite, je suis sur le point de rencontrer quelqu'un qui a tué deux personnes. Pour lui faire la causette. Les lettres rouges sont une chose, c'en est une autre de se retrouver toute seule avec ce quelqu'un. Et pendant deux heures de temps.

Je l'entends avant même de le voir : raclement de chaînes sur le plancher, bruits de voix, accent cajun tandis qu'il blague avec le gardien. Rire.

« Bonjour, Pat. Et voilà, je suis venue ! dis-je.

– Ça, je suis bien content de vous voir, ma sœur. »

Beau visage, ouvert et souriant. Rasé de frais. Cheveux noirs avec une grande mèche ondulée sur l'avant. Rien à voir avec la photo. Jean et chemise propre de même tissu. Poignets retenus à une large ceinture de cuir marron autour de la taille.

Il m'a apporté un cadeau, un cadre pour photo fait de paquets de cigarettes très finement pliés. « Je l'ai fabriqué exprès pour vous. » Et de me raconter que cela n'a pas été facile de rassembler suffisamment d'emballages. Il a dû en demander aux autres détenus de sa section.

Apparemment, il aime parler et il est intelligent.

Il me dit qu'il a reçu des lettres de mes étudiants à qui j'ai donné son nom. « Moi qu'ai toujours été un solitaire, j'ai jamais eu autant d'amis. » Il me détaille par le menu ce que chacun lui a écrit et ce qu'il a répondu. Il tient une liste « courrier reçu – courrier répondu » et inscrit la date en face.

Il est visiblement enchanté d'avoir quelqu'un à qui parler. Les contacts avec l'extérieur sont difficiles, les lettres rares et les visites encore plus. Il grille cigarette sur cigarette, obligé de se pencher très en avant pour tirer les bouffées, car ses bras sont attachés tout près de la ceinture.

Tandis que nous bavardons, je me surprends à regarder ses mains. Propres, bien formées, mobiles et expressives malgré les menottes. Des mains qui ont fabriqué un cadre à mon intention. Des mains, aussi, qui ont tenu un fusil qui a tué. Ongles rongés à vif.

Il me redit sa méprise en recevant ma première lettre quand il a vu « Helen » sur l'enveloppe. Son ex, il ne veut pas avoir affaire avec elle, c'est elle qui a indiqué sa cachette au shérif, en précisant qu'il était dangereux et armé jusqu'aux dents. Son expression se fait mauvaise. Son regard passe à travers moi sans plus me voir. Il finit par revenir au moment présent. C'est à ne pas croire, la chance qu'il a, que je sois « tombée de la lune », comme ça, rien que pour entrer dans sa vie. Et de me remercier abondamment d'avoir fait tout ce trajet uniquement pour le voir.

A sa façon de blaguer avec le garde tout à l'heure, de me remercier maintenant et de bavarder avec moi, je comprends qu'il aime plaire.

Il avoue pourtant ne pas avoir bien réussi avec les femmes. Il a vécu avec plusieurs, mais c'est toujours lui qui a rompu. Il a une petite fille de onze ans, Star, placée dans une famille d'accueil – sa mère est au Texas. Elle est née pendant qu'il purgeait une peine, ici, à Angola, pour avoir volé un camion. Il l'a vue pour la première fois, le jour même où il est sorti de prison. Il est allé directo chez sa « première ex » et il est tombé sur la gamine qui jouait dans la cour. Il la tenait dans ses bras en lui disant : « Je suis ton papa », quand la mère s'est pointée à la fenêtre avec un fusil, croyant qu'on voulait enlever la petite. Il a crié : « C'est moi ! Je suis de retour. Je veux voir ma gosse. » Très bien, à ce détail près qu'à peine sorti d'Angola, il avait filé s'acheter une caisse de bière et que le temps que le car arrive à Saint-Martinville, il avait « fait le plein ». La nuit, sa femme et lui ont « remis le couvert. » Les meubles en ont pris un sacré coup. Alors, elle l'a fichu dehors et il est retourné chez sa mère.

Il n'est pas du genre à se livrer. Quand il était petit, son père et sa mère se battaient tout le temps. Ils se sont séparés quand il avait six ans et sa sœur trois. Son frère Eddie n'était encore qu'un bébé. Comme le père ne versait jamais la pension alimentaire, la mère et les enfants étaient forcés de vivre sur les allocations. Ça ne suffisait pas. Heureusement qu'Eddie et lui tiraient des lapins et des chevreuils, sinon ils seraient tous morts de faim. Il sourit, se rappelant les fois où sa mère les accompagnait à la chasse. Son boulot à elle, c'était de fourrer les lapins abattus dans un sac et de les « finir » à coups de bâton s'ils n'étaient pas encore morts. « On partait devant et dans notre dos, on entendait : « schlack ! schlack ! schlack ! » Maman qui tapait à tour de bras sur les bestioles. »

Je frémis. Pat n'a pas d'état d'âme. Je pense à ces pauvres lapins écrabouillés, lui, à la nourriture qu'ils représentent.

Un jour qu'Eddie et lui n'avaient rien pris, ils ont abattu la vache d'un voisin, l'ont dépecée et rapportée à la maison. « Elle l'a bien vu, Maman, que c'était pas plus un chevreuil qu'un mec tombé de la lune, mais on avait trop faim et elle a rien dit. Elle nous a fait un de ces rôtis, ce soir-là ! Ça sentait dans toute la maison. »

Ils chassaient souvent la nuit. Je demande : « Ce n'est pas interdit ?

– Si, mais on s'en fichait. »

Les enfants vivaient tantôt avec leur mère, tantôt avec leur père et, à quatorze ans, Pat avait bien dû faire sept ou huit écoles différentes. Depuis l'âge de neuf ans, il est passé plusieurs fois devant le juge pour enfants pour toutes sortes de délits, allant du cambriolage au trouble sur la voie publique et à la violation de propriété. Bref, il a passé son adolescence en liberté surveillée. « Quand ma mère n'arrivait plus à rien avec moi, elle demandait à mon père de me sortir du pétrin. » Il a laissé tomber l'école en classe de seconde, il avait dans les quinze ans à l'époque, et il est parti travailler comme manœuvre dans les champs de pétrole, imitant la signature de sa mère pour se faire embaucher. Plus tard, il a passé son permis et conduit des dix-huit roues. De tous ses métiers, c'est celui qu'il a préféré.

Sa plus grande qualité, l'amour du travail, il la tient de son père qui était métayer. A sept ans, il l'aidait aux champs, il ramassait le coton, les pommes de terre, les poivrons. Il raconte encore : « Après, quand je voyais les étendues de canne à sucre à la saison des récoltes en allant à l'école, je jetais mon cartable sur le bas-côté et me précipitais au beau milieu. » Son rêve, c'est de pouvoir « couper un jour à la chaise », d'être autorisé à travailler aux champs, ici, à Angola, et de conduire des tracteurs.

Il se lève. J'essaie de le voir en entier, ce qui m'est difficile en raison du grillage. Il me conseille de baisser les yeux de temps en temps. C'est mauvais pour la vue de regarder tout le temps à travers des mailles.

Il parle, parle, parle sans s'arrêter. Je sens ma tension décroître. Moi qui craignais de devoir faire les frais de la conversation, voilà que je n'ai qu'à écouter.

« Quand j'ai eu douze ans, Papa m'a emmené dans un bar et m'a dit de choisir le whisky que je voulais. Il y avait plein de bouteilles dans le fond. J'ai dit : " Je prendrais bien un verre de celle où il y a la jolie dinde dessus " et les types dans le bar, ils se sont mis à rigoler. Papa aussi, ça l'a bien fait rire. » Il rit. « On s'est bourrés, on était ronds comme des queues de pelle et, à une heure du matin, on s'est retrouvés à vouloir rentrer chez nous en vélo. On s'est farci toutes les poubelles du chemin. » A la manière dont il parle de son père, je sens qu'il l'aimait beaucoup.

Quand il a été arrêté avec son cousin Robert pour

avoir volé le camion (leur idée était de filer au Texas pour commencer une nouvelle vie), son oncle est allé trouver le directeur de la maison d'arrêt et a réussi à faire libérer son fils. Alors que lui, comme son père était mort – du cancer du foie – il a dû purger sa peine, à Angola. « Mais je vous parie mon dernier sou que si Papa avait été vivant, il aurait su me tirer de là. »

Le gardien vient annoncer la fin de la visite.

Je me lève. Je remercie Pat pour le cadre et lui promets de revenir dans un mois. Lui me remercie encore d'avoir fait tout ce chemin. « Soyez prudente sur la route. Les gens conduisent comme des fous. »

Je quitte la prison avec un mal de tête affreux. Angoisse et manque d'habitude. Je n'avais encore jamais mis les pieds dans un lieu pareil. Dès que je serai à la maison, je prendrai un bain pour me laver de cet endroit qui me colle à la peau. Pour l'instant, j'avale deux aspirines et me mets au volant.

La liberté ! Quelle bénédiction d'être de ce côté-ci des barreaux ! Je roule, fenêtres grandes ouvertes, aspirant à pleins poumons de longues goulées d'air frais. La route s'étale devant moi. Que tout est bon ! Comment supporterais-je de vivre jour après jour, mois après mois, dans une cellule minuscule ?

Pat n'a rien dit de son crime. L'omission est criante. A moins qu'il ne fasse un blocage ou n'éprouve pas de remords. Peut-être, au contraire, est-il incapable de parler de l'acte le plus atroce de sa vie avec quelqu'un qu'il rencontre pour la première fois. Je n'ai aucun droit d'exiger une confession de sa part. De tels aveux nécessitent un minimum de confiance. Ils doivent venir librement, d'eux-mêmes. Je respecte son silence.

Je repense à cette Helen qui l'a dénoncé au shérif, en spécifiant qu'il était dangereux. J'imagine Pat, complètement ivre, en train de tout casser. Si j'avais été à la place de cette femme, n'aurais-je pas été terrifiée à l'idée de tomber sur lui dans la rue ?

Mais moi, je ne tombe pas sur lui dans la rue. Je le rencontre de mon propre chef. Il vit dans un réduit et je m'étonne de le trouver aimable et humain. Je m'étais attendue à un Charles Manson, malgré ses lettres amicales, à une brute renfermée et paranoïaque, incapable de relations avec le reste de l'humanité.

Et pourtant... Même si Pat était antipathique, s'il était répugnant, s'il était Manson, je maintiendrais que l'Etat n'a pas le droit de le tuer. A mon sens, le roc, le fondement inébranlable sur lequel toute société doit être bâtie, c'est que la mort ne saurait être donnée par quiconque et sous aucun prétexte. Et cette interdiction concerne aussi le gouvernement.

Dix ans ont passé depuis le jour où j'ai rencontré Patrick Sonnier pour la première fois. Au cours de ces années, ma pensée s'est précisée. En 1982, j'étais une militante exubérante qui abordais tout juste le combat pour la justice sociale. A l'heure actuelle, je me rends compte de bien des choses que je ne voyais pas alors. Notamment, que je vouais toute mon énergie à la seule cause de Pat, sans songer à épauler aussi les familles des victimes. J'aurais dû m'ouvrir aux besoins des LeBlanc et des Bourque, leur offrir amour et réconfort, quand bien même ils les auraient rejetés. A présent, lorsque je me lie avec un condamné à mort, je propose toujours mon aide aux proches de sa victime. Certains l'acceptent, d'autres la rejettent brutalement. Je l'offre, cependant.

En ce temps-là, mon idée du système pénal était bien naïve. Je savais, bien sûr, qu'il était imparfait, mais j'étais sincèrement convaincue qu'un condamné à mort bénéficiait au moins d'une défense digne de ce nom. Je croyais ce droit garanti par la Constitution. Il me fallut bien longtemps pour comprendre à quel point les condamnés à mort sont démunis, face à la justice. Le temps que je procure à Pat une assistance légale compétente, il était trop tard. Si j'avais agi plus tôt, il serait vivant aujourd'hui. J'en suis persuadée. Il serait en prison, là où il doit être, mais il serait vivant.

Je ne peux que souscrire à la phrase de Jimmy Glass, tué par l'Etat de Louisiane, en 1987 : « Le malheur, c'est que la vérité arrive déguisée. »

Pat Sonnier et moi continuons de correspondre et, une fois par mois, je lui rends visite. Il me parle souvent d'Eddie. Le règlement interdit aux deux frères de se voir. Aussi me dis-je que puisque je fais ce long trajet pour en visiter un, je peux fort bien en profiter pour rencontrer l'autre. Eddie écope sans cesse d'avertissements disciplinaires et atterrit au « mitard », cellule sans télé ni radio, ni rien à lire sauf la Bible, et sans presque rien pour écrire.

« Va falloir qu'il apprenne à se contrôler, me confie Pat. Il explose pour un rien. C'est un truc à se faire tuer, ça. On peut pas se permettre d'avoir des ennemis, ici. Mais y a rien à faire pour qu'il se calme. Et je suis plus là comme avant, dehors. »

Pat, lui, n'a fait l'objet d'aucun rapport de discipline depuis qu'il est au Couloir de la Mort, cela fait maintenant trois ans. Ce n'est pas un mince exploit dans un lieu aussi exigu et où les tensions sont exacerbées, non seulement entre gardiens et détenus, mais entre les détenus eux-mêmes.

« Les " mecs libres " [ les gardiens ], faut les étudier à fond. Tous, m'explique-t-il. Y a ceux avec qui tu peux rigoler et ceux avec qui vaut mieux pas essayer ; y a ceux qui sont à cran un jour et tout gentils le lendemain. »

Pat a écrit à son frère pour préparer notre entrevue. « C'est une bonne sœur, mais elle parle normal et te cite pas la Bible à longueur de temps. »

C'est en mars 1983 que je rends ma première visite à Eddie. Mince, dur, une fente à la place des yeux. On dirait une panthère en cage. Ses mains tremblent. Je me sens inquiète en face de lui, tendue. Il me fait peur et pitié à la fois. Manifestement, c'est quelqu'un de torturé.

Il n'a pas encore été placé en « grande cour », partie de la prison où les détenus sont en dortoirs de soixante lits, mangent au réfectoire et ont accès à une salle de détente. Non, il est en section fermée, partage sa cellule avec un autre détenu et n'en sort que pour aller travailler aux champs. C'est la procédure habituelle, ici, avec les prisonniers incarcérés pour la première fois. Ils travaillent aux champs jusqu'à ce qu'ils se fassent à leur nouvelle vie. Et justement, Eddie Sonnier ne s'y fait pas.

Plus tard, quand je le connaîtrai mieux, je lui demanderai pourquoi il reçoit autant d'avertissements, il me répondra avec un rictus rusé : « Parce que j'ai la comprenette difficile. » Je recevrai toute une pile de ces rapports quand l'administration d'Angola me renverra les effets de Pat, après son exécution.

Le parloir de la prison principale où je fais la connaissance d'Eddie est nettement plus agréable que celui du Couloir de la Mort. C'est une salle spacieuse, pourvue de l'air conditionné et avec de petites tables, au fond, permettant une certaine intimité. Les contacts physiques sont autorisés. Des stands, tenus par des clubs de détenus, proposent hot dogs, hamburgers et boissons gazeuses. On peut manger une glace et se faire prendre en photo.

Ma visite ne semble pas procurer à Eddie un grand réconfort. Je suis son premier « parloir » depuis son incarcération. La prison est une torture pour lui. Il déteste attendre que les gardiens « fassent le compte. » Or, se plaint-il, « à tout bout de champ, faut qu'ils nous comptent. Avant de partir au boulot, on te compte ; après le boulot, on te recompte ; avant de manger ; avant de te coucher ; à cinq heures du mat' quand t'ouvres l'œil. » Et lui, il a horreur de côtoyer « toutes sortes de gens ». Dehors, il faisait toujours attention à ne pas se mêler à la foule et il a peur, ici. Qui sait si un type en pétard ne va pas le saigner avec une antenne de radio ou un rasoir qu'un pote lui aura fabriqué à l'atelier. Il a déjà été mis au « mitard » parce qu'un type qui avait une dent contre lui avait fourré des objets interdits sous son matelas. Il a eu beau clamer son innocence, les gardes n'ont rien voulu savoir. « T'as aucun moyen de te défendre. » Il s'en fiche qu'on le laisse pour toujours en section, « parce qu'au moins, t'as qu'un seul type avec toi en cellule, alors qu'en dortoir, si tu te fais des ennemis, y peuvent te suivre aux latrines à deux heures ou trois heures du mat' et te tabasser, te poignarder ou te violer. Et que si le " mec libre ", il intervient pas dans la seconde, t'es plus que de la bidoche, de l'histoire ancienne ».

Les détenus sont périodiquement fouillés à corps. Au retour du parloir, par exemple. Me désignant la porte, Eddie m'explique qu'il y a un garde, derrière, et qu'avant de regagner leur section, les détenus doivent se déshabiller, ouvrir la bouche, tirer la langue, tourner la tête sur les côtés, lever les bras en croix et écarter les jambes. Après, ils doivent encore se retourner, se pencher en avant et ouvrir les fesses. Et pour finir, toujours de dos, présenter leurs plantes de pied au gardien pour qu'il vérifie entre les orteils. Si un détenu est soupçonné d'être en possession de drogue, on peut lui faire « un doigt », une fouille rectale.

Je frémis à la seule idée de me retrouver dans cette situation. Je me rappelle la description qu'a donnée

Dorothy Day de son séjour en prison pour désobéissance civile, de la brutalité de la gardienne et des invitations vulgaires que braillaient les détenues, tandis qu'on les conduisait, elle et ses compagnes, le long de la section, jusqu'à leurs cellules. Je n'arrive pas à m'imaginer la chose.

Un jour de juillet 1983, je reçois un coup de fil de Pat. Ce matin, un gardien s'est planté devant sa cellule pour lui remettre un papier. Et il s'est retrouvé en train de lire les mots « Elmo Patrick Sonnier » après la formule « Individu à exécuter » et la date « le 19 août 1983 ». Sa notification d'exécution qu'il devait signer !

Sa voix se brise. « C'est la seconde fois. »

Pat, en effet, avait reçu une notification d'exécution peu de temps après son incarcération. Chava m'avait signalé la chose.

Je compte sur mes doigts le nombre de jours qui lui restent. Combien vivra-t-il encore de vendredis, de jeudis, de dimanches ?

Il ajoute : « Je peux passer en cellule n° 1 n'importe quand. »

C'est la cellule la plus proche du poste de garde, celle où l'on place les détenus « en compte à rebours. » Pour que les gardiens exercés à percevoir le moindre signe de désespoir – tentative de suicide ou d'évasion – gardent le condamné à l'œil et consignent son comportement dans un registre. Lui donnent, s'il le désire, des tranquillisants. Pat n'en veut pas.

J'augmente la fréquence de mes visites. Je me rends à Angola une fois par semaine et je lui écris plus souvent. Je préviens également ses autres correspondants de la date de l'exécution. Qu'eux aussi le soutiennent !

Une semaine environ après la remise de la notification, Pat m'apprend que deux gardes sont entrés sans crier gare dans sa cellule, lui ont passé les fers aux pieds et aux mains et, sans la moindre explication, l'ont emmené à la pesée. Il a voulu plaisanter. « C'est pour un régime Weight Watchers ? » Les gardiens n'ont pas desserré les dents, ni même vaguement souri. Ils se sont contentés, l'un de le peser, l'autre de le mesurer, et l'ont ramené en cellule. Je m'inquiète :

« Qu'est-ce que ça signifie ?

– Z'ont rien voulu me dire. Y a des types du Couloir qui disent que c'est pour fabriquer le cercueil. »

Plus tard, j'apprendrai de Frank Blackburn, le directeur de la prison suivant, que l'on fait une répétition du trajet de la cellule à la chaise avec un garde de taille et de poids similaires à ceux du prisonnier, afin de prévoir une « équipe tactique » suffisante pour le « contenir » au cas où il se débattrait. « Ce n'est qu'une fois le condamné assis dans la chaise et les sangles bouclées que les gardiens lui retirent ses fers aux pieds et ses menottes. »

Comme l'écrit Albert Camus :

> Longtemps à l'avance, le condamné sait qu'il va être tué et que seule peut le sauver une grâce... Il ne peut en tout cas intervenir, plaider lui-même ou convaincre. Tout se passe en dehors de lui. Il n'est plus un homme, mais une chose qui attend d'être maniée par les bourreaux [...] Cela explique sans doute cette étrange soumission qui est de règle chez les condamnés au moment de leur exécution. (p. 1040-1041.)

L'exécution est prévue pour le 19 août, un vendredi. En réalité, il s'agit du jeudi soir, car elle est programmée juste après minuit. Je rends visite à Pat le mercredi 17, munie d'une autorisation spéciale de quatre heures délivrée par le directeur, Ross Maggio. Avant de franchir le portail, j'ai appelé la Coalition d'une cabine téléphonique pour savoir si le tribunal avait obtenu un sursis. L'exécution doit avoir lieu dans quarante heures, mais Pat n'a pas encore été transféré au Quartier de la Mort, bâtiment où se trouve la chaise électrique – sept kilomètres plus avant à l'intérieur de l'enceinte.

Pat est amaigri, il a le teint jaune et de grands cernes sous les yeux. Il ne garde pas ce qu'il mange et a perdu quinze kilos. Il ne fait que boire du café et fumer.

Il m'accueille avec ces mots : « J'ai rangé mes affaires, je suis prêt à partir. » Sachant que le transfert peut être affectué à tout moment, il a mis de côté ce qu'il est autorisé à emporter avec lui : brosse à dents et dentifrice, un change de sous-vêtements, des cigarettes, sa Bible, son carnet d'adresses, du papier et un stylo-bille. La radio est interdite. La musique libère les émotions et les émotions sont justement ce que les autorités tiennent le plus à éviter au cours de la « procédure ». Il y aura une télé là-bas, qu'il pourra regarder, et un téléphone sur le mur extérieur de sa cellule d'où il pourra passer des appels en PCV. Pat n'ignore pas que tous les condamnés du Couloir transférés au Quartier de la Mort en sont revenus, chacun ayant bénéficié d'un sursis. La Louisiane, en effet, n'a procédé à aucune exécution depuis juin 1961.

Je lui dis que je viens d'avoir au téléphone Tom Dybdahl, successeur de Chava à la tête de la Coalition pour le soutien aux prisonniers de Louisiane, et qu'il m'a prié de lui transmettre que l'avocat avait bien déposé la requête et attendait notification du sursis d'une minute à l'autre. Je dis à Pat que je vais rester deux heures avec lui. Si l'on demeure sans nouvelles d'ici là, je demanderai au major l'autorisation d'appeler la Coalition de son bureau.

J'espère de toutes mes forces que Tom sait de quoi il parle. J'ignore tout des procédures légales et je me force à croire aveuglément à la compétence de l'avocat de Pat. Selon Tom, Pat a quatre-vingt-quinze chances sur cent de voir son sursis accordé. Je me suis sentie rassurée. Jusqu'à ce qu'il ajoute : « On n'est jamais sûr à 100 % de ce que décidera le tribunal. »

Comment peut-on supporter une telle attente ? Comment fait-on pour conserver son calme, sa santé mentale ? Si Tom s'était dit certain à 99,9 %, il y aurait toujours ce dixième de pourcentage. Les opérations chirurgicales les plus simples peuvent mal tourner. Les accouchements peuvent mal tourner. N'importe quelle activité humaine peut mal tourner.

Pour passer le temps, je fais ce que je fais le mieux : je parle. Je raconte des histoires, j'interroge Pat sur sa vie. Et lui se rappelle ses chasses dans les bois ; les énormes camions qu'il conduisait ; son travail dans une ferme au Texas ; comment sa mère prépare le gibier ou le civet de lièvre – avec beaucoup d'oignons et une sauce épaisse. Il me décrit les puits de forage, m'explique en quoi le travail y est dangereux, se souvient des horribles accidents dont il a été le témoin et des fois où lui-même a failli y passer.

Nous bavardons ainsi pendant deux heures, en évitant de parler de la mort et de la dernière heure. Nous aborderons le sujet le moment venu. Pour l'instant, cet échange à bâtons rompus nous aide à passer le temps, à ne pas perdre la tête en attendant que le téléphone sonne et que le garde annonce : « Sonnier, sursis ! »

Pat est survolté. Il a même des moments de bravade. « Ils peuvent toujours essayer de me briser, ils z'y arriveront pas. » Il a demandé à un gardien d'aller me chercher au distributeur des chips de maïs – saveur barbecue – et un Dr. Pepper *. « Pour qu'on célèbre. S'il croit qu'il m'a eu ce coup-ci, le vieux Maggio (le directeur de la prison), il se trompe. Je vais lui montrer, moi. Mon avocat va lui sortir à la dernière minute un de ces petits sursis de derrière les fagots. Peut-être même que j'vais réussir à lui soutirer un petit repas du condamné à s'en lécher les babines. » Il rit. D'un rire forcé qui monte du diaphragme. Il n'arrête pas de parler et de rire et moi, je lis la terreur dans ses yeux.

« Sois un homme, mon fils. » Et une phrase d'Hemingway me revient à l'esprit, celle que le prêtre dit à Sam Cardinella dans *La Rivière à deux cœurs,* quand celui-ci, en marche vers le gibet, ne contrôle plus ses sphincters.

Comme s'il suffisait de le vouloir pour être courageux. Moi-même, de quelle dignité saurais-je faire preuve, en face de mes bourreaux ?

Tout cela est irréel. Mon esprit fait feu de tout bois pour se cramponner à l'espoir. Oui, le sursis va nous être annoncé, ce n'est qu'une question de minutes ; oui, tout cela est faux et, bientôt, n'aura été qu'un cauchemar.

Vers deux heures de l'après-midi, je vais au bureau du major téléphoner.

« Toujours rien du tribunal, me dit Tom. Restez auprès de lui et continuez à le soutenir. »

Je retourne au parloir. Pat m'attend, debout derrière le grillage. Il me scrute anxieusement. « Toujours rien. Voulez-vous prier ? » Il hoche la tête.

Je ne me souviens plus des termes exacts de notre prière, il y était question de pardon, j'en suis sûre, de courage et de force pour accomplir le dernier pas, au cas où cela devrait se produire.

La prière achevée, je déclare : « Si vous mourez, je veux être auprès de vous.

– Non. Je veux pas que vous voyiez ça.

– Je ne peux pas supporter l'idée que vous mouriez sans avoir près de vous quelqu'un qui vous aime. Je serai pour vous le visage du Christ. Vous n'aurez qu'à me regarder.

* Variété de boisson gazeuse, rappelant le Coca-Cola. *(N.d.T.)*

– C'est un spectacle horrible. Je veux pas que vous viviez ça. Ça va vous briser. Ça vous marquera pour toute la vie. »

Je me doute bien que cela va m'épouvanter. Comment pourrait-il en être différemment ? Mais je suis forte et déterminée. Je proteste que cela ne me brisera pas, que j'ai la chance d'avoir beaucoup d'amour et de soutien autour de moi. « Dieu me donnera la grâce nécessaire. »

Ma décision est prise : s'il doit mourir, je serai auprès de lui. Il s'y rallie à contrecœur.

Il dit : « Si au moins j'étais sûr de mourir dès que le courant passera ! Vous croyez que ça fait mal ? Y paraît que le corps prend feu. (Son certificat de décès indiquera que la mort est survenue au bout de quatre à cinq minutes.) Ma pauvre mère... »

Oui, sa mère, quelle vie malheureuse aura été la sienne ! Elevée par sa grand-mère au milieu des plantations de canne à sucre, elle aura épousé toute jeune un homme déjà mûr. Mariage qui ne lui aura pas apporté l'appui d'un compagnon, mais bien plutôt chagrin et pauvreté. Au point qu'un jour, il lui faudra laisser Eddie, son « bébé », hurler deux jours et deux nuits d'affilée, faute d'argent pour l'emmener chez le dentiste. Pour couronner le tout, elle aura subi la tragédie ultime – voir ses fils jugés et condamnés pour un acte abominable. Elle n'est pas venue souvent les voir à Angola. Une fois ou deux seulement. Ça la rend malade d'aller au Couloir de la Mort. Mais quand ils étaient à la prison de la paroisse, près de chez elle, elle leur apportait des plats mitonés à leur intention. Elle garde un malade âgé, la nuit, pour gagner de quoi leur acheter cigarettes et vêtements chauds pour cet hiver.

Pat dit : « Quand on me mettra la cagoule, je veux pas qu'on récite “ Le Seigneur est mon berger. ” Ça ferait durer les choses et je veux pas que ça traîne, moi. »

Je lui demande s'il pense que Dieu l'a abandonné, s'il ne craint pas d'être damné pour l'éternité. Et voilà qu'il me parle des meurtres, pour la première fois.

« Au début, j'ai cru que Dieu me haïssait lui aussi, mais je me suis confessé et maintenant, je sais qu'il m'a pardonné.

« Y a personne qui devait mourir. Eddie était furibard. On venait juste de le sortir de taule. Il était obsédé par une fille qu'était enceinte de lui et qui voulait pas l'épouser. Il était allé la trouver avec un fusil à canon scié, il avait coupé les fils du téléphone et menacé de la buter avec toute sa famille, c'est pour ça qu'on l'avait foutu en cabane. Moi, j'avais Maman qui m'appelait tous les jours au boulot pour que je le tire de là. On a réussi à le libérer et à faire retirer la plainte. Mais il était à bout. Je crois que David a dit quelque chose qui l'a foutu en pétard. C'est là qu'il a tiré. J'aurais dû le prévoir. J'aurais pas dû nous laisser faire tous nos sales coups. »

Il garde la tête basse. La cigarette pend entre ses doigts. La fumée monte en une petite ligne fine et régulière.

« J'ai lu les comptes rendus des journaux à la Coalition, lui dis-je. Ces malheureux enfants. Et leurs parents. Ils vivent dans l'horreur, les pauvres.

– Je vais dans la tombe avec bien du regret pour ce que j'ai fait à ces gosses. Le soir, après l'extinction des feux, je m'agenouille près de mon lit et je prie pour eux et pour leurs parents. Y a personne qui devait mourir. »

Sa voix est devenue presque inaudible.

Plus tard, un gardien qui sert les repas au Couloir de la Mort me dira qu'il n'a jamais vu de prisonnier à ce point taraudé par le remords. « Quand il est arrivé, il refusait toute nourriture. Il ne dormait pas beaucoup non plus. Ça se voyait, qu'il était dévoré de l'intérieur. » Et, plus tard encore, j'apprendrai que Pat avait tenté de s'ouvrir les veines à la prison de la paroisse, juste après son arrestation.

Pour le moment, je me contente de le regarder, sans savoir que penser. Je me représente ce couple à genoux, puis s'allongeant à plat ventre, la tête dans l'herbe couverte de rosée. Que Pat soit celui qui a tiré ou pas, il a pris part à l'enlèvement. Et cet enlèvement n'était pas le premier. Il y en avait eu d'autres, avant.

Le silence est pesant. Pat dit encore, et son regard exprime la colère : « J'ai pas violée Loretta. Je l'ai même pas touchée ! »

S'il a passé des aveux, c'était pour suivre leur plan, à Eddie et à lui : brouiller les pistes en avouant tous les deux être le seul auteur du crime. Et s'il a répété ses aveux, après, c'est parce qu'on l'a emmené dans un bureau à part, menottes aux poings, et qu'il a vu que le policier avait un revolver dans son holster, quand il a retiré sa veste. Pat a eu peur d'être tabassé à coups de crosse. Pourtant, cela lui faisait peur aussi d'être renvoyé à Angola. Mais en même temps, il se disait qu'il ne devait pas s'inquiéter. Il en était déjà sorti entier, d'Angola, quand il y avait purgé sa peine pour le vol du camion.

« Dans ma confession, j'ai dit que j'avais tué les gosses pour pas qu'ils m'identifient, parce que je voulais pas retourner à Angola. Mais je m'étais bien débrouillé, à Angola, quand j'y avais été, et je savais que cette fois aussi je saurais m'y prendre. »

A l'époque du meurtre, en 1977, la Cour suprême venait de rétablir la peine de mort. Ce que Pat ignorait, n'écoutant pas régulièrement les nouvelles. « Si j'avais su que je risquais la chaise, ils auraient pu me faire n'importe quoi, j'aurais jamais rien avoué. »

Il me dit tout cela dans un souffle, d'un coup, sans s'interrompre au milieu des mots, les yeux baissés la plupart du temps ou fixés sur un point derrière moi, sans me voir. Visiblement, il ne remet pas en cause sa responsabilité. Même s'il clame ne pas avoir abattu les jeunes, il ne se prétend pas innocent pour autant. Il ne semble pas éprouver de rancœur à l'égard de son frère. D'ailleurs, une semaine avant d'être exécuté, il exigera du directeur de la prison que lui soit accordé le droit de voir Eddie avant de mourir.

L'avertissement de l'aumônier me revient en mémoire : « Ces gens sont le rebut de la terre. Méfiez-vous. Ils emploieront tous les moyens pour vous abuser. »

Je ne sais quelle conclusion tirer. Je m'interdis de juger. Sur fond de chaise électrique imminente, la question de savoir qui a pressé la détente n'est plus de circonstance. Deux personnes sont mortes, bientôt une troisième le sera. C'est la seule chose qui compte.

Il est trois heures de l'après-midi. Nous sommes à trente-six heures de l'exécution. Le gardien entre, le temps de visite est écoulé. La Coalition n'a pas appelé. Je préviens Pat que je vais aller chez ma mère (Baton Rouge est à environ une heure de voiture d'Angola). S'il n'obtient pas de sursis, je reviendrai ce soir pour être auprès de lui au Quartier de la Mort. Je m'arme intérieurement de tout mon courage.

J'ai parcouru une vingtaine de kilomètres quand

j'entends à la radio que la cour d'appel du 5e ressort a accordé un sursis à Patrick Sonnier, le temps d'étudier sa requête.

Il va vivre ! Il ne va pas mourir ! Il dînera ce soir à la section, avec tout le monde. Quand on apportera les plateaux aux détenus, il y en aura un pour lui. Il va pouvoir défaire son paquet, remettre sa brosse à dents et ses sous-vêtements à leur place habituelle et ranger tout ce qu'il avait réuni dans un sac en papier. Dans quelques jours, dans les semaines à venir, il aura retrouvé l'appétit. Et même le sommeil, qui sait ?, quand il grimpera sur sa couchette pour la nuit.

Je lui envoie une lettre. Je cite des extraits du psaume 107, qui me paraît écrit pour lui :

*Insensés, sur les chemins du péché,*
*misérables à cause de leurs fautes,*
*tout aliment les dégoûtait,*
*ils touchaient aux portes de la mort.*
*Et ils criaient vers Yahvé dans la détresse,*
*de leur angoisse il les a délivrés.*
*Il envoya ses paroles, il les guérit,*
*à la fosse il arracha leur vie.*

Pat me répond que son psaume préféré, c'est le 31. Après son exécution, je verrai qu'il l'avait souligné dans sa Bible. La Bible tout usée qu'il m'aura remise juste avant de mourir.

*Tout ce que j'ai d'oppresseurs*
*fait de moi un scandale;*
*Pour mes voisins je ne suis que dégoût,*
*un effroi pour mes amis,*
*Ceux qui me voient dans la rue*
*s'enfuient loin de moi,*
*Je suis oublié des cœurs comme un mort,*
*comme un objet de rebut,*
*J'entends les calomnies des gens,*
*terreur de tous côtés,*
*Ils se groupent à l'envi contre moi,*
*complotant de m'ôter la vie,*
*Et moi, je m'assure en toi, Yahvé,*
*je dis C'est toi mon Dieu !*

La fois suivante, j'agis comme à l'ordinaire, selon l'habitude établie au cours de ces derniers mois : je commence par rendre visite à Pat, puis je vais voir Eddie.

Il m'accueille, l'air sombre. Il a aussi mauvaise mine que son frère, quinze jours auparavant, à quelques heures d'être exécuté. Ses épaules sont voûtées comme sous le poids d'un lourd fardeau, ses mains tremblent. Nous nous asseyons à une petite table. Il allume une cigarette. « J'ai quelque chose de vraiment terrible à vous dire. »

Comprenant que Pat a dû l'informer de notre conversation, je me penche vers lui et pose la main sur son bras. Il déglutit péniblement, sa pomme d'Adam monte et descend dans sa gorge. Il tente désespérément d'articuler une parole.

« Je crois que je sais, Eddie. C'est vous qui avez tiré. Pat me l'a dit. »

C'est moi qui prononcé la chose, cela ne suffit pas. Eddie a besoin de faire l'aveu lui-même. Est-ce parce qu'il doit auparavant revivre la scène dans sa totalité, recréer pour lui-même le moment où six petites billes de métal, tirées de sa main, ont arraché la vie à deux êtres humains, qu'il lui faut si longtemps pour trouver les mots pour le dire et la force de propulser les syllabes hors de sa bouche ? Quoi qu'il en soit, c'est d'une voix égale et neutre qu'il finit par s'exprimer, comme un cancéreux qui répéterait pour la énième fois la chronologie de son mal. Combien de fois a-t-il repassé l'événement dans sa tête pour tenter d'y voir clair et en mesurer chacune des conséquences ? Deux familles qui pleurent la disparition d'un enfant ; un frère en passe d'être électrocuté et lui-même, en jean et en chemise bleue, enfermé pour le restant de ses jours derrière des barreaux, des portes et des grilles, à subir constamment la présence de gardiens.

Il semble bien manifester quelque repentir, mais je vois que son regret le plus poignant est son destin en prison. La survie personnelle est ce qui domine son horizon moral.

Il expose les faits. Je ne peux qu'imaginer ce qu'ils signifient pour lui : sa petite amie enceinte ; la « froideur de glace » des parents de celle-ci quand il va la trouver chez elle ; sa demande en mariage rejetée ; la fille, barricadée dans la pièce du fond sans vouloir en sortir, criant qu'elle a un autre garçon dans sa vie, David, et que ce

David est son ami maintenant ; sa rage lorsqu'il rentre chez lui prendre son fusil et revient chez la fille où il sectionne les fils du téléphone ; ses menaces de la tuer ainsi que toute sa famille ; l'arrivée de la police et son arrestation ; puis, après de longues palabres, le retrait de la plainte et sa libération sous caution. Et pour finir, une fois libéré, la reprise de la chasse aux lapins, les amoureux dans les voitures. Et c'est le drame. L'enlèvement ; le garçon qui s'appelle David, comme l'autre, et dit : « Pose ton flingue qu'on voie un peu qui de nous est un homme » ; sa folie furieuse à ces mots ; l'image des deux David brouillée dans son esprit ; le fusil dans ses mains. Pan ! Le coup est parti !

Je n'ai aucune raison de douter de la sincérité d'Eddie. Visiblement, son fardeau l'écrase. Je lis dans ses yeux la peine et le désarroi face à l'énormité de son acte.

La plupart des meurtres, comme celui-ci, ne sont pas perpétrés de sang-froid, calculés et prémédités [1]. Ils sont commis sous l'empire de la passion.

« Qu'est-ce que je pourrais bien leur dire, aux parents, maintenant, hein ? demande Eddie. Que je regrette ? Quel bien ça leur ferait ? Ça ramènera pas leurs gosses à la vie. J'ai bien repassé ça un million de fois dans ma tête. Si seulement je pouvais faire revenir la pendule en arrière... »

Il lève les yeux sur moi.

*Si, si ! Demandez pardon. Aussi faibles, vaines et futiles vous semblent vos paroles, prononcez-les ! Exprimez votre repentir et votre regret.* Voilà ce que je devrais dire, mais je laisse passer l'occasion. Ce n'est que bien plus tard que j'apprendrai de Lloyd LeBlanc, le père de David, ce que signifie pour les proches le fait de demander pardon. Il dira à un journaliste que cela a été sa raison principale d'assister à l'exécution de Patrick Sonnier.

Je demande à Eddie pourquoi il a témoigné contre Pat au procès. Ce détail, lu dans le dossier à la Coalition, m'avait bouleversée. Quel genre de type pouvait bien déposer contre son propre frère ! Je ne comprenais pas.

Avant d'être arrêtés, m'explique-t-il, Pat et lui ont décidé d'un commun accord d'avouer. Mais ils ont compris différemment la stratégie à mener. Pat a cru qu'ils avoueraient chacun être l'unique auteur du crime, alors que lui-même a cru qu'ils devaient s'accuser mutuellement. De plus, l'avocat de Pat ne l'a pas contacté avant de l'appeler à la barre, il n'avait aucune idée de ce qu'il devait faire. « J'avais une de ces trouilles, mais alors, carabinée. Je me donnais un mal de chien pour exposer les choses logiquement et pas me contredire. J'étais complètement à côté de mes pompes. Il l'a bien vu, d'ailleurs, Pat, que j'en pouvais plus. C'est pour ça qu'il a demandé à son avocat d'arrêter de m'interroger. L'avocat, il y comprenait que dalle. Il imaginait pas ce que j'allais dire quand je suis arrivé à la barre. »

Je suis abasourdie. Que dans une affaire d'assassinat un avocat présente un témoin, capital qui plus est, sans l'avoir seulement rencontré au préalable, me laisse pantois !

En octobre 1983, la cour d'appel du 5e ressort de La Nouvelle-Orléans rejette le recours en grâce. Le temps joue contre Pat. A la Coalition, quelqu'un me parle d'un avocat qui défend les condamnés à mort.

Il est d'Atlanta et il s'appelle Millard Farmer.

Je le contacte sans attendre.

## CHAPITRE III

J'appelle Millard Farmer au début de novembre 1983, une semaine environ après que la cour d'appel du 5e ressort a rendu son verdict. Je l'implore : « Je sais combien vous êtes occupé, mais aidez-le, je vous en supplie. » J'insiste lourdement, le temps de Pat est compté.

Pauvre Millard ! Après un court instant de réflexion, il acquiesce : « C'est bon, on va vous aider. Faites-moi parvenir les minutes du procès. » Il me donne son adresse.

J'ai beau savoir qu'il est originaire de Géorgie, son accent à couper au couteau me prend par surprise. Je le remercie avec chaleur et lui expédie les documents sans perdre une seconde.

Après un moratoire de vingt-deux ans, les exécutions ont repris en Louisiane. Le 14 décembre 1983, l'Etat exécute un jeune Noir, Robert Wayne Williams, pour avoir abattu un vigile noir au cours d'un cambriolage. L'exécution est prévue pour minuit. Le condamné marche déjà vers la chaise électrique quand un sursis est prononcé, le temps d'élucider un point juridique. Williams est ramené en cellule. On l'en ressortira une heure plus tard pour le conduire à la chaise.

Je tiens de Tom Dybdahl, actuel responsable de la Coalition pour le soutien aux prisonniers, qui passe souvent à Hope House utiliser la photocopieuse, que pour l'enterrement, la mère de Robert Wayne Williams a exigé des pompes funèbres que son fils ne soit pas « arrangé ». Il paraît que dans le cercueil resté ouvert,

« on voyait très bien ses brûlures à la tête et aux jambes » [1].

Alors qu'en Lousiane, la très grosse majorité les victimes d'homicide sont des Noirs (90 % des cas à La Nouvelle-Orléans durant l'année 1991), il est rare que des Noirs soient condamnés à mort pour le meurtre d'un autre Noir. Dans 75 % des cas, c'est pour avoir tué un Blanc. S'ils le sont néanmoins, c'est que la victime appartient à une catégorie bien précise de la population – policier, vigile, enfant, ou plus rarement une femme. Ou bien c'est qu'ils ont abattu plusieurs personnes.

Une semaine environ après la mort de Williams, je rends visite à Pat. Il est très pâle et son regard est inquiet. Il a du mal à trouver le sommeil depuis qu'il a vu dans un journal de Baton Rouge un croquis de l'exécution (l'enregistrement visuel et sonore étant interdit). Ayant remarqué que Williams était pieds nus, il me déclare fermement : « Si on m'emmène, j'irai en chaussures, moi ! »

Entre-temps, Millard Farmer épluche les minutes du procès de Pat en vue d'interjeter appel, à la fois devant la Cour du 5$^{e}$ ressort de Louisiane et devant la Cour suprême des Etats-Unis.

De son côté, Pat reçoit une lettre de son avocat, celui qui s'était proposé de lui-même pour assurer sa défense. « C'est une excellente chose que M. Farmer s'occupe de votre affaire, lui écrit Michael Baham. Bien que j'aime à me croire profondément dévoué à votre cause, je ne peux nier le fait qu'aucun dévouement, aussi sincère soit-il, ne saurait se substituer à l'expérience et aux moyens financiers indispensables pour mener à bien les importantes plaidoiries que nécessite l'affaire à ce stade. »

Le jour de Noël, l'associée de Millard Farmer, Kimellen Tunkle, fait la route d'Atlanta à Baton Rouge pour me rencontrer. C'est une jeune femme aux longs cheveux bruns et raides. D'une voix posée, elle m'annonce : « Le temps presse. La Cour suprême va très certainement rejeter le pourvoi en appel. » Kimellen tient à rassembler le plus d'informations possible sur l'environnement familial de Pat et les personnes de son entourage susceptibles de témoigner en sa faveur à l'audition de recours en grâce qui est, je ne l'ignore pas, l'instance ultime avant l'exécution. Elle prend rapidement en note toutes les indications que je lui fournis.

Le 18 janvier, sur les sept heures et demie du matin, Millard passe me prendre pour aller à Angola. Je découvre un homme mince et de haute taille, au visage long et aux cheveux grisonnants.

Jusqu'à présent, j'ai eu l'impression d'être ballottée dans une coquille de noix au beau milieu d'un tourbillon, sans rien à quoi me raccrocher. Le temps presse et j'espère de tout mon cœur que Millard et son équipe vont réussir à jeter une ancre solide. Nous parlons pendant tout le trajet. J'ai tendance d'ordinaire, bien que fille d'avocat, à éviter les discussions juridiques. Je déteste leurs arguties subtiles à grand renfort de jargon. Mais dans l'affaire de Pat, je tiens à connaître et à comprendre tous les tenants et les aboutissants.

Pour commencer, j'apprends que le système juridique est comparable à une série de tourniquets qui se verrouillent une fois franchis. Une case quittée, il est impossible d'y retourner. Par exemple, si l'avocat a omis de soulever un point ou de faire objection en cours de procès, le tribunal estime que le défendeur s'est désisté de son droit d'y revenir plus tard.

Prenons l'exemple du « voir dire », l'interrogatoire des jurés pressentis par la défense et l'accusation en vue de constituer le jury définitif. En l'étudiant, Millard a constaté que le procureur avait outrepassé, sans présenter de raison, son droit de « récuser des jurés », c'est-à-dire de refuser d'en sélectionner certains. Il l'a fait à huit reprises, alors qu'il n'était habilité à le faire que six fois. C'était à la défense de s'en apercevoir et de faire objection. Maintenant, c'est trop tard. Selon Millard, il suffit de regarder la durée du « voir dire », pour savoir tout de suite si la défense est sérieuse. S'il faut plusieurs semaines, voire des mois, pour constituer le jury, on sait que l'on a affaire à un avocat de la défense costaud. Au procès de Pat, la sélection a été bouclée en deux jours.

Autre faille dont Millard s'est aperçu : dans son réquisitoire, le procureur a déclaré au jury que Pat ne changerait jamais, mais qu'il tuerait encore et qu'en conséquence, le seul moyen de protéger les autres prisonniers ou la société dans son ensemble, c'était de l'exécuter.

Prédire un danger sans l'étayer de preuves n'est pas admis. C'était à la défense de faire objection, de manière à pouvoir soulever ce point en appel. Encore une fois, elle ne l'a pas fait. Trop tard! La chicane est verrouillée. Et depuis trop longtemps!

Quant à soulever ces points en cour fédérale, c'est inutile. Le tribunal de l'Etat ne manquerait pas d'invoquer « l'abus d'assignation ». En effet, les différentes cours de justice font tout leur possible pour se protéger des actions au coup par coup, afin d'éviter que des affaires interminables ne viennent les embouteiller.

Mais Pat n'y est pour rien si l'avocat n'a pas fait objection! Ne faudrait-il pas plaider l'erreur de la défense ? Et surtout, la justice ne devrait-elle pas s'intéresser au fond du problème, plutôt que de s'attacher à des questions d'objections soulevées ou non en temps voulu et par qui ?

Voici la réponse de Millard.

Il relève de la compétence des cours fédérales de corriger les erreurs et les abus des tribunaux des Etats, c'est vrai. Et c'est d'ailleurs ce qui a permis aux mouvements en faveur des droits civiques de se faire les dents sur le plan juridique, dans les années soixante, en arguant que si le pouvoir exécutif des Etats n'en faisait qu'à sa tête en matière de législation sociale, on en serait encore aux lois Jim Crow *. Auparavant, la défense pouvait compter sur les cours fédérales pour vérifier le bon déroulement des procès. Mais les choses ont bien changé.

Il se trouve qu'en 1976, dans l'Affaire « Gregg contre l'Etat de Géorgie », la Haute Cour a prononcé un arrêt stipulant que les exécutions ne contrevenaient pas au Huitième Amendement, lequel interdit les châtiments cruels et anormaux. En refusant d'y recourir, la Cour a signifié aux Etats qu'elle les laissait libres de mettre à mort leurs citoyens, si telle était leur décision. Interprétation de la Constitution qui a abouti à ce que les citoyens ne sont plus protégés face à la peine capitale. « L'enjeu à l'origine de cette décision était politique, affirme Millard, j'en suis convaincu. Il s'agissait de la vieille bataille que se mènent le gouvernement fédéral et les Etats quant à leurs droits respectifs, bataille qui remonte à l'époque de la Constitution elle-même. Dans les années soixante, les Etats du Sud s'étaient émus en

* Lois Jim Crow : lois discriminatoires, réglementant notamment la propriété de la terre, l'utilisation par les Noirs des transports en commun, leur fréquentation des lieux publics, écoles, etc. *(N.d.T.)*

voyant le gouvernement fédéral rogner de plus en plus les pouvoirs locaux. Et quand, en 1972, la Cour suprême a reconnu par un arrêt prononcé dans l'Affaire " Furman contre l'Etat de Géorgie ", que la peine de mort était " arbitraire et inégale " dans son application, la coupe a débordé. Cela laissait présager qu'à l'avenir la Cour suprême des Etats-Unis risquait d'invalider systématiquement toutes les exécutions. Le Sud, on le sait, a toujours été favorable aux mesures sévères pour le maintien de l'ordre [2] – le plus souvent à l'encontre des Noirs pour les faire marcher droit. Les Etats du Sud n'avaient pas l'intention de laisser le pouvoir fédéral décider à leur place de châtier ou non les criminels de chez eux. Finalement, c'est le Sud qui l'a emporté. »

Les tribunaux ont viré à droite ces dernières années. Comme le déplore Millard, « ils cherchent tellement à accélérer les exécutions qu'ils n'ont de cesse de renforcer leurs exigences en matière de procédure. Il devient de plus en plus difficile d'obtenir une audition dans les affaires où la peine de mort est requise. Les droits constitutionnels de nos clients sont constamment piétinés. Nous pouvons avoir des points d'une importance extrême, des preuves d'innocence nouvelles et irréfutables, les tribunaux refusent de nous entendre. " Trop tard, nous répondent-ils. Vous n'aviez qu'à interjeter appel en temps voulu. " ».

Au fil des années, la procédure en cour d'appel fédérale pour les affaires où la peine de mort est requise deviendra de plus en plus difficile et le procès de Roger Keith Coleman, inculpé en Virginie du meurtre de sa belle-sœur, révélera toute l'étendue du problème. Ses avocats ayant interjeté appel avec *un jour de retard*, la Cour suprême de Virginie considérera cela comme une entorse à la procédure empêchant la révision de l'affaire, alors que de nouvelles preuves suggérant l'innocence de Coleman auront été présentées [3]. La cour fédérale, saisie de l'affaire, refusera d'invalider la décision de la Cour suprême de Virginie. Et Coleman sera exécuté en mai 1992.

Avec l'Affaire « Keeney contre Tamayo-Reyes », la Cour suprême des Etats-Unis réduira encore plus radicalement les motifs pour interjeter appel devant la cour fédérale. Elle statuera notamment, le 4 mai 1992, que les cours fédérales ne sont pas tenues de mener des auditions de preuves si les tribunaux d'Etat n'en ont pas mené, quand bien même le condamné établirait qu'en raison d'une défense incompétente des points cruciaux de son affaire n'ont pu être entendus. Et ce, nonobstant le fait que plus de 40 % des condamnations à mort révisées par la cour fédérale font état d'erreurs anticonstitutionnelles.

Mais revenons à l'affaire de Pat. Millard va tenter malgré tout de plaider l'incompétence de l'avocat. Sans grand espoir de succès, car il est rare, dans les révisions de condamnations à mort, que les tribunaux admettent ce point. « Il y a des cas où les avocats de la défense reconnaissent, devant le juge, être venus au procès en état d'ébriété ou très mal préparés. Eh bien, cela n'empêche pas les cours d'appel de refuser d'entériner l'incompétence de la défense [4]. » Dans les Etats du Sud, insiste Millard, les avocats commis d'office ont un si grand nombre de clients à représenter qu'ils ont à peine le temps de les interroger avant le procès. Comment s'attendre, dans ces conditions, à ce qu'ils mènent les investigations nécessaires ? Lesquelles exigent une minutie infinie [5], surtout dans les affaires où la peine de mort est requise.

Si 99 % des condamnés à mort sont pauvres, ce n'est pas un hasard. « La valeur de leur défense correspond au prix qu'ils paient. » Or, pour juger les cas d'incompétence d'avocat, m'explique Millard, la Haute Cour est très sévère et pour statuer, elle requiert de la défense de prouver que si le jury a rendu tel verdict plutôt que tel autre, c'est en raison des erreurs commises par l'avocat au cours du procès, et que sans ces erreurs, son verdict aurait été différent. « Mais ça, comment le prouver ? La Cour délibère et statue que les erreurs de l'avocat n'ont été que des bourdes mineures, sans incidence sur le verdict de culpabilité rendu à l'encontre de l'accusé. Tout citoyen, selon la Constitution, est censé bénéficier d'une défense digne de ce nom. Mais à force d'imposer des procédures impossibles à satisfaire, les tribunaux ont vidé ce droit constitutionnel de tout son contenu.

« L'avocat de Pat a été au-dessous de tout pendant presque tout le procès, poursuit Millard. Alors qu'il s'agit d'appeler à témoigner en faveur de l'accusé le plus de monde possible – famille, amis, employeurs, clergé. Pour montrer aux jurés que, malgré son crime, l'accusé est un être humain comme n'importe lequel d'entre eux. Si le jury s'en convainc, l'avocat a une chance de sauver la tête de son client.

« Lors du premier procès, l'avocat de Pat n'a fait comparaître aucun témoin favorable en dehors de lui-même et, pour toute pièce, il n'a soumis que le rapport du psychologue. Qui n'était même pas présent dans la salle, le jour de l'audience.

« Et, au second procès, quand l'avocat avait une chance de réparer ses bévues antérieures et d'obtenir pour Pat une peine moins lourde, il n'a rien trouvé de mieux que d'appeler Eddie à la barre. Lequel s'est mis à clamer que c'était lui qui avait commis le crime, ce que personne n'a cru, mais qui a certainement braqué les jurés. Il était on ne peut plus maladroit de remettre l'innocence sur le tapis. »

Moi qui pensais que les procès en appel, avec toute leur minutie, garantissaient une juste révision de l'affaire, je découvre avec ahurissement que tout dépend de l'habileté de la défense. Si Pat avait été défendu par Millard, il n'aurait jamais été condamné à la peine capitale, cela ne fait pour moi aucun doute.

Nous roulons toujours. Je ne prête pas grande attention au paysage. Je regarde l'homme passionné assis à mon côté. Je pense à la somme de connaissances qu'il a emmagasinées et au travail monumental qu'il va devoir fournir pour la défense de Pat. Qu'est-ce qui peut bien pousser quelqu'un de la valeur de Millard Farmer, qui de toute évidence pourrait se faire des mille et des cents à s'occuper d'un Pat Sonnier ? Je lui pose la question sans ambages.

Cela remonte à l'époque où il faisait ses études de droit, m'explique-t-il, quand il est tombé sur une section intitulée « droit des pauvres ». A partir de ce moment, il a commencé à visiter les cités et les prisons. A parler aux gens. « Vous voyez ce que je veux dire ? » (C'est un tic chez Millard. Il répète tout le temps cette phrase.) Puis, d'une affaire à l'autre, il s'est aperçu que les Noirs étaient le plus souvent jugés par des jurys composés de Blancs. Suis-je au courant, me demande-t-il, que tous les mineurs exécutés pour meurtre avaient assassiné des Blancs et que, chaque fois, ils ont été jugés par des jurys composés exclusivement de Blancs ? Il en va de même pour les violeurs exécutés en Louisiane (alors qu'en

1977 la Cour suprême des Etats Unis a déclaré inconstitutionnelle la peine de mort pour viol). Il s'agit toujours de Noirs. Dans les procès où la peine de mort est requise contre un Noir, il est courant de voir le procureur chercher par tous les moyens à éliminer les Noirs du jury, ceux-ci étant moins enclins que les Blancs à rendre un verdict de peine capitale. Procédé en contradiction totale avec la Constitution, laquelle garantit à l'accusé le droit d'être jugé par un jury composé de ses pairs. Mais à moins qu'un avocat solide ne mène la défense, c'est le procureur qui l'emporte [6].

Puisque Pat est blanc, dis-je, il n'est pas en butte à des manifestations de racisme, c'est déjà ça.

Millard me détrompe. Ce qui compte dans le cas de Pat, c'est que les victimes étaient des Blancs. « La triste vérité, c'est que si Eddie et lui avaient tué deux Noirs, il y a bien des chances pour que la peine de mort n'ait pas été requise. »

Il me demande si j'ai entendu parler de l'affaire Gaskin, jugée dans la paroisse de Bossier, ici-même, en Louisiane. Non, je ne la connais pas.

Il s'agit d'un meurtre commis en 1980 par trois jeunes gens, déjà condamnés avant leur majorité pour divers délits avec voies de fait, dont plusieurs cambriolages à main armée. L'affaire en question a commencé par un enlèvement, celui d'une fille de quatorze ans, Virginia Smith, qu'ils ont battue, dévalisée et obligée à pratiquer sur eux la fellation. Puis, au cri de ralliement des Confédérés, ils lui ont tranché la gorge et l'ont lardée de coups de couteau, avant de l'abandonner dans les bois. Deux des agresseurs ont écopé de la perpétuité, le troisième de trente ans.

Virginia Smith était noire, ses trois assaillants étaient blancs.

Et ce n'est pas un fait isolé. Selon Millard, les procureurs, les juges, les jurés, blancs pour la plupart, sont bien plus choqués quand des Blancs sont assassinés que lorsqu'il s'agit de Noirs. « Les Blancs s'identifient davantage avec les Blancs, si vous voyez ce que je veux dire. »

J'aurai l'occasion de m'en convaincre des années plus tard, quand je me rapprocherai des familles des victimes. Une association de La Nouvelle-Orléans, « Survivre » (qui regroupe surtout des femmes noires indigentes), se plaindra que le procureur général fasse la sourde oreille quand elle réclame que l'on poursuive les Noirs meurtriers de Noirs. Et sur ses quelque quarante membres, un ou deux seulement verront l'assassin de leur proche passer devant la justice.

En 1987, dans l'affaire « McCleskey contre Kemp », la Cour suprême des Etats-Unis, se fondant sur des preuves irréfutables réunies à la suite d'une étude portant sur plus de deux mille cas en Géorgie, a reconnu qu'en matière de condamnation à mort, « il semblerait y avoir disparité en fonction de la race ». Face à des preuves empiriques de nature semblable dans des domaines comme le logement et l'emploi, la Justice met en œuvre des solutions juridiques. Mais quand il s'agit de la peine de mort, on constate qu'elle se contente d'évacuer le problème, le considérant « inévitable dans notre juridiction criminelle ». A l'inverse des affaires de logement et d'emploi, où la plainte pour discrimination raciale est pour ainsi dire reçue d'office, dans les procès où la peine de mort est requise, c'est au détenu en passe d'être exécuté d'établir que ceux qui l'ont jugé ont intentionnellement fait preuve de partialité à son endroit. Point extrêment difficile à démontrer.

En Louisiane, les bureaux d'aide juridictionnelle croulent sous les affaires. Les avocats qui leur sont rattachés ne suffisant pas pour les traiter toutes, les juges se voient obligés de faire appel à des cabinets privés. Or, la plupart de ces avocats ne pratiquent que le droit civil, ils ne sont criminalistes. « On leur demande d'absorber en un temps record toute une partie du code extrêmement ardue, alors que la vie d'un homme est en jeu et qu'ils peuvent tout bonnement n'avoir jamais ouvert un livre sur le sujet. » En Louisiane, la seule obligation exigée d'un avocat pour se charger de la défense d'un meurtrier est d'avoir exercé le droit cinq ans, dans quelque spécialité que ce soit.

« On n'appelle pas sans raison les Etats du Sud la Ceinture de la Mort ! » dit Millard. A eux quatre, la Louisiane, la Géorgie, le Texas et la Floride procèdent aux deux tiers des exécutions de tous les Etats-Unis [7].

En outre, les avocats de l'aide juridictionnelle ne sont remboursés qu'à hauteur de 1 000 dollars pour les frais qu'ils engagent dans la préparation du procès [8]. « De la roupie de sansonnet ! » pour reprendre l'expression de

Millard, compte tenu que le coût d'une seule expertise peut s'élever à cette somme. Si Pat Sonnier était riche, il se serait payé les services d'un ténor du barreau. Celui-ci aurait engagé des fins limiers pour mener les enquêtes, un crack en balistique et un psychologue qui aurait établi à l'avance le profil souhaitable des jurés. « Et je vous fiche mon billet qu'il ne serait pas au Couloir en ce moment. Il n'y a pas de riches dans Couloir de la Mort [9]. »

De plus, ajoute Millard, lorsqu'un procureur sait qu'il a en face de lui un avocat calé, il y réfléchit à deux fois avant de requérir le « max ». Pour ne pas risquer de perdre. Il est bien plus enclin à envisager un règlement à l'amiable – c'est-à-dire réduire les charges retenues contre l'accusé en échange d'une reconnaissance de culpabilité. Il peut même arriver que le procès soit évité.

Pour Millard, l'exécution, c'est comme la loterie : sur les milliers de meurtres perpétrés chaque année, 1 ou 2 % seulement entraînent une condamnation à mort. Et la sentence n'est appliquée que dans quelques cas [10].

« Le public croit que ces 1 ou 2 % sont les assassins qui ont commis les crimes les plus atroces, des meurtres froidement prémédités et accomplis de sang-froid, alors qu'en réalité, ils ont le plus souvent tué sous l'effet de la panique. Ce sont généralement des gens qui ont eu une enfance malheureuse, ou bien qui ont reçu des coups sur la tête, ou encore des retardés mentaux et des aliénés. Les mineurs ne font pas exception. Eux aussi sont pris dans le filet. »

Dans l'affaire « Penty contre Lynaugh », la Cour suprême a statué que la réserve émise par le Huitième Amendement de la Constitution sous-entendue par la notion de « châtiment cruel et anormal » n'empêchait pas que soient exécutés les retardés mentaux.

Dans l'affaire « Thompson contre l'Etat d'Oklahoma », la Cour suprême a statué que des mineurs de seize ans pouvaient être exécutés.

Dans l'affaire « Ford contre Wainwright », la Cour suprême a bien statué que le Huitième Amendement interdisait d'exécuter les fous, mais elle n'a pas établi de critère pour la folie. Elle a conclu qu'au cas où un condamné aliéné recouvrait la santé mentale – que ce soit par thérapie ou par médication – l'exécution était autorisée, le soin de déterminer l'état de santé du condamné étant laissé à un médecin expert, choisi par *l'Etat.*

Et c'est ainsi qu'un condamné à mort de Floride, Gary Alvord, dont la folie avait été dûment établie comme résultant de son incarcération, fut transféré en service psychiatrique où des professionnels de la santé furent requis de lui faire recouvrer la santé mentale de manière à ce qu'il pût être exécuté. Récemment, des tribunaux de Louisiane ont eu à statuer sur le droit d'administrer de force une médication antipsychotique à un condamné, Michael Owen Perry en l'occurence, en vue de le rendre suffisamment sain d'esprit pour être exécuté.

Résumant la situation, Millard considère que les critères de la peine de mort sont la race de la victime (un Blanc), la catégorie socio-économique du meurtrier (pauvre) et le lieu du procès (le procureur de l'endroit étant plus ou moins disposé à négocier avec la défense).

Le public, selon Millard, n'a aucune idée du pouvoir discrétionnaire laissé au procureur. Les « Grands Jurys * », mis en place par les différentes Constitutions des Etats pour veiller à ce que les charges retenues correspondent bien au crime, appliquent en fait presque toujours la peine requise par le procureur. Dans les audiences de Grands Jurys, seuls les témoins de l'accusation sont appelés à la barre, ceux de la défense étant exclus d'office, et les preuves tendant à disculper l'accusé ne sont pas tenues d'être soumises.

« Je voudrais bien qu'on me montre en quoi la peine de mort est moins arbitraire et inégale de nos jours qu'en 1972 », soupire Millard, se reférant au procès Furman où la Cour suprême des Etats-Unis a conclu à l'anticonstitutionnalité de la peine de mort dans son application, pour cette raison précisément.

Ce que j'apprends aujourd'hui me bouleverse au point de ne plus savoir que penser. Dieu merci, me dis-je, Pat a enfin un avocat solide pour le défendre ! Avec un peu de chance, Millard va découvrir un point de droit important que la Cour sera bien obligée de recevoir !

« Tiens ! Voilà quelqu'un qui connaît la musique ! » s'exclame mon compagnon en apercevant dans l'arbre

* Grand Jury : Chambre de mise en accusation *(N.d.T.)*

le panneau « *Courage ! Tu y es presque.* » J'y suis tellement habituée que je ne l'avais pas vu.

Nous arrivons au virage en épingle à cheveux. Encore un kilomètre et demi et nous serons rendus.

En arrivant au Couloir de la Mort, Millard dépose vingt dollars sur le compte de Pat. « Pour les cigarettes et le café. Ce n'est pas que je sois pour le tabac, mais les détenus, c'est la seule chose qu'ils ont ou presque pour se calmer les nerfs. »

Pat entre au parloir. Rasé de frais comme à son habitude et bien coiffé. Il sait qui est Millard, je lui ai parlé de lui.

« Content de vous voir, Pat, fait Millard, se penchant contre la grille. Dommage qu'on ne puisse pas se serrer la main. »

Pat n'ignore pas que sa mort est pour ainsi dire certaine et il écoute Millard très attentivement. Celui-ci est calme, systématique, efficace. Je fais le vide dans ma tête. En voiture, Millard m'a dit : « On a besoin des yeux, de la tête et du cœur de tout le monde. Ce sont parfois les gens qui n'y connaissent rien qui découvrent un détail que nous avons laissé passer. » Il m'a conseillé aussi de lire soigneusement les minutes du procès et les autres dossiers. Puisque Millard aime travailler en équipe, je vais prendre des notes. Je sors une feuille de papier.

Millard dit à Pat de considérer les divers moments de son procès comme si c'étaient des pierres à charger dans une charette. Qu'il passe tout en revue, sans rien omettre, même les détails les plus insignifiants. « Ce qu'on veut, nous, c'est avoir un tombereau chargé à bloc. »

Il expose succinctement un point du code pénal de Louisiane qu'il a l'intention de soulever en appel, celui de l'affaire Clarke : à savoir qu'un individu ne peut être inculpé de meurtre avec préméditation, à moins d'avoir eu personnellement l'intention préalable de tuer. Par exemple, un individu convaincu d'avoir participé à un assassinat, en faisant le guet par exemple, ne peut être accusé de meurtre avec préméditation que s'il a lui-même spécifiquement désiré la mort de la victime.

« Or d'après les minutes du procès, précise Millard, le procureur et le juge ont tous les deux dit au jury dans leurs instructions que le fait de savoir qui – d'Eddie ou de vous – avait appuyé sur la détente, était secondaire. Ils ont affirmé que vous aviez agi de concert et, de ce fait, pouviez, l'un comme l'autre, être considérés comme ayant participé au crime et coupables d'assassinat. En faisant une déclaration contredisant de façon manifeste ce qui est dit dans le code pénal de Louisiane, l'accusation a cherché à se simplifier la tâche – qui est justement de prouver au-delà du doute raisonnable que l'accusé a eu personnellement l'intention de donner la mort. De son côté, le juge, en omettant de rappeler que l'accusation est astreinte à cette obligation, a rendu plus facile aux jurés de vous déclarer coupable. Si ça n'a pas joué pour tous les jurés, ça a certainement influencé ceux qui n'arrivaient pas à décider qui de vous deux avait tiré.

« Ce qui est bien, dans votre cas, c'est que ce point a justement été soulevé dans l'affaire Clark. Et Clark a obtenu de la cour d'appel du 5e ressort que lui soit accordé un second procès. »

Voilà une pierre conséquente presque dans la charrette, me dis-je, quelque peu soulagée. J'ignorais que le code pénal de Louisiane exigeait l'intention de donner la mort. J'avais toujours cru que, lorsque deux personnes étaient mêlées à un acte criminel entraînant la mort, le seul fait d'y avoir participé les rendait également coupables aux yeux de la loi.

Précis et concentré comme un chirurgien, Millard poursuit, baissant la voix d'un ton : « Mais il y a aussi du mauvais. C'est qu'apparemment votre avocat ne connaissait pas l'affaire Clark quand il a interjeté appel auprès de la cour du 5e ressort et ce ne sera pas facile d'obtenir une nouvelle audition sur ce point. On va nous dire que votre premier avocat aurait dû le soulever plus tôt et que nous abusons de la lettre de la loi. Et nous, nous arguerons que vous ne devez pas mourir, alors que Clark est en vie, pour la simple raison que vous aviez un moins bon avocat que lui. Nous en appellerons à la raison et à l'équité du tribunal. »

Visiblement, la pierre n'est pas encore hissée dans la charrette.

Pat raconte dans quelles circonstances il a fait ses aveux. Il explique le plan concocté avec Eddie en vue de jeter la confusion dans l'esprit des enquêteurs et mentionne sa peur d'être tabassé s'il n'avouait pas.

Millard secoue la tête. « Impossible à prouver. Ce n'est pas une pierre pour notre charrette. »

Il demande à Pat combien de fois il a vu son avocat avant le procès et s'ils ont échangé une correspondance.

« Y a rien d'écrit », répond Pat.

En fait, il est resté neuf mois en prison sans voir d'avocat. Il est même passé trois fois en audition préalable devant le juge, sans l'assistance de personne. Ce n'est que la veille du procès qu'il a rencontré son avocat pour la première fois. Et, au second procès, celui-ci a appelé Eddie à la barre comme témoin sans l'avoir jamais rencontré auparavant.

« Oui, j'ai lu ça dans les minutes, dit Millard. L'avocat s'est présenté à Eddie en pleine salle d'audiences. Ça m'a tout de suite sauté aux yeux. »

Bien sûr, Millard mettra en avant l'incompétence de la défense, mais s'il partage l'avis de Pat, il reste dubitatif quant au résultat. Enfin ! De toute façon, il abordera « tout ce qu'on aura mis dans la charette, les détails mineurs comme les points importants ».

Pat ne cesse de répéter : « Merci, monsieur Millard. Merci de vous mettre dans un tel embarras pour moi ! »

L'entretien se termine sur un tombereau vide. Aucune pierre n'a été chargée.

« Pat fait du sans-filet, je ne vais pas vous le cacher », me déclare Millard sur le chemin de retour. Les mains crispées sur le volant, il se racle la gorge avant d'exposer la stratégie qu'il se propose de suivre : « Le gouverneur Edwin Edwards se présente pour un troisième mandat. Pour autant que je sache, il n'est pas très favorable à la peine de mort et Pat est la première exécution qu'il risque d'être amené à entériner. Il faut que nous mobilisions les instances religieuses, que nous trouvions parmi son entourage des gens susceptibles de l'inciter à la clémence. Et surtout, qu'on ait un entretien privé avec lui. Sans journaliste. Pour en appeler à ses convictions morales les plus intimes et arriver à lui faire considérer Pat comme un être humain.

« C'est sûr qu'il a tout pouvoir de le sauver. Soit en commuant la peine capitale en prison à perpétuité, soit en accordant un délai. Evidemment, ce ne serait qu'un sursis, mais ce serait toujours ça de gagné. »

De retour à Hope House, je demande à Lilianne Flavin, religieuse dévouée aux pauvres qui est pour moi comme une âme sœur, de m'accompagner chez l'évêque catholique de Baton Rouge, Stanley Ott.

Le 6 février, nous nous rendons ensemble à Baton Rouge. L'évêque, homme chaleureux et bon, nous assure qu'il intercédera en faveur de Pat auprès du gouverneur. Présent à la réunion, le révérend James Stovall, qui est à la tête de la Conférence œucuménique de Louisiane, s'engage lui aussi à plaider notre cause.

Le 21 février, anniversaire de Pat (il entre dans sa trente-cinquième année), la Cour suprême rejette son appel et le 5 mars, le juge C. Thomas Bienvenu signe la troisième notification d'exécution. Date de l'application : le 5 avril 1984.

Durant cette période, je vais souvent visiter Pat et Eddie. Je leur détaille par le menu tous nos efforts, m'efforçant de suivre au mieux les conseils de Millard : « Les condamnés vous regardent avec des yeux qui demandent : " Est-ce que je vais mourir ? " sans jamais le formuler à haute voix. Ce qu'il faut, c'est les convaincre de ne pas perdre espoir. » Je commence par rendre visite à Pat, puis je vais voir Eddie. Je n'ai pas besoin de me forcer. En dépit de tous les mauvais présages, je suis convaincue que d'une manière ou d'une autre Pat ne sera pas exécuté.

Le 17 mars, me rendant à Angola, je m'arrête dans un magasin en bordure de la route 66, afin d'appeler Philip Hannan, archevêque catholique de La Nouvelle-Orléans. Cela fait des jours que j'essaie de le joindre pour lui demander d'intercéder auprès du gouverneur. Je me trouve dans l'un de ces vieux bazars de campagne, campés derrière leurs pompes à essence toutes rouillées comme on les fabriquait dans le temps, avec un globe de verre au sommet. Tandis que j'attends au téléphone, mon regard se pose involontairement sur les bouteilles de ketchup et les boîtes de porc aux haricots. A en juger par la poussière qui les recouvre, le magasin ne doit pas débiter à tour de bras. La caissière, juchée sur un tabouret derrière le comptoir, écoute la radio. C'est la vie au quotidien, tranquille, la vie telle qu'elle devrait être : des gens au boulot et la radio qui marche.

L'archevêque finit par prendre la communication. Je lui expose ma requête en termes concis. Il me pose une ou deux questions, mais ne me demande pas de lui faire parvenir de dossier. Notre conversation ne dure pas plus de cinq minutes. C'est entendu, il contactera le gouverneur et lui recommandera l'indulgence.

Je n'osais l'espérer. L'archevêque, en effet, a dépêché récemment deux prêtres au procès de Willie Watson, un Noir sans ressources contre lequel était requise la peine de mort, les chargeant de démolir la déposition d'un jésuite, George Lundy, qui avait appelé le jury à se montrer clément. Il faut dire, que s'appuyant sur la déclaration des Evêques catholiques des Etats-Unis contre la peine de mort en 1980, ce jésuite et d'autres ont déjà réussi à convaincre des jurys de ne pas rendre un verdict de peine capitale. Le procureur de La Nouvelle-Orléans, Harry Connick, catholique et partisan de la peine de mort, s'en est ému au point de demander à l'archevêque Hannan d'exposer par écrit ses positions en tant que « porte-parole officiel de l'Eglise. » Celui-ci ne s'est pas fait prier. Déclarant que « la position des Evêques Catholiques des Etats-Unis n'exprimait pas la position de l'Archevêché de La Nouvelle-Orléans », il a assuré ses ouailles qu'ils pouvaient « en leur âme et conscience soutenir la peine de mort ». Cette lettre de l'archevêque a ouvert la voie à l'application du châtiment suprême et Connick ne rate jamais l'occasion de la lire aux jurés quand il cherche à obtenir un verdict d'inculpation pour meurtre avec préméditation.

Au procès de Watson, le témoignage des délégués de l'archevêque a porté : le jury s'est prononcé pour la peine capitale. Se félicitant de son succès, le procureur a déclaré que la prise de position de l'archevêque n'y avait pas été étrangère. Partant de la même observation, la mère de Willie Watson a réagi bien différemment : « Comment un homme de Dieu peut-il souhaiter la mort de son prochain ! »

Des années plus tard, à quelques semaines de son exécution le 24 juillet 1987, Watson rappellera à l'archevêque Hannan qu'il a « mal fait » en envoyant ces deux vieux curés plaider contre lui et il lui demandera d'appuyer sa demande de recours en grâce. Ce à quoi l'archevêque souscrira : il adressera une supplique à la Commission, la pressant d'épargner Watson.

Qu'un individu soit exécuté en application de la politique qu'il préconise incite l'archevêque Hannan à plaider la clémence. Une telle logique a de quoi laisser perplexe ! Cela dit, l'archevêque n'essaie pas de réduire au silence ceux qui ne partagent pas ses vues et pour cela, je le respecte.

Millard prépare activement l'audience qu'il a sollicitée du gouverneur Edwards. Estimant crucial de démontrer que Pat ferait un prisonnier à vie idéal, Millard demande à un psychologue dont il nous parle souvent, un certain Brad Fisher, expert en comportement carcéral, de faire une évaluation du caractère de Pat et de son degré d'adaptation à la prison.

Le rapport de Brad Fisher met en évidence des points très concluants : que Pat n'a fait l'objet d'aucun rapport de discipline durant ses douze années passées sous les verrous, qu'il est parfaitement adapté à un environnement structuré et que ses expériences professionnelles antérieures laissent présager qu'il serait un excellent élément s'il était autorisé à travailler. « Sur les milliers de cas que j'ai étudiés, conclut l'expert, je n'ai jamais rencontré de détenu plus prometteur et constructif en milieu carcéral. »

On ne pourrait rêver évaluation plus positive.

Cela me redonne courage.

Le mardi 27 mars, à quatorze heures, nous avons rendez-vous avec Edwin Edwards à Baton Rouge, au Capitole de Louisiane. Nous sommes sept : Stanley Ott, l'évêque de la ville, Rose Williams, la mère de Robert Wayne Williams exécuté en décembre, Brad Fisher, le psychologue, Millard, Kimellen, Joe Nursey, un avocat de l'équipe de Millard, et moi-même.

Nous nous attendons à être reçus en audience privée dans le bureau personnel du gouverneur. Au lieu de cela, nous sommes conduits dans une vaste salle où nous avons la surprise de découvrir caméras de télévision, projecteurs et journalistes. Apparemment, Edwards a décidé de rendre publique sa position sur la peine de mort. Il s'est certainement déjà forgé une opinion sur notre affaire. J'ai l'impression de perdre pied.

Je prends place à une longue table de conférence, presque en face du fauteuil d'Edwards. Le gouverneur fait son entrée. Il sort d'un déjeuner avec les évêques catholiques, organisé en vue de « dissiper le malentendu » suscité par une de ses déclarations incitant à penser qu'il douterait de la résurrection de Jésus. Il ouvre la séance en annonçant que « la question de résurrection est réglée ». Gloussements des journalistes.

Quant à moi, je visualise l'agenda du gouverneur à la page d'aujourd'hui : Mardi 27 Mars : 12 heures, résurrection, 14 heures exécution. Ordre inverse de la chronologie consignée par saint Matthieu, saint Marc, saint Luc et saint Jean dans leurs Evangiles.

A tour de rôle, nous prenons la parole.

Millard démontre l'incompétence de la défense dans l'affaire Sonnier et souligne tout l'arbitraire d'un système où un frère a la vie sauve et l'autre attend d'être exécuté.

Rose Williams, rappelant la mort de son fils, affirme que le devoir des chrétiens est le pardon et non pas la vengeance.

L'évêque Ott déclare que la peine de mort n'est jamais qu'une solution simpliste à une question morale bien plus complexe et qu'en autorisant les exécutions, la société admet, finalement, que la violence est un moyen acceptable de régler les problèmes entre les gens.

Brad Fisher s'attache à décrire la conduite exemplaire de Pat à Angola.

Mon tour venu, j'abonde dans son sens et suggère que la société gagnerait davantage à condamner Pat à la perpétuité. Sans chercher aucunement à minimiser son crime, dis-je en conclusion, je ne vois pas très bien le bénéfice que l'on tire à l'exécuter.

Le gouverneur prend la parole. Il commence par nous encourager à introduire une législation en vue d'abolir la peine de mort : « Le temps est peut-être venu de le faire. Il y a eu deux exécutions ces derniers mois (celle de Johnny Taylor, après celle de Robert Wayne Williams) et le public a pu se convaincre que la peine de mort n'était pas dissuasive. » Puis, évoquant sa position, il admet avoir quelque hésitation à révéler ses convictions intimes, par crainte de provoquer une controverse comme cela vient d'être le cas avec la résurrection : « En tant que gouverneur, je représente l'Etat, mes opinions personnelles passent après la volonté du peuple. Nous devons respecter la loi. » Enfin, il définit les limites de son action. A savoir qu'il va étudier très attentivement l'affaire, mais qu'à moins d'une preuve éclatante d'innocence ou d'une grossière erreur judiciaire, « il n'interférera pas. » On ne saurait être plus clair.

Il rassemble ses notes. On coupe les projecteurs. Cer-

tains d'entre nous s'apprêtent déjà à quitter la table, lorsque je reprends la parole : « Gouverneur ? »
Il me regarde.

« En tant que conseiller spirituel de Pat Sonnier, je serai auprès de lui s'il meurt. Je vous en prie, ne le laissez pas mourir.

– Vous pourrez faire ça ? demande-t-il. Vous aurez la force d'y assister ? »

Son visage est tendu. De la sueur perle sur son front. Est-elle due seulement à la chaleur des projecteurs ?

« Je le lui ai promis. »

Je me jette à l'eau. « Gouverneur, deux frères sont impliqués dans cette affaire. Ils sont pauvres et ont pâti d'une défense totalement incompétente. Et en ce qui concerne le verdict de meurtre avec préméditation, je suis personnellement loin d'être convaincue de son bien-fondé.

– J'apporterai le plus grand soin à l'étude de l'affaire. »

C'est clair. Moralement parlant, le gouverneur s'est replié sur une position qui lui permet à la fois de continuer à être celui qui décide et de se coucher le soir, la conscience tranquille : il occupe une fonction officielle et il a pour tâche de faire respecter la loi. C'est elle qui lui dicte ses actions. Et puisque c'est la loi, elle est forcément juste, elle est forcément dans le vrai. Il subordonne son libre arbitre à « la volonté du peuple », de même que sa conscience. Il ne saurait « personnellement » être tenu pour responsable. Comme on dit, « il ne fait que son boulot », dans le cadre défini par la loi.

Des années plus tard, au cours d'une longue conversation en privé, il me dira avoir « présidé » à treize exécutions durant son troisième mandat, celle de Pat Sonnier étant la première et, à ce poste, s'être toujours efforcé de n'intervenir à aucun stade de la procédure. « J'ai tout fait pour que le Congrès la retire entièrement des mains du gouverneur. Mais je suis bien obligé d'admettre qu'au bout du compte, quelqu'un doit avoir autorité pour arrêter une exécution, sans devoir nécessairement s'interposer activement. Le système judiciaire a la haute main sur l'affaire et, durant les trente jours qui précèdent l'exécution, voilà que d'un coup de baguette magique, on la fait reposer uniquement sur le cœur, l'esprit et l'âme d'un seul homme. C'est très dur d'être celui-là. »

En 1978, il a fait transférer au juge du procès la responsabilité de signer les notifications d'exécution, tâche laissée au gouverneur dans presque tous les autres Etats.

Mais Edwards a beau vouloir éviter tout contact avec un processus qui a pour résultat la mort d'un homme, il ne peut échapper au téléphone rouge de la salle d'exécution : venant de lui, la sonnerie, même à la dernière minute, signifie la vie sauve pour le condamné sanglé sur la chaise électrique, et le silence la mort.

John Maginnis, écrivain politique de Louisiane, dit du droit de grâce du gouverneur qu'il est l'ultime vestige du pouvoir royal, le dernier droit de vie et de mort accordé à un individu dans une démocratie.

La politique intervient aussi dans tout cela. On l'a vu aux dernières élections. Le républicain David Treen a bâti toute sa campagne sur la lutte contre la criminalité, fustigeant la molesse d'Edwards et l'accusant de « ménager les assassins. » Il n'y est pas allé de main morte. Ses affiches placardées dans toute la Louisiane et ses spots télévisés rappelaient le nombre de grâces accordées par le gouverneur sortant durant ses mandats précédents. Et maintenant, par crainte de baisser dans les sondages, Edwards y réfléchit à deux fois avant de commuer une peine de mort. Il n'est pas sans savoir que d'autres détenus attendent leur exécution. S'il grâcie Pat, que fera-t-il pour les autres ? Devrait-il mettre en péril sa carrière politique pour une poignée de condamnés à mort ? Que doit faire un gouverneur [11] ?

Le silence est pesant dans la voiture qui nous reconduit à La Nouvelle-Orléans, Millard, Kimellen, Joe et moi. La Commission des Grâces est notre ultime chance. Nous allons devoir travailler vingt-quatre heures sur vingt-quatre pour préparer l'audition.

« Mais que cela ne nous fasse pas perdre de vue les appels interjetés devant les deux cours, nous dit Millard, on peut encore gagner sur un point ou un autre. »

Inlassablement, il s'attache à réanimer notre espoir. Il est véritablement le cœur de l'équipe. La tête en est Joe Nursey, capable de citer de mémoire n'importe quelle affaire des cent dernières années, avec les noms et les dates des arrêts des tribunaux.

Un avocat de La Nouvelle-Orléans, Sam Dalton, a prêté bureau et matériel à l'équipe de Millard. Tout le monde travaille d'arrache-pied. En un clin d'œil, Kimellen maîtrise le traitement de texte de Sam et tape document sur document. Millard tire des photocopies en couleurs d'un portrait de Pat pour illustrer la couverture du dossier qu'il soumettra à la Commission des Grâces – un classeur noir qui regroupe les pièces en diverses sections : Curriculum Vitae, Comportement du détenu, Faits, Jugements antérieurs, et Appendice, contenant les minutes du procès et la déclaration des Evêques catholiques des Etats-Unis sur la peine de mort.

Quant à moi, obtempérant à la demande de Millard, je charge dans un caddie les comptes rendus d'audiences, sept épais volumes que j'étudierai chez moi, le soir, après ma journée de travail. Milliers et milliers de mots que je lis sans en sauter un seul. Pour qui n'a pas assisté au procès, ces minutes en reproduisent parfaitement le déroulement. Si certaines parties sont un peu fastidieuses à lire, on perçoit à chaque page le désarroi des proches. Quelle n'a pas dû être leur horreur en découvrant au fil des dépositions les monstrueux détails de l'enlèvement et du meurtre.

J'apprends des détails que j'ignorais jusque là. A propos du viol de Loretta, notamment, et en particulier, qu'Eddie a commencé par soutenir que Pat seul l'avait violée. Pour reconnaître par la suite qu'il l'a, lui aussi, agressée sexuellement. Or, l'un des points sur lesquels Pat insiste le plus dans nos conversations, c'est justement qu'il n'a pas participé au viol.

Ce qui me conduit à étudier le rapport d'autopsie. La mort remontait à six ou huit heures quand les corps ont été découverts. L'autopsie, pratiquée peu de temps après, indique bien la présence de sperme dans le vagin de Loretta Bourque, mais il n'y a pas eu test d'identification.

Aurait-on omis de le faire ?

Ce test aurait-il été perdu ou égaré ?

Ou l'a-t-on fait disparaître ?

En tout état de cause, c'est là négligence grave dans l'instruction d'une affaire de viol doublé de meurtre

Si l'identification du sperme avait permis de disculper Pat pour ce qui est du viol, cela n'aurait-il pas discrédité les autres déclarations d'Eddie ? Mentant à propos du viol, il pouvait aussi bien mentir à propos du meurtre !

Un autre point ne me paraît pas clair, l'endroit d'où

les balles ont été tirées. Les aveux de Pat et le rapport du médecin légiste divergent. Lors de la reconstitution, Pat a indiqué qu'il se trouvait à deux mètres soixante des victimes, peut-être davantage, et prétendu qu'il avait tiré alternativement sur l'une et l'autre. Or, d'après le médecin légiste, les balles, au vu de la petite taille des perforations et de leur forme, ont été tirées de près, pour ainsi dire à bout portant. Des balles tirées à près de trois mètres de distance et, de surcroît en bougeant le bras d'une cible à l'autre, n'auraient pas occasionné d'aussi petites perforations. Pat, donc, aurait menti. Mais dans quelle intention ?

Je passe au témoignage d'Eddie. A certains endroits, il est bien difficile de le croire. Quand il affirme, par exemple, que son frère a ordonné aux jeunes gens de s'allonger « face contre terre » pour les prendre en photo « à des fins d'identification ». Ou, plus loin, quand il affirme que David, d'après l'expression de son visage, a souffert avant de mourir. Ce qu'il ne peut avoir vu, David ayant la tête dans l'herbe comme il l'a dit plus tôt. Ou encore quand il maintient qu'il l'a entendu geindre « pendant quelques secondes ou plus », alors que le rapport du médecin légiste établit que la mort a été instantanée.

Rien de tout cela n'a plus d'importance sur le plan légal. La possibilité de contester ces témoignages est passée depuis longtemps.

A un certain moment, Millard estime préférable que Pat n'assiste pas à l'audition de la Commission des Grâces. Sa mère non plus, que nous sommes allés voir à Saint-Martinville, Millard, Kimellen et moi. Ce serait trop pénible pour elle. Mieux vaut qu'elle adresse une supplique. La sœur de Pat, Marie qui vit au Tennessee, en fera autant, de même que sa tante, la sœur de sa mère.

Quelque chose me gêne dans cette décision, mais je fais confiance aux autres. En revanche, il est décidé que Brad Fisher et moi-même irons avec Millard à l'audition et témoignerons.

La Commission vient d'être nommé par le gouverneur Edwards, le cas de Pat est le premier qu'elle va auditionner. « Notre but à nous, dit Millard, c'est de les convaincre que rien ne les oblige à exécuter Pat, alors que celui du procureur et des familles des victimes, c'est de les persuader du contraire. »

Bill Quigley se joint à notre équipe. C'est un avocat dont j'ai fait la connaissance au tout début de mon arrivée à La Nouvelle-Orléans. Dans les années soixante-dix, il travaillait à Hope House. Il était séminariste à l'époque, mais il a fait la connaissance d'une religieuse, Debbie, et l'a épousée. A leurs vœux de mariage, ils ont inclus l'engagement de rester tous deux au service des pauvres. Cela a conduit Bill à exercer le droit. Métier, selon lui, qui consiste à gagner de l'argent le matin – pour faire vivre sa famille, et remuer ciel et terre l'après-midi pour aider ses clients : des pauvres des cités, des prisonniers, des SDF et des condamnés à mort.

Je suis une habituée de la maison des Quigley. Les murs des toilettes sont couverts de citations de Gandhi et de Dorothy Day et, derrière le siège, il y a en permanence un livre de prières. Bill est un ami proche et cela me réconforte de le savoir à nos côtés dans cette entreprise.

Les Quigley ont un petit Patrick de sept ans qui adore mes blagues, mes histoires et les quelques tours de passe-passe que je sais faire. Bill nous rapporte le « mot » de son fils, l'autre soir, alors qu'installé près de son lit pour le « protéger des monstres », il étudiait le dossier Sonnier. Patrick a voulu savoir ce qu'il était en train de lire. Bill le lui a expliqué. Patrick a demandé : « Pourquoi des gens veulent qu'on tue M. Sonnier.

– Parce qu'ils disent qu'il a tué des gens.

– Mais alors, papa, qui les tuera, eux, pour l'avoir tué, lui ? »

La réaction de Millard ne se fait pas attendre : « On le prend dans l'équipe, ce mouflet ! »

La Commission des Grâces doit se réunir à Baton Rouge le samedi 31 mars.

Le matin du vendredi 30, Joe Nursey rend visite à Pat. Peu de temps après, celui-ci est transféré au Quartier de la Mort. Encore quatre jours : samedi, qui est le 31 mars, puis dimanche, le 1er avril, lundi, mardi et mercredi. C'est tout. C'est pour mercredi soir, juste après minuit. Pat ne verra plus de jeudis.

Millard me passe le bras autour des épaules : « Il ne va pas mourir. Je ne sais pas comment, mais je suis sûr qu'il ne mourra pas. »

Dans l'après-midi, nous allons à Baton Rouge déposer le recours en grâce auprès de la Commission. A cette occasion, nous faisons la connaissance du président, Howard Marsellus, qui nous offre une tasse de café dans son bureau. C'est un Noir, qui s'est fait tout seul, à ce qu'il dit, et qui semble très ouvert à nos arguments.

Dans le Sud, expose Millard, quand la peine de mort est requise, c'est neuf fois sur dix que la victime est un Blanc. Alors que les victimes d'assassinat sont le plus souvent des Noirs. Marsellus acquiesce. Telle qu'elle est appliquée aux Etats-Unis, poursuit Millard, la peine de mort est un châtiment réservé aux classes défavorisées. Se ralliant volontiers à ce point de vue, Marsellus confirme : « On ne voit jamais de riche solliciter cette Commission. » Joe Nursey renchérit : « Ce n'est pas que les riches ne commettent pas de crimes, mais ils ont les moyens d'engager des avocats qui savent se faufiler à travers les mailles du système. » Millard saisit aussitôt l'occasion de donner un bref aperçu de l'incompétence du premier avocat de Pat Sonnier et de conclure que si la défense avait été confiée à son équipe dès le début, Pat n'aurait pas échoué au Couloir. Marsellus opine. J'embraie en brossant un portrait de Pat susceptible de le faire apparaître comme une réalité tangible aux yeux du président. Je fais ressortir tout ce qu'il y a d'humain en lui, je décris ses qualités – indépendantes du fait qu'il ait participé à un acte monstrueux et qu'on ne saurait minimiser. Calé dans le fond de son siège, Marsellus m'écoute intensément, me fixant droit dans les yeux. Je lui explique brièvement comment mon expérience à la cité Saint-Thomas m'a conduite à m'engager dans le combat pour la vie de Pat.

Notre entretien se prolonge ainsi une demi-heure. Marsellus tombe d'accord avec tout ce que nous disons.

« Je vais étudier la requête très soigneusement, promet-il, et veillerai à ce que tous les membres de la Commission fasse de même. A demain. »

Nous le remercions et quittons le bâtiment. Une fois dans la voiture, nous laissons libre cours à notre joie. Marsellus n'aurait pu montrer plus grande sympathie envers notre cause.

« Je me sens si *bi-ien* ! » s'exclame Millard et son accent géorgien lui fait prononcer le mot en deux syllabes.

Nous sommes tous excités comme des puces. Je soupire, soulagée. Millard et Joe tirent de cette entrevue l'analyse que le gouverneur, n'étant pas favorable à la peine de mort, a nommé une Commission des Grâces susceptible de lui faire des recommandations de clémence qu'il n'aura plus qu'à suivre. Ainsi, il sera « couvert » vis à vis de ses adversaires politiques !

Le lendemain matin, samedi 31 mars, jour de l'audition, je me lève de bonne heure pour prier. A mon habitude, je m'installe dans le rocking-chair de ma chambre, devant la petite lampe à huile qui brûle sous le crucifix. *Ne penser qu'à l'instant présent, ici. Ne pas penser aux flots tumultueux qui bientôt m'emporteront, ne pas penser au feu des débats où je devrai me dépêtrer dans un enchevêtrement d'arguments et de contre-arguments. Je n'y suis pas encore. Penser à moi, ici, seule avec toi, Dieu de vérité, Dieu de vie. Donne-moi les mots, les mots essentiels, les mots qui transpercent les consciences et remuent les cœurs !*

Qu'un pouvoir aussi étendu que celui de donner la mort soit confié au jugement de cinq êtres humains m'effare. Comment les membres de cette Commission peuvent-ils intégrer à la fois faits, nuances, ambiguïtés, témoignages, contre-témoignages, politique, race, classe sociale, et autres arguties légales de cette affaire ? A moins qu'ils ne fondent leur décision sur une ligne toute simple : qu'ils ne s'estiment pas compétents pour remettre en question les décisions du tribunal. Et s'ils partageaient les vues du gouverneur et qu'à moins d'une grossière faute de procédure, ils refusent de modifier le châtiment ? Justice et opinion publique réclament la mort, ils le savent. Et il est peu probable, *a priori*, qu'un adversaire de la peine de mort siège dans cette Commission.

Il m'est déjà arrivé de parler en public, mais jamais de plaider pour la vie de quelqu'un. La nuit dernière, j'ai noté dans mon journal les grands points que je compte aborder.

Je commencerai par reconnaître que Pat a accompli un acte abominable. Puis, qu'il doit passer le reste de ses jours derrière des barreaux, à Angola. Qu'il doit payer pour son crime en effectuant un travail productif. Ainsi la société sera-t-elle protégée et vengée.

Je mets mon tailleur bleu marine et un chemisier

blanc. Au moment de passer ma croix d'argent autour de mon cou, je la regarde avec le sentiment de voir pour la première fois Celui qui fut crucifié comme criminel – le Christ dont je baise l'image. Je me rends à l'église Saint-Alphonse assister à la messe en compagnie des autres religieuses, j'avale un bol de céréales et prends la route.

Arrivée à Baton Rouge, je retrouve Millard et mes compagnons dans un café. Tout en mangeant mon hamburger, je me surprends à respirer lentement, profondément. Je sais que je fais tout ce qui est en mon pouvoir et cela m'apaise. Je sais que Millard Farmer est un avocat hors pair et cela me donne confiance. Je supplie Dieu de mener tous nos efforts à bonne fin.

Il est 13 heures 30 quand nous pénétrons dans un bâtiment de Mayflower Street où l'audition doit avoir lieu. A l'entrée, nous sommes priés de signer dans un registre, en précisant de quel « côté » nous sommes, celui de l'Etat, l'accusation, ou celui de la défense. Le public est en train d'arriver. De petits groupes se forment, qui discutent en buvant un café. Je vais rejoindre des religieuses de ma communauté que j'ai priées de venir. Il y a là sœur Kathleen Bahlinger et sœur Lory Schaff. Toutes deux œuvrent parmi les pauvres de Baton Rouge. Ce sont des amies sur qui je sais pouvoir compter, elles seront pour moi une aide indéfectible dans les cinq jours qui vont suivre.

Un peu en retrait, Millard est en conférence avec Dracos Burke, le procureur adjoint qui plaidera contre la grâce.

14 heures. Nous nous retrouvons tous dans une petite salle étouffante. Le public s'entasse sur des chaises pliantes, des gens restent même debout, près de la porte. La Commission prend place derrière une longue table. Chacun des membres a devant lui le dossier noir de Millard, ainsi que d'autres documents émanant du procureur. Howard Marsellus siège au centre.

Notre « côté » doit parler en premier. Puis, la Commission nous posera des questions. Ensuite, la parole sera donnée au représentant de l'Etat et la Commission l'interrogera également. Ainsi se déroulera l'audition. Marsellus insiste particulièrement sur la nécessité de respecter tout au long de la séance l'ordre des interventions. Consigne valable pour tout le monde, y compris le public.

Notre « côté » commence. Brad Fisher parle le premier. Il prend son temps. Calme et raisonné, il passe en revue les grands points de son exposé, bien que les membres de la Commission en aient le texte entre les mains. La procédure est d'une banalité qui me laisse pantois. Si quelqu'un nous regardait par la fenêtre, il pourrait croire à une réunion d'habitants du quartier en train de discuter d'un projet de plate-bande.

Le tour de Millard vient ensuite. Citant les points de jurisprudence auxquels l'avocat de la défense a omis de faire objection au cours du procès – preuve de son incompétence, Millard montre combien il est difficile de les régler maintenant. Puis, il passe aux points laissés sans réponse et qui mettent en cause le bien-fondé du verdict de meurtre avec préméditation. Enfin, il argue, d'une voix mesurée mais ferme, que l'Etat de Louisiane assurera aussi bien la protection de ses citoyens sans exécuter Pat Sonnier, mais en le condamnant à passer le restant de ses jours derrière les barreaux. A Angola, où il travaillera. Et durement.

Je suis la dernière à prendre la parole. Je dis tout ce que j'ai prévu de dire. En conclusion, j'aborde la question de savoir lequel des deux frères a tiré. Je sais pertinemment que je n'ai aucun moyen de prouver mes dires, mais je sais aussi que la parole ne me sera plus donnée. C'est pourquoi je soulève cette question.

Et voilà. Notre « côté » a parlé. Marsellus invite le représentant de l'Etat à présenter sa position.

Drakos Burke prend la parole : « Il est grand temps que justice soit rendue », car cela fait six ans et cinq mois que les meurtres ont été commis. Le tribunal a accordé un examen « long et minutieux » au cas de M. Sonnier. Il n'y a pas eu un procès, mais deux, pour révision de sentence. Lesquels ont été suivis de multiples appels devant divers tribunaux de l'Etat et auprès de la Cour fédérale. Et tout cela, pour aboutir à ce que M. Farmer, « un ténor du barreau » dépose encore des requêtes. Les cours de justice saisies n'ont jamais exprimé de doutes quant à l'auteur des crimes, « des meurtres commis de sang-froid et avec préméditation », et il est temps, grand temps, que M. Sonnier paie les conséquences de son acte. Sur ce, Dracos Burke fait circuler parmi la Commission des photos du couple assassiné.

« Si nous n'appliquons pas la peine de mort dans ce cas, quand sera-t-il opportun de le faire ? » lance-t-il, avant d'appeler à témoigner le père de David.

Lloyd LeBlanc parle au nom des deux familles : Elmo Patrick Sonnier, estime-t-il, s'est mis tout seul dans la situation dans laquelle il se trouve actuellement. Tout ce bavardage sur un Sonnier qui se serait amendé lui semble pure spéculation. « J'ai un fils dans la tombe – je peux vous le montrer, lui. Et c'est l'œuvre de cet " individu soi-disant amendé ". » Il engage la Commission à entériner la peine capitale.

Une fois les témoignages entendus, les questions posées et les réponses reçues, Marsellus annonce la délibération. Les membres de la Commission ramassent leurs dossiers et se retirent. Le public s'est levé et commence à sortir.

Dans la rue, sous un soleil éclatant, la petite foule présente à l'audition s'est regroupée de part et d'autre du perron. Au moment de franchir la porte, je tombe sur Lloyd LeBlanc et sa femme Eula. Ce sont des gens d'un certain âge. Lui est un homme solidement bâti, un peu empâté à la ceinture et dont le crâne présente une légère calvitie. Mon cœur se met à battre la chamade. Je cherche des mots pour exprimer mon émotion et ne trouve qu'à dire : « Je suis tellement désolée pour votre fils.

– Je suis catholique, ma sœur, et cela me choque que vous ayez pris le parti d'Elmo Patrick Sonnier sans penser un instant à venir nous trouver, ma femme et moi, ou les Bourque, pour entendre ce que nous avons à dire ! Comment pouvez-vous passer votre temps à vous inquiéter du sort de Sonnier sans imaginer que nous avons peut-être besoin de vous, nous aussi !

– J'avais peur de ne faire qu'ajouter à votre peine. »

Ses reproches me blessent profondément. Surtout, ils me font réaliser que j'ai commis une maladresse impardonnable et fait ce que je tenais tant à éviter, augmenter leur détresse.

Il me présente aux Bourque qui se montrent polis, mais je peux lire sur leur visage la peine et la colère qu'un représentant de l'Eglise se dévoue corps et âme pour préserver de la chaise électrique l'assassin de leur enfant.

Lloyd LeBlanc et moi déambulons le long du trottoir.

Il me décrit le chagrin de sa femme. Il a dû l'emmener tous les matins sur la tombe de leur fils, sinon elle n'aurait pas eu la force d'affronter la journée. Elle a passé des jours et des nuits, des semaines et des mois à sangloter. Il connaît, lui, un Elmo Sonnier que j'ignore, assurément : un sale type qui traînait dans les bars avec les voleurs et la « racaille », qui gueulait des obscénités et volait. Qui enlevait des jeunes gens et violait des filles.

Le Sonnier qu'il me dépeint, je ne l'ai jamais rencontré, voire seulement imaginé. Le Sonnier que je connais est un détenu en chemise bleue bien propre, un homme à chaque fois ravi de mes visites, qui ne me remercie jamais assez dans ses lettres pour l'amitié que je lui témoigne. Je regrette amèrement de ne pas l'avoir rencontré les Bourque et les LeBlanc plus tôt. C'est trop tard, maintenant. Leur douleur et leur colère me font mal. Pourtant, je continue de vouloir que Pat ait la vie sauve. Je suis contre la peine de mort et je sais que j'ai raison. Cependant, je dois reconnaître que je n'ai pas assez pris en compte ce que représente un meurtre pour les proches de la victime et pour la société. Je n'ai pas suffisamment réfléchi à tout ce qu'implique la peine de mort. Ma réaction a été beaucoup trop simpliste.

Je regarde ma montre. La Commission s'est retirée depuis une heure déjà. Mon instinct me souffle que plus longtemps dure la délibération, et mieux c'est pour notre cause. La bataille est difficile et les batailles difficiles ne se gagnent pas rapidement.

Enfin, des mots tout simples nous parviennent : « La Commission est de retour. »

Je quitte Lloyd LeBlanc en le remerciant de m'avoir parlé. Je l'assure que je prierai pour lui, sa femme et toute sa famille. Je lui redis encore combien la mort de son fils me désole. Je ne le lui dirai jamais assez.

Je perçois dans sa poignée de main l'étendue de sa solitude, mais aussi la sympathie qu'il éprouve à mon endroit, comme il vient de me le témoigner en passant une heure entière avec moi. Moi qui l'ai ignoré jusqu'à ce jour. Bizarrement, par-delà les émotions, par-delà nos divergences d'opinion, il existe un terrain où nous pouvons communiquer. Je prends la décision de l'appeler à l'avenir.

Un calme oppressé s'instaure. Le silence plane sur la

salle. La Commission reprend place à la table. Marsellus annonce qu'il va distribuer des feuilles sur lesquelles les membres inscriront leur réponse. Cela me rappelle l'école, quand les religieuses font passer les sujets d'examen, que les élèves les lisent dans un silence sépulcral et que l'on n'entend plus que les stylos qui crissent. L'assistance ignore les questions. Dans un instant, le résultat sera connu. Mon cœur bat à tout rompre. J'ai l'estomac noué. J'essaie en vain de respirer.

Marsellus attend que les feuilles lui reviennent, complétées, au centre de la table. Il les lit soigneusement. Les dispose en une pile nette.

« Dans le cas de M. Elmo Sonnier, la décision de cette Commission est de ne pas accorder la clémence. »

Le vote est de quatre contre un. Sans justification du choix. Seul, le docteur Lionel Daniels explique qu'il n'a pas cautionné la sentence, se disant perplexe que la compétence de la défense ait été mise en doute.

Nous sommes quelques-uns à nous retrouver au parking. Le visage de Millard est couleur de cendre. Il dit qu'il va solliciter un entretien privé du gouverneur, où nous ne serons que tous les trois, Edwards, lui et moi. Comment Marsellus a-t-il pu agir ainsi ? s'interroge l'un de nous.

Nous ne connaîtrons la réponse que quelques années plus tard, lorsque Marsellus sera incarcéré en prison fédérale pour avoir truqué les grâces et accepté des pots-de-vin durant sa présidence. Une fois sorti de prison, il m'expliquera en pleurant amèrement que c'est par « loyauté » envers le gouverneur, qu'il a trahi ses idéaux les plus élevés.

Un des membres de la Commission, Lawrence Hand, débouche d'une porte annexe. Apercevant notre groupe, il se dirige vers nous. C'est un catholique, dont la sœur est religieuse. « Même le Christ ne les a pas tous gagnés à sa cause, ma Sœur », me dit-il pour me réconforter, en me tapotant le bras.

Millard et son équipe vont retourner à La Nouvelle-Orléans ; quant à moi, je resterai dormir à Baton Rouge, chez ma mère.

Ce soir-là, je passe deux appels téléphoniques. Le premier à Lloyd LeBlanc, pour lui redire que le fait de soutenir Pat Sonnier ne m'empêche pas d'éprouver une grande compassion pour lui et les siens, ni d'être touchée par la mort de son fils. Surtout, qu'il n'hésite pas à m'appeler s'il pense que je peux soulager sa détresse d'une manière ou d'une autre.

Il me demande :

« Etes-vous comuniste ?

– Communiste ? Non, monsieur LeBlanc, je ne suis pas communiste.

– C'est bien ce que je pensais. Il y a des gens qui le disent en vous voyant prendre la défense d'un assassin. Mais moi, non, je ne le croyais pas. »

Mon second coup de téléphone est pour sœur Kathleen Bahlinger. Pour lui demander, ainsi qu'à sœur Lory de s'occuper des funérailles de Pat. Il m'a suppliée, récemment : « S'il vous plaît, ne me laissez pas pourrir là-bas ! » Il s'agit donc de trouver un costume dans lequel l'enterrer, une place au cimetière et une entreprise de pompes funèbres qui se charge des formalités.

Et si nous demandions à notre communauté de lui céder une place dans l'une de ses concessions ? J'en débats avec sœur Kathleen.

Nous sommes amies depuis l'enfance, elle et moi. Nous étions dans la même école et je passais très souvent le dimanche chez elle. Les Bahlinger habitaient exactement à un rosaire de chez nous et, en rentrant le soir après une journée formidable passée à jouer avec ses nombreux frères – elle en avait sept ! –, je m'endormais, épuisée, à l'arrière de l'Oldsmobile.

Je poursuis : « Et pour le service religieux ? Est-ce que Lory et toi pourriez régler ça aussi ? Pat est catholique. On pourrait peut-être demander à l'évêque Ott de dire la messe. Il est contre la peine de mort et il n'a pas ménagé sa peine auprès du gouverneur. »

Kathleen acquiesce. Elle lui transmettra ma demande. Pour le costume, elle ira chez Goodwill.

« Il fait quelle taille, Pat, à ton avis ? Il est grand ?

– Un bon mètre quatre-vingts, ce n'est pas un gringalet.

– Bon, compte sur moi. »

Je garde le silence.

Elle conclut : « Qui sait ? Peut-être tout cela sera-t-il inutile. »

## CHAPITRE IV

Encore quatre jours et Pat sera tué... Dans un moment comme celui-là, me retrouver chez ma mère m'est un grand réconfort. Elle entre dans ma chambre et s'assied près de mon lit. Nous bavardons un moment. Puis elle m'embrasse et me souhaite une bonne nuit. Dans quel tourbillon étrange l'ai-je entraînée – meurtres, victimes, annonce d'exécution, commission des grâces, gouverneur et, pour terminer, sa propre fille, moi, « le conseiller spirituel de l'assassin », comme certaines gens me désignent. Elle reçoit des coups de fil agressifs à propos de ma « sollicitude déplacée ». Mère et fille. Ce qui touche l'une touche l'autre.

La mère de Pat, elle, n'a pas le téléphone. Elle ne reçoit pas d'appels de menace. Mais quand elle va à l'épicerie, surprend-elle les gens à chuchoter dans son dos « la mère des assassins », en la montrant du doigt ? A-t-elle renoncé à sortir de chez elle, reste-t-elle cloîtrée dans son deux pièces ? Quand Millard et moi sommes allés lui rendre visite, elle a dit qu'elle avait débranché son téléviseur. La première fois que l'exécution avait été annoncée, elle avait passé son temps devant la télé. Elle avait vu son fils. Mais aussi la chaise électrique.

Le dimanche 1er avril, Maman m'oblige à prendre un petit déjeuner qui « tient au ventre » avant de prendre la route pour Angola. Ma sœur Mary Ann, qui vit tout près, vient se joindre à nous. Personne dans la famille ne comprend vraiment ce qui se passe, moi la première. Je ne peux croire que Pat va être tué.

Arrivée à la prison, je commence par aller voir Eddie. Je le regarde s'avancer vers moi, tout pâle. Il prétend que ça va, sauf qu'il a l'estomac en compote et ne ferme plus l'œil de la nuit. Il jette des regards sur la salle tout autour de lui et me remet un billet en me soufflant tout bas : « Pour le gouverneur ». Sur la feuille de bloc-notes jaune, je lis ces mots tracés d'une main ferme au stylo à bille bleu : « Gouverneur, vous êtes sur le point de tuer un innocent... C'est moi qui ai abattu les deux jeunes... ».

Il est interdit aux prisonniers d'apporter des écrits au parloir et à toute personne qui n'est pas avocat de sortir des écrits de la prison. Mais ces lignes désespérées, le gouverneur doit absolument les voir. Qui sait si leur lecture ne l'incitera pas à consulter les minutes du procès ? A accepter de recevoir Millard ? Je me lève. Je vais présenter le mot à un gardien. Il n'ignore pas qu'une exécution doit avoir lieu. Tout le monde à la prison est au courant et tous les gardiens du parloir savent qu'Eddie est le frère de Pat. Ce matin, lorsque je suis arrivée à l'Accueil, un gardien m'a dit : « D'après les rumeurs, il paraîtrait que ce n'est pas le bon frère qu'on va asseoir sur la chaise. » Voilà ce qui se dit dans la prison. Eddie est l'objet d'une surveillance accrue, ces temps-ci.

« Je ne peux pas autoriser la sortie de ce papier », me signifie le gardien. Il le conserve et me laisse pour aller téléphoner au capitaine du bâtiment. J'attends. J'ai peut-être été mal inspirée de lui remettre la note. J'aurais dû la garder bien en main. Je lance un regard à Eddie, resté seul à la table. Il fume, les yeux rivés sur le cendrier.

Le parloir est plein, comme d'habitude. Les familles bavardent. Des enfants font la queue devant le stand des glaces. A une table du fond, près du mur, un détenu et une fille s'embrassent avec passion. Si le baiser s'éternise, un gardien va intervenir. Le capitaine entre. Il appelle le directeur de la prison au téléphone. Il n'a pas l'air d'un méchant homme, cela se voit à son expression soucieuse et au ton sur lequel il demande l'autorisation de laisser sortir la lettre : il se met probablement à la place du type qui veut sauver la vie de son frère.

Si Pat est exécuté, sa rencontre avec Eddie, il y a quinze jours, aura été la dernière. Un gardien est venu réveiller celui-ci à trois heures et demie du matin et lui a ordonné de s'habiller. Sans lui dire où on l'emmenait, on l'a fait monter, pieds et poings enchaînés, dans un véhicule de l'établissement qui l'a conduit près du portail d'entrée. Au Couloir de la Mort. Les deux frères ont pu passer deux heures ensemble.

C'était la seconde fois qu'ils se voyaient en quatre ans qu'ils sont à Angola. Le règlement de la prison interdit que des frères soient affectés aux mêmes camps, ou simplement se rencontrent. Alliés naturels, ils pourraient se liguer contre d'autres détenus ou organiser une évasion. Ross Maggio, le directeur, a fini par autoriser la rencontre.

Pat lui avait écrit immédiatement après avoir reçu sa notification d'exécution, pour demander à voir son frère. Sa lettre était restée sans réponse. Il en avait écrit une seconde. Et une nuit, il avait été tiré de sa cellule pour ce « parloir ».

Les choses, cela dit, ne s'étaient pas passées aussi facilement. Il avait fallu que Pat, cramponné à une conduite d'eau, menace les gardiens de tout casser s'ils n'allaient pas prévenir Maggio. « Dites-lui que je veux le voir à propos de mon frère ! Je bougerai pas d'ici tant que je l'aurai pas vu. Essayez pas de me faire descendre, ou je bousille tout. Je sais bien que vous finirez par m'avoir, mais moi, je vous aurai fait votre fête. »

Les gardiens auraient pu venir à bout de Pat en appliquant la méthode habituelle – entrer dans la cellule à plusieurs, en casques et en gilets pare-balles, et le maîtriser à coups de massue et de matraque ou avec du gaz lacrymogène. Mais Pat n'avait pas fait son esclandre en cellule. Ils avaient donc contacté le directeur par radio.

Dix minutes plus tard, celui-ci arrivait sur les lieux.

De haute taille et de belle prestance, Maggio, dit « le Cow-boy », a été nommé à Angola pour « redresser la situation ». Il a mené certaines réformes. Depuis, la sécurité est plus efficace, les détenus le reconnaissent volontiers. Une histoire circule ces temps-ci à propos du dernier en date des hauts faits de Maggio, le sauvetage de sa mère prise en otage dans la maison qu'elle habite dans l'enceinte de la prison par deux détenus qui projetaient de s'enfuir. Menaçant de planter un tournevis dans la gorge de la malheureuse, les prisonniers ont ordonné au directeur de les conduire en personne de l'autre côté de l'enceinte. Maggio s'est exécuté. Mais au moment d'arriver au portail, il a lancé le camion contre un pylône et, sautant à bas du véhicule en marche, il a arraché son arme à un garde et tiré, tuant un prisonnier et blessant l'autre.

Maggio, donc, s'était rendu dans la section pour régler le cas Sonnier. La première chose qu'il lui dit, c'est qu'il ne négocierait pas tant que Pat n'aurait pas regagné sa cellule, promettant de « se montrer régulier », s'il obtempérait. Pat s'étant plié aux ordres, les deux hommes avaient parlé et, pour la troisième fois, Pat avait demandé à voir son frère.

« Il a tenu parole. J'ai pu voir Eddie », avait-il claironné, en me racontant la scène, pas peu fier d'être arrivé à ses fins. Et content, aussi, que le directeur n'ait pas fait de rapport. « Il a compris que tout ce que je voulais, c'était seulement voir mon frère. Rien d'autre. »

La lettre au gouverneur en poche, je m'apprête à quitter Eddie vers 11 heures du matin pour filer voir Pat. Au moment de nous séparer, il me supplie : « Demandez au directeur de pas me mettre en isolement. »

Il préférerait de beaucoup rester « en population » comme il dit, avec ses potes, et continuer à travailler. Pour ne pas « y » penser. Je lui promets d'en toucher un mot à Maggio.

Un chauffeur me conduit au Quartier de la Mort à bord d'un véhicule de la prison. Je bavarde avec lui, comme je le fais toujours avec les gardiens. Je les interroge sur leur travail, leurs familles, leurs loisirs. La plupart vont à la chasse ou à la pêche. A quoi pensent-ils, des jours entiers, des nuits entières, à ne rien faire que *surveiller* des gens ? Ils ne sont pas autorisés à lire pendant leur service. D'après ce que l'un d'eux m'a confié, leurs relations avec les prisonniers sont fondées sur la méfiance. Ils s'attendent toujours à ce que les détenus leur concoctent une embrouille. Quant à parler avec eux de choses personnelles, on leur a vivement déconseillé de le faire pendant toute leur période d'entraînement. J'en conclus que leur travail est doublement astreignant : non seulement il est ennuyeux, mais en plus il les isole.

« Le salaire tombe régulièrement », m'a dit un autre, dont le père déjà travaillait ici, et son grand-père aussi.

C'est fréquent, à ce qu'il paraît, les générations de gardiens.

J'ai parlé aux femmes des miradors du portail et de la cour principale. Tous les jours, à cinq heures du matin, elles verrouillent la porte derrière elles et escaladent leur tour. La plate-forme au sommet est protégée par des panneaux de verre tout autour. Au centre, il y a des toilettes, invisibles du sol. Une radio, un téléphone, un fusil. Et douze heures de service. A surveiller une cour vide quand les détenus sont au travail, une cour dégagée de tout arbre ou buisson, sur fond d'horizon nu où seule la grille d'enceinte se découpe, venant briser la monotonie. A surveiller les détenus quand ils y viennent en récréation. Surveiller que des groupes ne se forment pas, surveiller que rien ne soit laissé au pied des grilles. Surveiller. Surveiller et penser. En écoutant la radio, peut-être. Douze heures d'affilée. Attendre le plateau-repas, apporté vers onze heures, puis de nouveau sur le coup de quatre heures. Se rappeler le menu. Savoir quel jour c'est haricots rouges, galettes de maïs, quel autre épinards ou – surtout – poulet frit.

Elles deviendraient folles sans le téléphone, m'avouent certaines. Elles s'appellent entre elles pour tailler une bavette. C'est interdit, bien sûr, mais elles ont un code pour s'annoncer mutuellement les visites impromptues des supérieurs.

Tandis que nous roulons vers le Quartier de la Mort, je me force à penser à ce qui m'attend. Le temps est mauvais, il pleut et il fait du vent. Une ligne d'arbres se détache au loin. Derrière, c'est le Mississippi. Le fleuve joue un rôle prépondérant dans les récits d'évasion. Deux destins possibles attendent ceux qui tentent le coup : ou bien les chiens les retrouvent au milieu des marécages qui ceinturent la prison, ou bien ils se noient en voulant traverser le fleuve à la nage. Les rares évadés à avoir atteint l'autre rive ont été accueillis par des patrouilles. Il y a fort peu d'évasions réussies, à Angola. Les jours de brouillard, les détenus ne sont pas autorisés à sortir.

Le chauffeur va se garer au pied d'un bâtiment de béton vert que rien ne distinguerait des autres, n'était le grand générateur qui le flanque sur la gauche. Quatre géraniums d'un rouge éclatant dans des pots fraîchement repeints égaient la façade. De l'autre côté de la route, des canards nagent dans une mare. Un gardien en uniforme bleu, un fusil sur les genoux, monte la garde près des portes vitrées de l'entrée.

Avant de me laisser pénétrer, il m'ordonne de vider mes poches et me passe, devant et derrrière, au détecteur à métaux. De l'autre côté de la porte, dans un vestibule de dimensions réduites, un autre gardien est assis sur une chaise pliante. Il a une tête de bébé Cadum et un .357 Magnum à la hanche. Les armes à feu sont rares dans l'enceinte de la prison. Seuls, les gardes à cheval en portent – des fusils – quand ils vont aux champs, ainsi que les gardes au portail d'entrée – des Magnum à la ceinture.

Je regarde autour de moi. Deux petites pièces me font face : l'une est le bureau du major, avec une table, un téléphone et une armoire à dossiers, l'autre a un percolateur, des placards, une longue table et des chaises. Sur la gauche se trouve le foyer des visiteurs, assez grand. Il comporte plusieurs tables et chaises et un distributeur de boissons. A l'extrême gauche, se dresse une porte métallique peinte en blanc. Aveugle. Fermée en permanence. Derrière, c'est la chaise électrique. Tout est d'une grande propreté. Le carrelage blanc étincelle. Les murs ont été repeints récemment.

Je prend à droite et me retrouve dans un espace réduit avec, en face, une porte vitrée donnant sur une allée cimentée où sautillent des moineaux. C'est le chemin qui mène au Camp F. A droite de cette porte, une autre, métallique, peinte en blanc, pourvue d'une ouverture grillagée. Qui donne sur les cellules. De l'autre côté, Pat m'attend.

J'ai gardé mon calme jusqu'à présent, mais de le voir ici, pieds et mains enchaînés, je sens un étau me comprimer le ventre.

Derrière Pat, je distingue le couloir et ses quatre cellules. Un gardien se tient tout au bout. Il surveille Pat. Son quart terminé, il sera remplacé par un autre. Pat sera sous surveillance ininterrompue jusqu'à l'heure de sa mort. Une télévision, posée sur un socle métallique, fait face à la première cellule où il est assis, sur une chaise de plastique. Un téléphone est accroché au mur. Pat est autorisé à passer des appels en PCV.

« Je veux pas que Maman ni personne de la famille vienne ici. Maman, elle pourrait pas supporter. »

Autrement dit, il n'a que moi.

*Seigneur, qu'il ne s'effondre pas.* J'ai lu dans le journal qu'il a fait sous lui quand il a été arrêté. S'il se met à pleurer, à trembler ou se jette sur le gardien, je ne sais pas ce que je ferai.

Je rassemble tout mon courage.

Je lui parle de la lettre d'Eddie au gouverneur que je vais demander à un journaliste du *Times-Picayune* de publier. Je lui raconte en détail l'audition à la Commission des Grâces. Ce que Millard a dit, ce que Brad Fisher a... Il m'interrompt, furieux.

« Pourquoi que j'y étais pas, moi ? »

En effet, pourquoi ? Je ne sais pas. Il n'y était pas parce que Millard a pensé que ce serait mieux ainsi. Et moi, j'ai suivi tous les conseils de Millard. Sans poser de questions. A-t-il craint que la présence de Pat, face aux familles des victimes, ne rende l'atmosphère trop électrique ? A-t-il considéré que Pat ne saurait pas parler ou bien que sa déposition risquait de paraître trop partiale ?

Pat a lui aussi une supplique à transmettre au gouverneur. Ayant les mains enchaînées, il préfère me la dicter. J'écris :

« Cher Gouverneur Edwards,

« Je considère que cette soi-disant audition d'hier devant la Commission des Grâces a été conduite sans respect de la justice parce que je n'ai pas été autorisé à comparaître pour défendre ma vie. Les familles des victimes étaient venues en force et ça ne pouvait qu'influencer la Commission. Alors que moi, j'ai été privé de la possibilité de m'exprimer de vive voix.

« Je vous demande, en tant que gouverneur de l'Etat, de soutenir mon droit de comparaître en personne devant une Commission qui décide si je dois vivre ou mourir.

Merci d'écouter ma requête. »

Ne pas être présent à l'audition qui va décider de votre destin, quelle impuissance ce doit être pour le condamné ! C'est inimaginable. Je ne peux que repenser à ce qu'en dit Camus : *Tout se passe en dehors de lui. Il n'est plus un homme, mais une chose qui attend d'être maniée.*

L'impuissance devant ses bourreaux est une chose. C'en est une autre que d'y être condamné par son propre avocat. Comment fait-on pour l'accepter ? Je suis désespérée d'avoir adopté l'avis de Millard sans même songer à le remettre en question. Jamais, depuis que j'ai quitté le couvent pour pratiquer ma foi dans le monde, je n'ai obéi aussi aveuglément, m'interdisant volontairement de réfléchir.

Une forte pluie s'est mise à tomber. On entend les gouttes rebondir sur les dalles de ciment de l'allée. Les moineaux se sont envolés. Il n'y a que le bruit de cette pluie et Pat qui fume cigarette sur cigarette en buvant café sur café. Les visiteurs ne sont pas autorisés à apporter de la nourriture au Quartier de la Mort. Je ne bois donc que du café, moi aussi.

Le décompte des jours fait une sarabande dans ma tête. Aujourd'hui, dimanche 1er avril. Demain, c'est lundi 2. Puis mardi 3. Ensuite, ce sera mercredi. Le 4. Et cette nuit-là, juste après minuit, la mort. Le gardien de faction se balance d'un pied sur l'autre. Un autre vient le remplacer. Je suis tenue de m'éloigner de la porte, le temps de la relève.

Vers deux heures et demie, on m'informe que la visite est finie. Je promets à Pat de revenir le lendemain. « J'ai personne que vous », me dit-il en réussissant tant bien que mal à me faire un sourire. Je lui indique des passages de la Bible à méditer s'il le souhaite. Je me tiens tout contre la porte, la main sur le grillage. Il se lève à son tour. Je prie. Je demande à Dieu de lui insuffler du courage, de renforcer sa foi, de l'aider à vivre chaque journée, l'une après l'autre. Je prie Dieu de donner à Millard et à son équipe la sagesse dont ils ont besoin pour convaincre la Justice d'accorder à Pat un sursis. Je prie pour que le gouverneur fasse preuve de miséricorde.

Dès que je suis sortie de la prison, j'appelle Millard d'une cabine. « On a absolument besoin de vous pour déterminer la stratégie à suivre », me dit-il. Cela signifie que je dois rentrer à La Nouvelle-Orléans. Encore trois heures de route. Je m'arrête dans un café non loin de la prison pour acheter un sandwich et un Coca-Cola que j'avalerai en roulant. Deux cents kilomètres.

Il est six heures quand j'arrive au bureau de Sam Dalton. Millard et les autres ont travaillé sans relâche à rédiger les requêtes Ils y ont adjoint toutes les pièces qui leur sont venues à l'esprit et ont décidé d'inclure la déposition de Pat décrivant les circonstances qui l'ont conduit à passer des aveux. Bill Quigley ira les porter demain matin au tribunal. Ce sera la dernière action en justice.

Je leur lis la lettre d'Eddie au gouverneur. Nous décidons de la transmettre à l'un de mes amis, James Hodge, journaliste au *Times-Picayune*. Au point où l'on en est, l'attention de la presse ne peut nuire.

Je dis à Millard que Pat est furieux de n'avoir pas comparu devant la Commission des Grâces. « J'ai pensé que ce serait mieux, me répond-il. Ce n'est pas toujours facile de bien estimer à l'avance la situation, si vous voyez ce que je veux dire. »

Millard, visiblement, a mille autres choses en tête. D'ailleurs, tout le monde est débordé. Ils ont dû travailler une grande partie de la nuit. Je suis moi-même assez fatiguée, bien que je refuse d'en tenir compte. Je tousse et j'ai mal aux poumons. Je suis allergique à la fumée et Pat n'a pas cessé de fumer de la journée.

De bonne heure, le lendemain matin, lundi, je retourne à Baton Rouge, emportant avec moi les lettres d'Eddie et de Pat au gouverneur. Je passe voir Fran Bussie à son bureau. C'est une amie d'Edwards qui a arrangé pour nous un entretien avec lui. Je lui remets les lettres.

De là, j'appelle sœur Lory Schaff. Elle me passe Kathleen qui veut me parler de l'enterrement. « Je sais que tu es débordée, commence-t-elle par me dire, que tu agis avec tout ton cœur, comme les avocats et les autres, pour empêcher que Pat ne meure. Mais n'oublie pas que toi tu es son conseiller spirituel. Ta tâche, c'est de l'aider à mourir. Ne te laisse pas déborder par la lutte pour lui sauver la vie au point de ne pas l'aider à accueillir la mort. »

Elle a raison, bien sûr. Je la remercie de m'aider à garder le cap. Dieu soit béni pour la relation fraternelle qui nous unit !

Kathleen m'apprend que la direction de notre communauté a donné son aval pour une place au cimetière et qu'une entreprise de pompes funèbres s'est engagée à fournir gratuitement ses services. Pour ce qui est des vêtements, elle prendra chemise et cravate à l'un de ses frères et ira voir chez Goodwill si elle trouve un costume.

Je prends la route pour Angola le matin même.

A peine suis-je entrée au Quartier de la Mort qu'un brouhaha de télévision m'assaille les oreilles. Match de basket. Tandis que j'avance vers l'endroit qui tient lieu de parloir, j'aperçois, à travers le grillage de la porte, le gardien de faction se rapprocher un peu du poste pour mieux voir une phase de jeu particulièrement critique. Pat, lui, suit le match de l'intérieur de sa cellule. Silence, bruit de ballon, réaction simultanée de Pat et du gardien. Ils pourraient être tous deux des copains, un samedi après-midi. Le gardien retourne à sa place, au bout de la section. Posture conforme au règlement.

Pat semble assez maître de lui. Il me lit des passages de lettres de ses correspondants. « Vous savez ce qu'il me met, Mark ? " Accroche-toi ! " Une chance qu'on a plus la pendaison en Louisiane ! » Il rit. Fanfaronade, bien sûr. Il répète sans arrêt : « Ils me briseront pas. Je prie Dieu de me donner la force de faire dignement mes derniers pas. » Il n'a pas lu la Bible, hier soir. Lire le fait somnoler et il ne veut pas dormir. Il préfère garder toute sa lucidité pour être sûr de se contrôler. A la place, il a parlé longuement avec les gardiens.

Je lui dis que j'ai remis sa lettre. A l'heure qu'il est, Bill Quigley doit avoir déposé les requêtes au tribunal et Millard fait tout son possible pour obtenir une entrevue en privé avec le gouverneur.

« Vous savez, je vous remercie bien pour tout le mal que vous vous donnez. Mais je suis prêt à y aller, si on en arrive là. Et Dieu, j'ai réglé mes affaires avec. »

Sa force et sa résignation me redonnent courage. Je pense à Kathleen en train de régler des problèmes de caveau et de costume, alors que je baigne, moi, dans un halo de lumière et de force, ici, en compagnie de Pat. Je m'efforce de concentrer toutes mes pensées sur le moment présent, de ne pas réfléchir à l'avenir, à ce qui aura lieu mercredi, quand minuit aura sonné. Pour l'instant, nous sommes lundi et Pat est en vie. Et moi aussi, je suis en vie. Et nous bavardons tous les deux.

Dehors, le temps est gris et pluvieux pour le troisième jour d'affilée. Pat y voit un mauvais présage. Un autre signe l'inquiète : « Williams et Taylor, ça fait déjà deux Noirs d'exécutés. Faut un Blanc, maintenant. Le gouverneur, il doit être sous pression pour qu'on passe un Blanc à la chaise. »

Un capitaine s'avance vers la porte où je me tiens. C'est le responsable du Camp F, le Quartier de la Mort relève de son autorité. Il demande à Pat s'il veut déjeuner. Pat refuse d'un signe. Il ne me propose rien, le règlement l'interdisant. Je me suis contentée jusqu'à présent de café et de boissons gazeuses que je suis allée chercher au distributeur du foyer. J'examine le capitaine. La soixantaine, un ventre rebondi au-dessus du ceinturon, un long visage de chien battu sillonné de rides profondes et des yeux bruns au regard franchement amical. Il se présente, John Rabelais, et me demande si je veux un café. J'accepte.

Plus tard, Pat s'étant retiré dans sa cellule pour faire ses besoins, je vais échanger quelques mots avec le capitaine.

« Qu'est-ce qu'une bonne sœur vient faire dans tel lieu de perdition ? me demande-t-il. Vous ne seriez pas mieux à faire l'école aux enfants ? Vous savez ce qu'il a fait, lui ? Vous savez qu'il a tué deux adolescents ?

– Ce qu'il a fait est mal, je ne cherche pas d'excuses à son crime. Mais je ne vois pas ce qu'on gagne à lui faire la même chose. »

Il me regarde, je le regarde. Je le trouve sympathique. En d'autres circonstances, nous pourrions être chez lui, dans sa cuisine, à bavarder en partageant une jambalaya.

« Vous savez ce que dit la Bible, " Œil pour œil, dent pour dent " ».

Il n'a pas formulé sa remarque de façon agressive. Il l'a dite d'une voix douce, tranquillement mais fermement. Je réponds :

« Et vous savez, vous, que Jésus nous exhorte justement à ne pas suivre ce commandement de vengeance, à ne pas faire payer " œil pour œil ", à ne pas rendre la haine pour la haine ? »

Avec un sourire, il lève les deux mains en signe de reddition. « Je ne vais certainement pas me lancer dans un débat sur les citations de la Bible avec une religieuse, je serais sûr de perdre. »

En retournant auprès de Pat, je m'arrête près du garde, à la porte d'entrée. Je mentionne la pluie. Il lance un coup d'œil au-dehors. « Ouais, ça n'a pas l'air de vouloir s'arrêter. » Je lui dit que ce doit être bien fatiguant de rester toute la journée à rien faire. Il renchérit avec force. « Drrrrôlement ennuyeux. » Il baisse le ton, je me penche vers lui. Il me confie dans un chuchotement : « C'est pas que ça m'amuse d'être ici, vous voyez ce que je veux dire, à faire ce que je fais. A participer à ça, quoi. Mais j'ai une femme et des enfants à nourrir. Et ça fait partie du boulot. »

L'après-midi est déjà bien avancé. Je vais devoir repartir pour La Nouvelle-Orléans sous peu. Je demande à Pat s'il veut assister à un service religieux, demain. Il me répond : « Si vous y êtes avec moi, je veux bien. Mais pas tout seul. »

Je sais qu'il n'aime pas beaucoup le prêtre. « Le vieux », comme il l'appelle. Il m'a rapporté, voilà déjà plusieurs mois, que lorsqu'il s'est confessé à lui, qu'il lui a eu tout dit, « Vous savez, le gros truc, quoi... », celui-ci n'a trouvé qu'à lui demander s'il avait eu des pensées impures ou proféré des obscénités. Pat a dû se retenir pour ne pas lui casser la figure.

Je lui dis que je vais voir avec le prêtre s'il serait possible que l'on passe un cantique, « Ne crains pas », inspiré du chapître 43 d'Isaïe. J'aimerais qu'il l'entende. Comme j'ai ma Bible sur moi, je lui lis le passage. Lentement, pour que les mots pénètrent bien en lui.

Le lendemain, mardi 3 avril, je quitte La Nouvelle-Orléans pour Angola à six heures quarante-cinq, épuisée par une nuit d'insomnie. Réveillée à trois heures du matin sans pouvoir me rendormir, je n'ai fait que me retourner dans mon lit en me demandant si nous avions vraiment tout tenté, si rien de plus ne pouvait être entrepris. De surcroît, j'ai une bronchite et une très proche amie médecin, Ann Barker, m'a mise sous antibiotiques. Je suis sur les nerfs, exténuée.

J'arrive à la prison aux environs de neuf heures du matin. Je demande à voir le directeur. Maggio me rejoint rapidement près du portail. En quelques mots, je lui expose ce que je sais des deux frères et lui montre une copie de la lettre d'Eddie au gouverneur. Je transmets sa demande de ne pas être mis en isolement si Pat est exécuté. « Je vais voir », répond Maggio, sans s'engager davantage. Il ajoute, se référant à la lettre : « Qui est coupable, qui est innocent, ce sont des considérations dans lesquelles je ne peux pas entrer. Ma tâche consiste à diriger cet établissement. La seule chose dont je peux vous assurer, c'est que personne ne profitera de l'exécution pour se laisser aller à des débordements. La situation n'est facile pour personne. » Il me fait savoir que le chef du Département des Peines de Louisiane, C. Paul Phelps, voudrait me parler. Il m'engage à l'appeler et me propose de le faire de son bureau. Un véhicule reviendra me chercher plus tard pour me conduire au Camp F. Il va s'en assurer.

Je suis son conseil et me rends à son bureau. L'antichambre est occupée par une grande table derrière laquelle trône une secrétaire à l'aspect hautement professionnel. Tailleur strict, chemisier blanc, foulard multicolore. Rien ne détonne dans l'atmosphère feutrée et fonctionnelle de ces lieux. Agenda, téléphone, ordinateur, plante verte sur le bureau ; fauteuils le long des murs ; portraits d'enfants rieurs en guise de décoration.

Je prends soudain conscience d'être très, très fatiguée. Je n'ai pas pris de petit déjeuner en partant ce matin. Grave erreur, car je n'aurai pas la possibilité de me sustenter avant d'être ressortie du Quartier de la Mort.

J'appelle le Département des Peines à Baton Rouge et demande à parler à Phelps. Une voix claire et sympathique me dit d'attendre un instant. Je ferme les yeux et respire lentement. Une scène vue en rêve récemment passe devant mes yeux : Pat en chemise à carreaux rouges et noirs, assis dans mon salon, souriant et bien en vie. Il faudra que je le lui raconte. Il prendra peut-être cela pour un bon présage.

« Sœur Prejean ? »

Phelps est au bout du fil. Il m'explique qu'en tant que chef du Département des Peines il est responsable du bon déroulement de « l'ensemble de la procédure ». Ce qui inclut de donner ou refuser son assentiment à la présence des témoins. Est-ce que je veux assister à l'exécution ?

« Oui.

– J'aimerais vous rencontrer en chair et en os. Je tiens à m'assurer que toutes les personnes présentes comprennent bien que l'événement sera conduit dans le plus grand souci de la dignité et du respect. »

Je lui réponds que mon obligation première étant de rester auprès de Pat aussi longtemps que cela m'est autorisé, je compte passer la journée au Quartier de la Mort. Je ne vois pas comment je pourrais me rendre à son bureau.

Pause.

Il me dit qu'un papier me sera remis avant l'exécution, indiquant les instructions à suivre. Je devrai le lire très, très attentivement avant de le signer.

Je m'engage à le faire.

Calme, raisonnable, organisé, professionnel. Et cet homme prémédite de tuer quelqu'un dans deux jours !

La secrétaire me propose un café pendant que j'attends le véhicule qui me conduira au Camp F. Elle va m'en servir une tasse dans un gobelet de polystyrène. J'ai froid et je tremble. Je bois lentement. Ces gens aussi, le directeur, la jolie secretaire, s'apprêtent à tuer quelqu'un.

Hier, avant de quitter la prison, j'ai effectué les premières démarches auprès d'un directeur adjoint pour organiser le service religieux que désire Pat et j'ai demandé la présence du prêtre catholique. Il m'a été signifié que la cassette de musique devrait être soumise à l'accord de l'administration. La musique n'est pas conseillée « dans des moments comme ceux-là, a déclaré le directeur adjoint. Ça libère trop d'émotions. »

La pluie a enfin cessé. Le ciel est à présent une immense voûte bleue d'où le soleil déverse sur toutes choses une lumière éclatante. Nous suivons une route que je ne connais pas, qui longe la ligne B où sont regroupées les habitations du personnel. Petit magasin, minuscule bureau de poste, cimetière au sommet de la colline.

J'entre au Quartier de la Mort. Le capitaine Rabelais m'attend dans le vestibule en compagnie du prêtre catholique et de l'aumônier en chef. Ils s'entretiennent du service religieux. Un directeur adjoint passe prendre la cassette pour l'écouter. Je suis en train de parler à l'aumônier quand soudain tout se brouille. J'essaie en vain de me reprendre ; je m'écroule au milieu d'une phrase. Quelqu'un me rattrape à temps sous les bras. Je retrouve mes esprits, allongée par terre sur le dos, un cercle de visages penchés au-dessus de moi. J'ai l'impression de sortir d'un petit somme. L'esprit vide. Je me souviens seulement comme c'était bon de dormir.

On m'empêche de me relever. Une ambulance va

venir. (Tout le monde a cru à une crise cardiaque, m'avouera le capitaine.) Je les rassure : je vais très bien, ce n'est que mon insomnie de la nuit dernière et les antibiotiques sur un estomac vide, puisqu'il est interdit d'apporter de la nourriture au Quartier de la Mort.

« Ne bougez pas, jeune dame ! » m'ordonne le capitaine.

Je referme les yeux. Quel bonheur de prendre un peu de repos ! « Prévenez Pat, qu'il ne s'inquiète pas », dis-je, pendant qu'on me transporte sur une civière jusqu'à l'ambulance.

Je suis conduite à l'hôpital de la prison. Des infirmiers me font un électrocardiogramme. Combien sont-ils, parmi le personnel médical, à prendre part à l'exécution ? J'interroge une infirmière.

« Un médecin assiste à la procédure puis constate la mort. Ensuite, une ambulance apporte le corps ici, où nous faisons un électrocardiogramme. Malheureusement. »

Si ça se trouve, c'est le corps de Pat qui sera étendu après le mien sur cette table.

Le directeur adjoint Roger Thomas fait son apparition et annonce qu'il m'emmène déjeuner. Il me conduit dans sa voiture particulière à la cafétéria du personnel. Pendant que nous faisons la queue, nos plateaux dans les mains, j'ai droit à un cours sur l'importance des glucides dans l'alimentation. Je lui suggère en réponse d'accorder aux visiteurs du Quartier de la Mort le droit de se sustenter. Ce sera bien le seul règlement d'Angola que j'aurai contribué à modifier.

Le temps que cette mésaventure s'achève et que l'on me reconduise au Quartier de la Mort, il n'est pas loin d'une heure de l'après-midi.

Pat me dévisage avec une anxiété non dissimulée. « Vous allez vraiment bien ? »

Je l'assure que je suis en pleine forme. Je lui raconte les antibiotiques, ma fatigue, l'électrocardiogramme. Sans oublier les glucides.

« J'ai cru que vous aviez eu une crise cardiaque et que j'allais être obligé d'affronter ça tout seul, avoue-t-il d'une voix rauque. Je vous en supplie, prenez soin de vous, s'il vous plaît. » En d'autres circonstances, toute cette histoire aurait seulement prêté à rire, mais en ces lieux, à un moment comme celui-ci, c'est loin d'être le cas. « J'ai pas arrêté de leur demander ce qui se passait, mais y voulaient rien me dire ! » Il en bredouille de colère. Il ne m'était pas venu à l'esprit que personne n'aurait à cœur de le rassurer et de lui dire que je n'allais pas tarder.

Je dirige toute mon énergie vers cet homme, de l'autre côté de la porte de fer. Je lui fais part des dernières nouvelles concernant son affaire et lui apprends que Millard a rendez-vous avec le gouverneur demain à quinze heures, au cas où les tribunaux rejetteraient la demande de sursis. Je lui dis aussi que j'ai transmis à Maggio le souhait d'Eddie de ne pas être mis en isolement. Puis, je lui décris le temps magnifique, le ciel d'un bleu étincelant où tous les nuages noirs ont disparu. Je passe seulement sous silence ma conversation avec Phelps.

Le vieux prêtre arrive vers trois heures. Il a passé autour de son cou l'étole qui symbolise l'autorité sacerdotale dans l'Eglise catholique et porte un missel et un ciboire en or avec des hosties consacrées. Je lui suggère un plan de déroulement des prières, qu'il approuve d'un hochement de tête. Je mets en marche le magnétophone. L'hymne s'élève :

Si tu traverses le désert
Tu ne mourras pas de soif...
Ne crains pas, je marche devant toi...
Si tu te tiens devant les feux de l'enfer
Et que la mort t'attend,
Ne crains pas...

Les voix des jeunes jésuites se mêlent dans des harmonies douces au cœur, pour promettre la force dans les voyages difficiles. La tête baissée, l'oreille collée à la porte de fer, Pat écoute intensément le cantique.

Je me représente chacun des mots de cet hymne, paroles de Dieu débordantes d'amour et de miséricorde, en train de voler de salle en salle, d'un bout à l'autre du Quartier de la Mort ; ils envahissent la pièce où se tiendront les témoins, le réduit où sera le bourreau, ils franchissent les mètres de carrelage qui mènent à la chaise électrique. *Ne crains pas.* Je les vois, ces paroles, jaillissant du bois de la chaise et venant s'enrouler autour du corps de Pat. Cet hymne, je le sais, n'empêchera pas la mort sur le point de se produire, mais peut-être saura-t-il insuffler courage et dignité à celui qui va devoir la subir, qui va devoir marcher jusqu'à la chaise et s'y asseoir.

Le vieux prêtre récite des prières en latin. Il prend une hostie dans le ciboire, la place sur la langue de Pat, puis en dépose une autre dans ma main tendue.

« Le corps du Christ.

– Amen. »

*Oui, en cette hostie, je crois que tu es, ô Christ, qui a versé ton sang et prié « avec une violente clameur et des larmes* [1] *», pour que le Père éloigne de toi le « calice » de souffrance. Celui qui va mourir n'est pas innocent, mais c'est un homme et cela suffit pour que tu sois parmi nous.*

Le prêtre se retire. Il a accompli son office comme il l'a fait, durant quelques cinquante années de ministère. Ses prières dites – en latin –, la communion donnée, il n'a rien de plus à faire pour celui qui va mourir. Il a placé toute sa foi dans le rituel, certain que le sacrement agira, même célébré dans une langue étrangère. A ses yeux, la confiance et l'amour humain, individuel sont superflus. Il me fait pitié.

Pat est moins accablé après la prière. Le soleil pénètre par la porte vitrée et la rangée de fenêtres au ras du plafond, et sa lumière inonde toute chose. Dehors, les moineaux gazouillent à grand bruit et volettent autour des auvents en une activité incessante. Ils me rappellent un cours de zoologie, à l'université, sur le cerveau humain comparé à celui d'autres espèces animales. Les oiseaux peuvent, en plein vol, venir se poser avec précision sur un fil télégraphique ou une toute petite branche, car la vue tient une grande place dans leur cerveau. Les chiens de chasse ont un flair supérieur à celui de l'homme, leurs sinus sont plus larges et la partie de leur cerveau consacrée à l'odorat est plus développée que chez nous. Mais si notre odorat est moins subtil que celui des chiens et notre vue inférieure à celle des oiseaux, nous avons, nous les hommes, la faculté de penser. « Pas tout le monde ! » s'esclaffe Pat. Il enchaîne sur ses histoires d'animaux à lui. Se rappelle comment il traquait le chevreuil ou attrapait lièvres et ratons laveurs. Décrit le froid dans les bois pendant la chasse, l'attente solitaire, l'oreille tendue et l'œil aux aguets. Sa mère faisait toujours des haricots blancs et du riz pour accompagner le chevreuil, quand ils en prenaient un, Eddie et lui. Même leur petit chien Beauty « s'en léchait les babines » à l'avance.

Si Pat se mourait d'un cancer, je pourrais accepter sa disparition. Mais il est là, débordant de vie, et l'imaginer mort m'est totalement impossible. Alors qu'il le sera dans trente-trois heures d'ici ! On ne peut pas rester à attendre la mort éternellement. La vie finit toujours par reprendre le dessus. Et nous sommes là, à comparer les cerveaux des oiseaux et des chiens et parler de la chasse dans les bois !

J'engage Pat à ne pas se sentir obligé de se contrôler tout le temps, je l'encourage à se laisser aller à ses sentiments devant moi. Je ne le prendrai pas moins pour un homme s'il admet qu'il a peur. « J'ai peur, moi, lui dis-je, tout le monde a peur de mourir. » Mais il s'obstine à juguler ses émotions. « Faut pas que je faiblisse, sinon je vais me liquéfier. » Il reste donc rigide et fermé à double tour, sauf quand il m'exprime son amitié et sa gratitude. « J'ai jamais vraiment connu l'amour. Mes femmes, je les ai pas aimées tant que ça et ma mère, je lui ai donné bien du souci. De toute façon, c'était Eddie, son “ bébé ”. Elle l'a toujours préféré. C'est pas que je lui en veux. Mais c'est quand même trop bête qu'il faille aller en prison pour découvrir l'amour. » Il me regarde. « Merci de m'aimer. » Devant son humble détresse, je me sens indigne d'un si grand amour.

Je m'apprête à le quitter. Il me fait jurer de me coucher de bonne heure. « Prenez soin de vous », me dit-il quand je pars.

Je lui promets de le faire, de ne pas prendre la route pour La Nouvelle-Orléans, mais de rester dormir à Baton Rouge chez ma mère. Et de revenir le voir demain, après avoir visité Eddie.

En sortant de la prison, je découvre sur le parking une voiture que je connais bien. Louie et Mary Ann, mon frère et ma sœur, sont venus me chercher, ayant appris ma syncope par Millard à qui j'avais téléphoné. Louie m'annonce qu'Ann Barker doit arriver ce soir chez Maman et restera « le temps que ça durera ». C'est bien d'elle, ça, en bonne amie qu'elle est, de tout abandonner pour être à mes côtés lorsque j'en ai besoin. Elle est médecin dans une clinique municipale, à La Nouvelle-Orléans, cela n'a pas dû lui être facile de s'organiser.

Arrivée chez Maman, j'appelle Millard à La Nouvelle-Orléans.

« Pas de nouvelles du pourvoi ?
– La cour d'appel du 5e ressort l'a reçu. On l'étudie. C'est bon signe. »

Il me confirme ensuite son rendez-vous avec le gouverneur, demain à trois heures. « Il m'a spécifié de venir seul. »

C'est sûrement bon signe aussi, ce face à face. Millard ne le pense pas. « Ça veut dire qu'il ne veut pas vous voir, *vous*. Il ne veut pas vous affronter une nouvelle fois. » Je ne m'attendais pas à une telle réaction de la part du gouverneur.

Ann me donne un somnifère et je me mets au lit. Je pense au prisonnier au Quartier de la Mort, il s'étend sur sa couchette pour la dernière fois. Je pense aux Bourque et aux LeBlanc, à leurs enfants assassinés. A Mme Sonnier. Comment va-t-elle passer cette longue nuit ? S'en veut-elle d'avoir accordé trop d'attention à son « bébé » Eddie ? Se reproche-t-elle de ne pas avoir aimé l'aîné suffisamment. Je dis une prière à l'intention de ces trois mères, Mme Sonnier, Mme Bourque et Mme LeBlanc. Soudain, j'ouvre les yeux. La lumière entre par la fenêtre. Un autre jour est là. Et quel jour !

Ann me conduit à Angola. Le temps est radieux. Tout le long de la route sinueuse, azalées et cornouillers sont en fleur. Les chênes, les érables et les cèdres arborent de petites pousses toutes vertes. La journée est bien trop belle pour qu'un homme, quel qu'il soit, soit tué. Je sens l'espoir renaître. Le tribunal va accorder un sursis, c'est obligé. Ce n'est qu'une question de minutes. Et tout ne sera plus qu'un mauvais rêve.

En personne organisée, Ann a prévu de revenir m'attendre sur le parking de la prison à partir de trois heures et demi. Comme ça, si Pat a un sursis, je pourrai faire un saut à la maison. S'il n'en a pas, elle sera là quand je sortirai. Elle m'apprend que des sœurs ont l'intention de venir manifester contre l'exécution de Pat devant le portail de la prison.

Je commence par visiter Eddie. Il a l'air en excellente forme. Sa lettre au gouverneur est parue ce matin en première page du *Times-Picayune*, sous la manchette « *LE FRÈRE DU CONDAMNÉ ÉCRIT AU GOUVERNEUR : VOUS ALLEZ TUEZ UN INNOCENT.* » Je lui explique que si le public prend connaissance du fait, cela suscitera peut-être des doutes dans l'esprit d'Edwards et lui permettra de justifier qu'il accorde la grâce, au cas où la justice refuserait de commuer la peine. Mes espoirs le ragaillardissent encore davantage.

Je quitte Eddie à midi et me rends au Quartier de la Mort. Pendant le trajet, je censure sévèrement mes pensées et m'interdis d'imaginer l'avenir. Il est midi, il fait beau et Pat et moi allons avoir un long moment ensemble. Mais déjà le bâtiment se dresse devant moi. Tous mes muscles se contractent.

A peine suis-je installée devant la porte que le capitaine Rabelais surgit, un plateau dans les mains.

« Mangez, jeune dame ! »

On sert également un plateau à Pat : rations pantagruéliques de pain de viande et de fanes de moutarde, galettes de maïs, le tout suivi d'un gâteau.

« On a le meilleur cuistot de l'établissement, au Camp F », se vante Rabelais. Pat renchérit : « Sûr que ça se compare pas avec la bouffe du Couloir ». Je suis heureuse de le voir manger. Serais-je en train de souscrire aux glucides ?

Pat a mal dormi, cette nuit. Je lui dis qu'Ann m'a donné un somnifère. Lui, il a refusé de prendre les « médicaments pour les nerfs » qu'on lui a proposés. Il tient à garder toute sa lucidité. En outre, il n'a pas confiance dans ce qu'on pourrait lui donner.

Je lui raconte ma visite avec Eddie. Il m'interrompt : « Je suis furieux contre lui. Furieux qu'il ait tué ces gosses. Je suis furieux contre les gosses, d'abord. Quelle idée, aussi, d'aller se planquer dans les bois ! Je suis furieux que Bourque et LeBlanc viennent me regarder mourir. Je suis furieux contre moi que j'aie pas su nous empêcher de faire les imbéciles, avec Eddie. Et je suis furieux contre moi tout seul, que j'aie pu laisser Eddie disjoncter comme ça. Quand je vais dire mes dernières paroles, je vais pas me gêner, avec Bourque et LeBlanc. Venir me regarder crever ! Avec Bourque surtout. Paraît qu'il a dit qu'il aimerait faire passer lui-même le courant.

– A vous de choisir si vous voulez que vos dernières paroles expriment la haine. »

Je lui dis que sa colère est compréhensible dans un moment comme celui-là et compréhensible aussi son désir de proférer des malédictions à l'adresse de personnes qui se déplacent exprès pour le voir souffrir et mourir. A sa place, j'aurais envie de le faire, une partie de moi en tout cas. « Mais il y a autre chose en vous ; il y a toute une partie de vous qui ne veut pas être déchirée par la rage, qui veut mourir comme un être libre et aimant. Je ne dis pas que c'est facile, je dis que c'est possible. Et que cela dépend de vous. » Je l'exhorte ensuite à penser aux parents de David et de Loretta, aux tourments qu'ils ont déjà endurés. Veut-il accroître leur peine ?

Il m'écoute, tassé sur son siège, les coudes sur les genoux. Il fume. Il réfléchit.

Nancy Goodwin entre au parloir. Elle œuvrait à la Coalition vers 1975 et c'est à elle qu'Eddie a écrit pour demander de l'aide. Depuis, elle a gardé le contact avec les deux frères. Au soulagement que me procure son arrivée, je réalise combien j'étais près de succomber à la panique. A présent, je ne suis plus seule pour supporter l'attente, pour vivre toute la durée de cet après-midi. Il est aux alentours de trois heures. Je profite de la présence de Nancy pour aller chez Rabelais téléphoner à Joe Nursey, qui est au bureau de Sam Dalton à La Nouvelle-Orléans.

« Des nouvelles du tribunal ?

– Rien encore. C'est bon signe. Ça fait un moment qu'ils ont la requête entre les mains. Ils ont dû trouver de bonnes raisons de l'étudier.

– Et Millard ?

– Il vient d'appeler de la résidence du gouverneur. Il était sur le point d'entrer dans son cabinet. Il doit y être à présent. »

Je compte les heures sur mes doigts. Il en reste neuf avant minuit. Le temps semble filer à toute allure et, en même temps, on dirait qu'il stagne. C'est drôle comme l'on parle avec précision des deux extrémités de la vie. On dit de quelqu'un qu'il est mort à 6 heures 08, ou 3 heures 46, qu'il est né à 4 heures 02. Mais, dans l'intervalle, on découpe le temps en tranches épaisses, semaines, mois, années, voire décennies.

Je consulte ma montre. 15 heures 15. Je retourne à la porte grillagée où Nancy, assise, discute avec Pat.

A 17 heures, elle annonce qu'elle doit partir. J'ai l'impression que mon cœur s'arrête. Nous nous rapprochons tous les trois de la porte, elle et moi d'un côté, Pat de l'autre, et prions. La présence de Nancy nous a apporté force et réconfort et voilà qu'elle s'en va. Elle se dirige vers la porte d'entrée quand le téléphone retentit. Je sens mon cœur se contracter. Serait-ce le tribunal ? Millard ? Non. Quelqu'un a décroché et une conversation s'est engagée.

Nancy quitte le vestibule. Pat la suit du regard aussi loin qu'il le peut. Quand il se tient debout tout contre le grillage, il peut voir jusqu'à la porte d'entrée. Suivant immédiatement la sortie de Nancy, un homme arrive. « L'électricien, me souffle Pat. Pour vérifier la chaise. »

A présent, la porte s'ouvre et se referme souvent.

Un gardien que je ne connais pas s'avance vers nous. « Ça va, Sonnier ? » C'est le chef des « gorilles », m'apprend Pat, responsable de l'équipe technique qui le garrottera.

Un peu plus tard, un homme en costume de ville vient demander : « Besoin de rien, Sonnier ?

– Juste du café. »

« Le psy », me confie Pat à voix basse.

Le téléphone sonne à nouveau. Coup au cœur. Attente. J'entends déjà Rabelais prononcer : « Sonnier, tu as obtenu un sursis. » Faux espoir.

Je regarde ma montre. 17 heures 15. Je retourne appeler Joe Nursey.

« Des nouvelles de Millard ?

– Toujours chez le gouverneur. Tout ce que je sais, c'est qu'il m'a dit qu'il ne s'en irait pas tant que les choses ne seraient pas réglées. »

Pourquoi l'entretien s'éternise-t-il ? Ça n'a pas dû bien se passer. Sinon Millard aurait appelé. Qu'est-ce que ça veut dire ?

Un courant d'air indique que la porte d'entrée s'est encore ouverte. C'est Maggio, le directeur, accompagné de son adjoint, Thomas. Pat les a vus avant moi. Je me retourne. Ils sont en costume trois-pièces et portent un talkie-walkie à la hanche.

18 heures. Le soleil a disparu derrière les arbres. L'après-midi est devenu le soir. Les moineaux se sont tus, nichés sous les auvents. C'est l'heure du dernier repas. Pat a commandé un steak à point, de la salade de pommes de terre, des haricots verts, des petits pains chauds avec du beurre, de la salade verte, un Coca-cola et une tarte aux pommes.

Maggio s'avance près de la porte pour déclarer à Pat que le cuisinier a porté « une attention toute particulière » à la préparation de son repas. On va bientôt le lui servir. Pat doit le prendre à l'intérieur de sa cellule afin qu'on lui retire ses menottes. Maggio m'octroie l'autorisation spéciale d'entrer dans la section et de m'asseoir dans le couloir, devant la cellule, où l'on m'apportera également à dîner.

On a allumé l'électricité partout dans le bâtiment. Néons glacés qui jettent sur le carrelage une lumière verdâtre. Je pense à la douceur orangée d'une lampe près d'une fenêtre, si réconfortante quand on rentre chez soi, à la nuit tombée.

J'ai comme la sensation que le téléphone va sonner. Il n'y manque pas. A l'instant précis où le cuisinier nous sert nos plateaux. Je jette un coup d'œil par le grillage. De l'autre côté de la porte de fer, le capitaine Rabelais me rend mon regard. En faisant non de la tête. D'une voix neutre, Maggio annonce : « La cour d'appel du 5ᵉ ressort a rejeté l'appel. »

*Le 5ᵉ ressort a rejeté l'appel !*

Je reste sans réaction. Du moins extérieurement. Mais à l'intérieur, j'ai l'impression de dégringoler au fond d'un précipice. Reste Millard, chez le gouverneur. Après, plus rien.

Pat plaisante : « C'est moi qu'avais remporté le round, en août. Ce coup-ci, on dirait que c'est vous qu'allez gagner. » Il agite sa cuiller et désigne son assiette en riant. « Au moins, je vous aurai soutiré un délicieux dîner. Et j'ai pas l'intention de laisser qui que ce soit m'en gâcher une miette. »

Je me rappelle qu'il m'a dit : « Ils me briseront pas ! » Je baisse les yeux. Je ne pourrai rien avaler, moi. Je distingue un verre de thé glacé sur mon plateau. Je le prends et bois une gorgée. J'ai l'impression de voguer hors de la réalité. Pat mange et parle et mange encore. Comme un type dans un bar qui raconte des histoires d'une voix trop forte.

La sonnerie du téléphone retentit à nouveau. Rabelais revient vers nous. « Sonnier, la Cour suprême des Etats-Unis a rejeté l'appel. »

Et Millard ? Toujours pas de nouvelles de lui.

Il fait sombre dehors.

Pat a mangé tout ce qu'il y avait sur son plateau, sauf

un peu de salade. Il termine sa tarte aux pommes, pose sa cuiller. « Là, fini. Et dire que j'avais même pas faim. »

Maggio s'approche de la cellule. Pat lui lance : « Dites au cuistot de ma part qu'il a fait du sacré bon boulot, monsieur le Directeur. Le steak était parfait. » Il forme un rond du pouce et de l'index. « La salade de pommes de terre aussi. Et le gâteau, un vrai régal ! »

Le directeur lui promet de transmettre les compliments. « Il s'est donné du mal pour vous, Sonnier, c'est la vérité.

– Eh bien, dites-lui que ça m'a fait bien plaisir. »

Je me lève et passe mon plateau intact à Rabelais. Les gardiens effectuent la relève. Je suis des yeux celui qui s'en va. Il a fini sa journée ? Il part retrouver sa famille ? Ses enfants vont lui poser des questions ? Il a le visage fermé. Impossible de deviner ses pensées.

Prétextant un besoin, je laisse à Pat quelques instants de solitude. Le bâtiment est en effervescence. Gardiens et hommes en costume trois-pièces partout. Une secrétaire tape à la machine. Cliquetis de clavier, comme dans un bureau.

« Qu'est-ce qu'elle tape ? » m'informé-je tout bas auprès de Rabelais.

« Les formulaires que les témoins devront signer. »

Un grand pot de café est en train de se remplir, on a recouvert la table d'une nappe blanche et posé des stylos à bille au centre.

J'entre aux toilettes. Précieux moments de solitude. Carrelage brillant des murs, sanitaires blancs immaculés, gros savon, serviettes en papier. Tout est d'une propreté impeccable. Comme à l'hôpital. Même souci de l'hygiène, même personnel respectueux du règlement... *Seigneur Jésus, aide-moi, aide-moi, je t'en supplie.* Je resserre mon énergie à l'intérieur de moi, comme on croise étroitement son manteau autour du corps pour se protéger du vent.

Je quitte la pièce. Je considère les carreaux du sol qui vont jusqu'à la porte métallique blanche à l'autre bout du vestibule. Rabelais en sort, justement, accompagné d'un homme en jean et veste sur une chemise écossaise. L'électricien, probablement. Rabelais verrouille la porte derrière lui.

Je retourne à la porte grillagée. Pat est toujours dans sa cellule. Le téléphone du mur se met à sonner. Le gardien de faction va répondre et lui passe l'appareil. Je ne vois que le fil qui court le long du mur et entre à l'intérieur de la cellule. Voix de Pat. Qui monte et se brise. « Merci, monsieur Millard. Merci pour tout ce que vous avez fait pour moi avec les autres. Je vous ai eu trop tard. Si je vous avais eu plus tôt... » Silence. « Non, monsieur Millard, vous avez pas raté. Vous avez pas raté. C'est la justice de ce pays. Elle pue. Elle pue sacrément, monsieur Millard. Non, non, non, monsieur Millard, vous avez pas raté... »

Maintenant, et pour la première fois, je sais en toute certitude que Pat va mourir. Il est 20 heures 40.

Je vais trouver le capitaine Rabelais. Il m'autorise à passer des appels à partir de son téléphone. J'appelle les religieuses et leur demande de prier. J'appelle ma mère pour lui dire que je vais bien et lui demander de prier.

Je retourne à la porte grillagée. A l'intérieur de la cellule, le gardien est en train de remettre les chaînes aux pieds et aux mains de Pat. Il ouvre la grille. Pat revient près de la porte. Au moment de s'asseoir sur la chaise pliante, les jambes lui manquent et il s'écroule sur un genou. Il lève les yeux vers moi.

« Sœur Helen... je vais mourir. »

Mon âme s'élance vers lui. Collée à la porte, agrippée au grillage pour être le plus près de lui, je prie Dieu de lui apporter réconfort et soutien, de l'entourer, de lui donner le courage d'affronter la mort et d'effectuer le passage, de mourir avec amour. Les mots jaillissent de mes lèvres.

Son moment de faiblesse a passé. Il est assis sur sa chaise de fer et demande à Rabelais une tasse de café. Il tire une cigarette de son paquet, constate : « Je devrais en avoir juste assez. »

Il rédige son testament, une ligne unique sur une feuille de bloc-notes jaune. « Je lègue tout ce que je possède à sœur Helen Prejean. » Rabelais charge quelqu'un de faire légaliser le document.

Puis, Pat écrit à Eddie. « Cher frère, t'en fais pas pour moi. Tout ira bien. Garde ton calme, c'est le seul moyen de survivre ici. Un jour, quand tu sortiras, occupe-toi de Maman. Oublie pas ce que tu m'as promis. Je t'aime. Ton grand frère. »

La porte d'entrée s'ouvre régulièrement, à présent. Pat lève la tête chaque fois. Observe. Remarque tout.

Un gardien, du nom de Slick, passe la porte. C'est un homme lourd et de haute taille, au crâne chauve et luisant. Il a un sac de toile à la main. Rabelais s'avance. Je suis priée d'aller dans le foyer. Slick et deux autres gardiens entrent avec Pat dans la cellule. Les yeux rivés sur mes chaussures noires, je me mets à arpenter la pièce d'un pas lent. Dans un sens, puis dans l'autre. *Je t'en supplie, Seigneur, soutiens-le, aide-le !*

Un homme vêtu d'un costume vert pomme vient se présenter, le père Penton. Venu « au cas où le détenu aurait besoin de ses services ». Visiblement, cela fait longtemps qu'il officie à Angola. Il me conseille de « me préparer au choc » quand je verrai Pat. « On est obligé de leur raser le crâne pour éviter que les cheveux ne s'enflamment. » Je continue à déambuler lentement dans la salle. Il marche à mon côté. Je pense à Gandhi. A Camus. « Résiste, ne collabore en aucune manière à une action que tu juges mauvaise... Résiste. » Dans les *Réflexions sur la guillotine*, Camus parle d'un Russe qui, au moment d'être pendu par les bourreaux du tsar, repousse le prêtre qui lui offre sa bénédiction : « *Eloignez-vous et ne commettez pas de sacrilège* ».

Camus dit à propos des chrétiens :

> L'incroyant ne peut non plus s'empêcher de penser que des hommes qui ont mis au centre de leur foi la bouleversante victime d'une erreur judiciaire devraient se montrer au moins réticents devant le meurtre légal. On pourrait aussi rappeler aux croyants que l'empereur Julien, avant sa conversion, ne voulait pas donner de charges officielles aux chrétiens parce que ceux-ci refusaient systématiquement de prononcer des condamnations à mort ou d'y prêter la main. Pendant cinq siècles, les chrétiens ont donc cru que l'enseignement moral de leur maître interdisait de tuer. ( p. 1057)

Je relate à Penton un coup de téléphone que j'ai reçu d'un des aumôniers catholiques d'Angola, voici quelques semaines, me demandant le nom de l'entreprise de pompes funèbres qui emporterait la dépouille de Pat après l'exécution, si exécution il y avait. Je savais par Pat que « le vieux » était venu le trouver dans sa cellule pour lui dire sur un ton guilleret, s'essayant à l'humour : « Alors, Sonnier, le corps, on en fera quoi ? » Ce à quoi Pat avait répondu : « Vous avisez pas d'aller trouver ma mère pour lui poser la question. Appelez sœur Helen. »

D'où ce coup de téléphone chez moi. J'avais répondu que je n'en avais pas la moindre idée.

Constatant, donc, qu'en tant que salariés de l'administration pénitentiaire les prêtres acceptent sans difficulté apparente de tenir un rôle dans « cette affaire désagréable mais nécessaire », je demande au père Penton si, à son avis, le rôle d'un aumônier est bien d'organiser la façon dont on « disposera des restes » d'un individu que l'Etat a tué, ce qui est, finalement, une manière de collaborer avec les autorités. Il me répond qu'il va réfléchir à la question. (Il le fera. Par la suite, il veillera à ce que les aumôniers ne soient plus chargés de régler les questions relatives à l'enterrement des prisonniers exécutés.)

Rabelais vient me prévenir que je peux retourner auprès de Pat. Je me dirige vers la porte grillagée pour reprendre ma place, côté visiteur, et attendre que Pat sorte de sa cellule.

Slick est justement en train de passer la porte avec ses équipiers. L'un tient une serviette et une balayette, l'autre un sac en papier contenant les mèches noires et bouclées de Pat. Slick tire la fermeture Eclair de sa trousse de rasage et s'éloigne d'un pas rapide. Pat revient s'asseoir sur la chaise pliante. Avec son crâne gris et brillant et ses sourcils rasés, on dirait un oiseau déplumé. Il tend le pied vers moi. La jambe gauche de son pantalon est coupée. « Ils m'ont rasé le mollet aussi. » Je remarque qu'il porte un numéro tatoué.

« Qu'est-ce que c'est ?

– J'ai fait faire ça pendant mon premier séjour à Angola. Pour être sûr qu'on pourrait m'identifier, au cas où je me ferais tuer. »

Je note qu'il porte un T-shirt blanc tout propre.

Je regarde ma montre, Pat la sienne. 22 heures 30. Tout est prêt, maintenant. Il ne lui reste plus qu'une chose à faire – mourir. Il réclame un stylo au gardien et écrit dans sa bible, en première page, à l'endroit réservé aux événements majeurs de la vie, mariages, naissances, décès.

« Là. C'est moi qui l'aurai marqué de ma main. »

Le gardien ouvre la porte et me remet la bible. Je lis. Pat a inscrit une phrase pleine de tendresse à mon intention, des remerciements. Et sous « Décès », il a indiqué son nom et la date. Le 4 avril 1984.

Les paroles de Jésus me reviennent à l'esprit : *Car vous ne savez ni le jour ni l'heure*. Pat les connaît, lui. Et de les savoir, il meurt avant même de mourir.

Deux gardiens, juchés sur une échelle, suspendent des rideaux aux fenêtres, tout en haut, sous le plafond.

« Pour que les autres détenus, ils voient pas les lumières baisser quand on tirera la manette », dit Pat.

Il fume et recommence à parler. Un déluge de paroles où tout se déverse pêle-mêle : souvenirs d'enfance, blagues avec Eddie, l'école, les champs de canne à sucre au soleil, sa fille Star, ce qu'elle va devenir, sa mère... Surtout que je veille sur elle ! Et Eddie... Est-ce qu'il va savoir garder son sang-froid, ici ? L'exécution.... Si seulement il pouvait être sûr de mourir tout de suite, dès que le courant l'atteindra... !

Il grelotte. « Ça caille ! » Le gardien va lui chercher sa chemise bleue dans la cellule et la lui pose sur les épaules avant de retourner prendre sa faction au bout du couloir.

Le vestibule et l'entrée sont pleins de gens nerveux. Les témoins doivent être arrivés, à l'heure qu'il est, la presse aussi et tous les responsables de l'établissement. Des bribes de conversation me parviennent aux oreilles. Je perçois le cliquetis des pièces dans le distributeur de boissons.

Je me retourne. Bill Quigley et Millard Farmer sont là. Je me lève et m'avance vers eux. Je me contrôle au maximum. Leur présence, leur amitié, tout ce qu'ils ont fait pour sauver la vie de Pat, me donnent envie de pleurer. Mais les larmes ne doivent pas couler. Bill me prend la main et la serre très fort. Millard évite mon regard. Nous allons à la porte grillagée. Des gardiens apportent deux chaises supplémentaires. Coup d'œil à ma montre. Qu'allons-nous dire pendant ces cinquante minutes qui nous restent. « Regardez comme le temps passe, fait Pat. Il file à toute allure, maintenant. »

Le vieux prêtre vient vers nous. Je me lève pour aller à sa rencontre. « Dites à Elmo (Pat déteste qu'on l'appelle par ce prénom) que je peux lui donner les derniers sacrements. »

Je transmets le message. Pat secoue la tête. « Non. Je l'aime pas, ce type. Vous, là, c'est vous mes amis. Vous, vous me faites sentir proche de Dieu. Quand ce sera fini, sœur Helen, communiez pour nous deux. »

Je lui promets de le faire.

Le directeur demande à Millard de le suivre au foyer. Millard revient peu après. « Pat, le gouverneur m'a autorisé à rester. »

Dieu soit loué ! Je me sens plus forte de savoir que Millard sera là lui aussi.

Le capitaine Rabelais nous demande de nous retirer un instant au foyer. Trois gardiens entraînent Pat à l'intérieur de sa cellule. 23 heures 30. Personne ne dit grand-chose. Bill me souffle tout bas qu'Ann, Lory, Kathleen et d'autres religieuses encore se sont rassemblées devant le portail.

Les gens sont toujours dans le foyer. Les témoins n'ont pas encore été priés de prendre place dans la salle. M. Bourque et M. LeBlanc doivent se trouver parmi eux. Que signifie l'événement pour eux ? Les aidera-t-il à surmonter leur chagrin ? Je me pose la question. J'entends la chasse des toilettes dans la cellule de Pat.

Rabelais nous autorise à retourner près de la porte. Pat sort de la cellule, pieds et poings entravés. Son regard étincelle de colère. « Ils me forcent à quitter cette terre avec une couche. Comme un bébé !.. Dans tous les cas, je vais être libéré de tout ça, ajoute-t-il, en secouant les bras. Plus de chaînes, plus de barreaux, plus de vie en cage ! »

Il tire une cigarette de sa poche, se tourne vers le gardien. « C'est la dernière. Elle va m'accompagner jusqu'au bout. »

Le directeur s'approche de nous, flanqué d'une demi-douzaine de gardes. Il doit être minuit. « C'est l'heure, Sonnier. » Un gardien reconduit Bill au foyer. Un autre prie Millard de le suivre. Je reste près de la porte. J'accompagnerai Pat. J'ai sa bible dans les mains. J'ai décidé de lui lire le passage d'Isaïe pendant que nous marcherons, le cantique que nous avons écouté. Ces paroles qu'il a entendues, Pat va les entendre à nouveau, s'il est seulement capable d'entendre quoi que ce soit quand il en sera à mettre un pied devant l'autre pour franchir le dallage rutilant qui va d'ici à là-bas.

Il demande : « Monsieur le Directeur, est-ce que sœur Helen peut me toucher le bras ? »

Le directeur hoche la tête.

Je me tiens derrière Pat. Les gardiens nous encerclent, comme une chaîne de montagnes bleues. Je pose la main sur son épaule. Il est grand. Je peux à peine l'atteindre. C'est le premier contact physique que j'ai avec lui.

Nous partons. Pat avance. Ses chaînes raclent le sol. Dieu a exaucé sa prière. Ses jambes sont fermes, il marche droit. Je lis le texte d'Isaïe.

> Ne crains pas [...], Je t'ai appelé par ton nom : tu es à moi.
>
> Si tu traverses les eaux, je serai avec toi, et les rivières, elles ne te submergeront pas. Si tu passes par le feu, tu ne souffriras pas, et la flamme ne te brûlera pas. (43, 2)

Nous traversons le vestibule, le vieux prêtre lève la main et bénit.

Nous nous arrêtons. La chaise est là, bois de chêne sombre qui brille sous les néons. Par une vitre en plexiglas, on distingue les témoins assis dans l'autre pièce. Il y a une grande pendule au mur, derrière la chaise. Une ventilation poussive ronronne déjà, pour évacuer l'odeur de chair grillée. Deux gardiens me prennent fermement par les bras pour m'entraîner dans la salle des témoins. Je me penche sur Pat et pose un baiser sur son dos.

« Pat, priez pour moi. »

Il se retourne vers moi et d'une voix rauque mais vibrante comme celle d'un petit garçon, me dit : « J'y manquerai pas, sœur Helen, pouvez y compter. »

J'aperçois Millard et vais prendre place à côté de lui. Il me prend la main. M. Bourque et M. LeBlanc sont au premier rang, sur notre droite. Impassibles.

Il y a une petite estrade avec un micro dans la salle d'exécution. Pat se tient derrière. Sur le mur du fond, je remarque une fente dans le contre-plaqué vert. C'est là, derrière, que se trouve le bourreau.

Le directeur est debout dans le coin droit, à côté d'un téléphone rouge.

« Vous voulez dire quelque chose, Sonnier ?

– Oui, monsieur. »

Pat considère les deux pères des victimes. Il ne s'adresse qu'à un seul : « Monsieur LeBlanc, je veux pas quitter ce monde avec la haine au cœur. Je veux vous demander pardon pour ce qu'Eddie et moi on a fait. Sauf que c'est pas moi. »

M. LeBlanc hoche la tête. M. Bourque se penche vers lui : « Et moi ? »

Pat est assis sur la chaise maintenant. Avec des gestes rapides, les gardiens lui retirent ses chaînes aux pieds et aux mains et les remplacent par des sangles de cuir. Ils lui garrottent le torse, les jambes, les bras. Pat trouve mon visage dans la foule. Il dit : « Je vous aime. » Je tends la main vers lui : « Je vous aime aussi. »

Il s'efforce de me faire un sourire comme il me l'avait promis, mais ses lèvres ne parviennent qu'à faire un rictus.

Un bandeau de métal est placé sur sa tête. L'électrode fichée au sommet est connectée à un câble qui sort d'une boîte, derrière la chaise. Une autre électrode est attachée à sa jambe. Une courroie autour du menton maintient sa tête en arrière, tout contre le dossier. Pat grimace. Il ne lui est plus possible de parler, maintenant. Un tissu gris-vert est placé sur sa tête.

Millard dit tout haut : « Mon père, pardonne-leur, ils ne savent pas ce qu'ils font. »

Il n'y a plus à présent que le directeur et Pat dans la salle d'exécution. Maggio debout et Pat sanglé dans la chaise. Le téléphone rouge n'a pas sonné. Je ferme les yeux. Je ne vois pas le directeur hocher la tête pour signifier au bourreau de faire son office.

Trois cliquetis me parviennent. Le courant est déclenché à trois reprises. 1 900 volts. Une pause. Laisser le corps refroidir. 500 volts. Une nouvelle pause. Et encore 1 900 volts. Je prie en silence. *Jésus-Christ, ne l'abandonne pas, aie pitié de lui.*

Je relève la tête. La main gauche de Pat repose normalement sur le bras du fauteuil, mais les doigts de sa main droite sont complètement recourbés en arrière.

Le directeur demande au micro d'attendre qu'on ait procédé à « l'examen final ». Le médecin de la prison, assis jusque-là dans la salle des témoins, se rend auprès du corps. Il retire la cagoule, soulève les paupières, éblouit les pupilles à l'aide d'une lampe de poche, remonte le T-shirt blanc, pose son stéthoscope à l'endroit du cœur, écoute et déclare au directeur qu'en effet, cet homme est mort. Maggio regarde la pendule et annonce l'heure du décès : zéro heure quinze. Involontairement, ses yeux croisent les miens. Il détourne le regard.

Les témoins sont conduits hors de la salle. En traversant le vestibule, je croise le prêtre et le prie de me donner la communion, « pour nous deux », comme Pat me l'a demandé. Je vais rejoindre les témoins rassemblés pour signer les formulaires. Tout le monde est silencieux. On n'entend que le bruit des feuilles qu'on se passe sur la nappe blanche et le léger crissement des stylos. Chacun appose sa signature sur les trois exemplaires des papiers officiels.

Les uns derrière les autres, nous sortons de la pièce. Lloyd LeBlanc est derrière moi. Je me tourne vers lui. Il semble bouleversé. Il a le tour des yeux tout rouge. Je lui touche le bras. Je n'ai pas de mots. Que dire ? Tout est si ahurissant. Je ne sais pas pourquoi Pat a décidé d'adresser ses dernières paroles à Lloyd LeBlanc et non à M. Bourque. Je suppose que c'est parce qu'il voulait dire des mots d'amour et n'était pas sûr de pouvoir le faire en s'adressant à M. Bourque qui n'a pas caché à la presse son vif désir de le voir exécuter. Qui sait ? Pat est mort, maintenant. Comme Loretta Bourque et David LeBlanc. Et je pense à Gladys Sonnier et à la nuit qu'elle est en train de passer.

Un gardien nous conduit, Millard et moi, à la camionnette qui va nous ramener au portail. Il fait très froid et la nuit est très noire. Nous passons devant la prison principale où Eddie est enfermé et longeons le bâtiment administratif où va se tenir une conférence de presse. Seule l'administration pénitentiaire s'y exprimera. Personne ne sera là pour clamer son opposition à l'événement qui vient de se produire.

« Voyez comme tout ceci est honteusement tenu secret, dit Millard. Quelques témoins triés sur le volet, conduits au cœur de la nuit dans les profondeurs de la prison, pour voir tuer un homme. Si les gens de Louisiane avaient vu l'Etat perpétrer ce qu'il a perpétré ce soir, la plupart d'entre eux se mettraient à vomir. »

Nous atteignons le portail. Les projecteurs sont allumés. Un peloton de sécurité est aligné le long de la grille.

Les religieuses m'attendent à l'extérieur de l'enceinte. Joe Nursey et Kimellen sont venus eux aussi. Je serre Joe dans mes bras, mes doigts se cramponnent à son gros chandail blanc. Il sanglotte. Je sens les muscles de son ventre se contracter sous l'épaisseur de la laine.

Réfugiée à l'intérieur de la voiture, Kimellen grelotte. Elle me prend la main et pleure, embrasse ma main, incapable de contenir ses larmes. Je me sens tout engourdie. Frigorifiée. Millard me prend par le bras et fait quelques pas avec moi sur le parking. Il m'engage à ne pas abandonner la lutte, à continuer de me battre. Je n'entends pas bien ce qu'il dit, mais je perçois la sincérité de ses paroles. Et je sais que j'aime ce type, cette étincelle de Dieu, qui m'a tant appris.

Ann et Bill Quigley vont me ramener en voiture. Nous prenons la route 66. Mais très vite, nous devons nous arrêter sur le bas-côté. Il faut que je vomisse.

# CHAPITRE V

Nous roulons en direction de Baton Rouge. J'ouvre un peu la fenêtre pour sentir le vent sur mon visage. Bill se retourne. Il me prend la main et la tient entre les siennes. Tous ensemble, nous prions.

Ann raconte que le peloton de sécurité s'est déployé alors qu'elle était encore toute seule sur le parking. Comme il faisait froid, elle est restée la majeure partie du temps dans sa voiture. Chaque fois qu'elle sortait pour aller faire pipi, le peloton se mettait en position d'attaque, armes braquées sur elle, canon au sol certes, et ne rompait qu'une fois qu'elle était remontée en voiture. Aux alentours de cinq heures et demie, une demi-douzaine de cars de police sont arrivés. La garde civile. Les hommes ont investi le bâtiment administratif et y sont demeurés jusqu'à la fin de l'exécution. Elle pouvait les voir du parking manger des sandwiches et jouer aux cartes. Il y en avait un, avec un fusil, posté à la fenêtre.

« Je n'ai rien vécu d'aussi étrange de toute ma vie, conclut-elle. Comme si j'avais été lâchée au beau milieu d'un Etat policier. Quand on pense à toute l'énergie, l'organisation et le fric gaspillés pour tuer un seul homme... »

C'est le médecin qui parle en elle. Le médecin qui se bat désespérément pour que l'on ne ferme pas sa clinique pour indigents. Le médecin qui, tous les ans, repart à l'assaut de la municipalité et des organismes d'Etat pour qu'ils ne suppriment pas les subventions.

Arrivés à Baton Rouge, nous commençons par déposer Bill à sa voiture, il va rentrer à La Nouvelle-Orléans cette nuit même. Il n'est pas loin de deux heures du matin quand nous nous engageons dans l'allée qui mène chez ma mère. La lampe du bureau est allumée. La porte s'ouvre sur Maman, les bras grands ouverts, un rosaire à la main. Un feu brûle dans la cheminée.

Ann me fait prendre un verre de lait chaud avec un somnifère. Je dors d'un sommeil sans rêve.

Je me réveille au bruit d'assiettes et de voix dans la cuisine. Le téléphone est en train de sonner. Aussitôt, je pense à Pat. Son corps doit se trouver aux pompes funèbres, à l'heure qu'il est. Les croque-morts doivent être à l'ouvrage.

Il m'a dit un jour, cela me revient en mémoire, qu'il avait assisté à l'embaumement de son père, un des croque-morts qu'il connaissait l'y avait autorisé. Quelle drôle d'idée, m'étais-je dit. Pat, quant à lui, mentionnait le fait tout simplement, expliquant qu'il avait pensé un temps à devenir croque-mort lui-même et voulait savoir « comment ça se pratiquait ». Il n'avait pas seize ans quand son père est mort d'un cancer du foie, en 1967.

Si je ne me trompe, Kathleen m'a dit quelque chose, hier soir, à propos de l'enterrement, mais je ne m'en souviens pas.

C'est la Coalition de soutien aux prisonniers qui appelle. Dès que j'entends la voix de Tom Dybdahl, je fonds en larmes. Contrecoup du choc et de la fatigue. Il me remercie d'avoir accompagné Pat jusqu'au bout.

*Me remercie. Moi !*

Millard, lui, ne permet à personne de le remercier. Il dit seulement : « Je n'ai fait que ce que j'avais à faire. »

Maman m'apporte un café. Je suis incapable de le boire. Tout de suite je revois Pat levant sa tasse pour dire au capitaine Rabelais : « Noir. Sans lait ni sucre. »

Le téléphone n'arrête pas de sonner tout au long de la matinée. Millard, Kathleen, Lory, Bill. Appels et crises de larmes. Comme à la veillée funèbre de mon père. Tous les gens qui s'approchaient de moi représentaient le chagrin sous une forme différente. Et chaque nouveau chagrin ouvrait les vannes à un torrent de larmes nouvelles.

Millard ne me dit pas grand-chose. Il va repartir pour Atlanta avec Joe et Kimellen, un autre condamné à mort l'attend en Géorgie. Je lui dis que je ne l'oublierai jamais.

Des journalistes m'interviewent au téléphone, sachant que j'ai assisté à l'exécution.

Kathleen m'informe que la mise en bière aura lieu demain matin, à dix heures, au funérarium Rabenhorst, dans Government Street, et sera précédée d'une veillée, à neuf heures. Pat sera enterré auprès des religieuses de notre congrégation, au cimetière de Roselawn, la direction de notre communauté a donné son accord. Kathleen a contacté la famille. Après les obsèques, les Sonnier viendront chez elle pour un repas de funérailles. Eddie assistera-t-il à l'enterrement ? Je réalise que je n'ai pas soumis de requête à ce sujet auprès des autorités de la prison. Je ferais bien d'appeler le directeur. Pour autant que je sache, l'administration pénitentiaire de Louisiane n'autorise les détenus à assister aux funérailles que s'il s'agit de leurs ascendants ou descendants directs, pas de leurs collatéraux.

La présence d'Eddie implique une entorse au règlement et des frais supplémentaires – gardes armés, véhicule. Maggio ne dit pas non. Il rappellera pour me faire part de sa décision. Une heure plus tard, sa secrétaire m'annonce qu'il a donné son accord. Eddie assistera à l'enterrement.

Ce vendredi matin, une trentaine de personnes, pour moitié parents et religieuses, se retrouvent à la veillée funèbre. Kathleen demande à six hommes de la famille de porter le cercueil.

Je connais bien le funérarium Rabenhorst, à Baton Rouge. C'est dans la salle même où Pat est exposé que j'ai vu pour la première fois de ma vie un cadavre, celui de mon oncle George. J'avais dix ans, à l'époque. Le voir mort m'avait épouvantée et j'avais refusé de baiser son front glacé quand la famille avait défilé lui faire ses derniers adieux. A présent, c'est Pat Sonnier qui repose dans le cercueil. Je le contemple, je regarde son visage immobile, sa tête entourée de gaze. Il me paraît si grand, comme à l'étroit dans la bière. Enfin ! Les pompes funèbres ont offert gratuitement et leurs services et le cercueil. La veste du costume bleu cendré que Kathleen a trouvée est trop petite, elle aussi. Une brassée de roses rouges repose sur le cercueil. Le ruban dit : « A mon fils. A notre parent. » La mère de Pat n'est pas venue. « Elle aurait pas supporté », me dit sa sœur Joan. Il faut bien dire que le chagrin n'a pas sa place ici, avec toutes ces caméras de télévision postées à l'extérieur.

Je pense aux Bourque et aux LeBlanc. Cette scène, ils l'ont vécue eux aussi, il y a quelques années. Sans y croire, ils ont regardé leurs enfants étendus dans des cercueils capitonnés. Assassinés par les frères Sonnier, à l'aube de leur vie.

Un certain remue-ménage se fait aux abords de la porte. Ann me souffle : « Eddie. » Il se tient sur le seuil, encadré par deux gardes. Je m'avance vers lui. Il a les chevilles entravées et les mains de chaque côté du corps à un « carcan » noir autour de la ceinture. Je l'accompagne jusqu'à la dépouille. Il contemple son frère. Prononce : « Et voilà... » Les larmes ruissellent le long de ses joues. Je lui passe le bras autour de la taille en lui disant que Pat l'a aimé jusqu'au bout. Il hoquette : « Ça fait maintenant trois personnes de mortes à cause de moi. » Ann lui essuie les yeux avec un Kleenex et l'aide à se moucher, car le carcan lui interdit de lever les mains. La fille de Pat, Star, vient le serrer dans ses bras en l'appelant « oncle Eddie. »

Quelqu'un me chuchote que l'évêque Stanley est arrivé. La petite foule se regroupe à l'avant sur deux bancs pour assister à la messe. Dans son homélie, Stanley Ott rappelle que Jésus nous a révélé un Dieu de compassion et d'amour, et non un Dieu de vengeance. Il prie pour Pat et pour toutes les familles qui ont perdu un des leurs à la suite d'un acte de violence, les Bourque, les LeBlanc, les Sonnier.

Eddie n'est pas autorisé à se rendre au cimetière. Lorsque les gardes s'apprêtent à le faire monter dans le véhicule qui le ramènera à Angola, la famille se met en ligne devant la porte pour l'embrasser et lui dire au revoir. Corbillard et fourgon cellulaire. Deux séparations ont lieu en cet instant. Adieu à Pat, mais aussi à Eddie que la plupart de ses parents ne reverront plus. Les deux frères partent dans des fourgons différents : l'un va en terre, l'autre retourne à Angola, y vivre jusqu'à la fin de ses jours.

Au cimetière, Mgr. Ott récite la prière des morts. Il demande à Dieu de prendre Patrick Sonnier en pitié et de l'accueillir au royaume des cieux. Je dis quelques mots moi aussi. Je m'adresse tout particulièrement à Star. Je m'efforce d'exprimer au mieux amour, respect et dignité. Quelle honte cela doit être – une honte publique – d'avoir quelqu'un de sa famille exécuté par l'Etat. Je n'arrive pas à l'imaginer.

Nous sommes dans la partie du cimetière dominée par un crucifix qui est réservée au clergé. La tombe de Pat jouxte celle de sœur Isabel. Ayant connu le caractère vif et rieur de cette religieuse, je crois entendre ses commentaires à la perspective qu'un tel homme s'allonge à côté d'elle. Déjà, quand nos anciennes élèves venaient au couvent nous présenter leurs maris, elle soufflait toujours à la religieuse qui se tenait près d'elle : « Si quelqu'un est content de ne pas avoir à partager sa couche avec " ça ", c'est bien moi ! »

Au moment de regagner nos voitures, un journaliste me prend à part : « Etiez-vous amoureuse d'Elmo Sonnier ? Ses dernières paroles étaient bien " je vous aime " ? » La question me désarçonne et me fait sourire à la fois. J'imagine la manchette du *National Enquirer* : « Bonne sœur amoureuse de l'assassin. » Je rétorque : « Non. Ce n'était pas une relation amoureuse. J'aimais Pat comme une sœur aime son frère. Comme Jésus a enseigné de nous aimer les uns les autres. »

Je suis la dernière à partir. Je pose encore une fois la main sur le cercueil. Les fossoyeurs attendent, appuyés sur leur pelle.

Je viens à peine de rentrer de l'enterrement que la sonnette retentit. Un livreur me remet trois gros cartons marron. Expéditeur : la Prison d'Etat de Louisiane. Bien sûr... « Je lègue à sœur Helen Prejean tout ce que je possède. »

Maman, Ann et moi entreprenons d'ouvrir les cartons. Serviettes et gant de toilette humides, savon, chaussures, pantalons, album de photos, dossiers, lettres y ont été jetés en vrac. Tout le contenu sent la cigarette. Il y a aussi un T-shirt en boule, encore humide. Probablement celui que portait Pat quand on lui a rasé le crâne. Je tombe sur des listes au « magasin ». Ses derniers achats ont été : café, chips de maïs saveur barbecue, timbres, tabac Bugler, papier à cigarettes. Il les roulait lui-même, ses cigarettes. « C'est plus avantageux », disait-il, se targuant de pouvoir en tirer trente d'un paquet.

Ann et Maman trient le linge et font une première fournée de lavage en machine. Je vais devoir me rendre à Saint-Martinville remettre ces effets à la famille de Pat. L'album de photos, je sais qu'il voulait le donner à sa fille. Je l'ouvre. Pat est là, qui me sourit dans sa chemise bleue en jean ; ailleurs, il rit. Je découvre ma photo sur le poney, celle que je lui ai envoyée dans ma première lettre. Il y en a aussi d'Eddie et de sa mère. Et de Star. Des portraits de ses correspondants aussi. Toutes les photos sont rangées avec soin, sous des intercalaires de plastique. Les noms des gens sont écrits au stylo à bille noir, en lettres régulières. A côté de la mienne est indiqué : « Mon conseiller spirituel. »

Je trie les dossiers. Je tombe sur une pile de rapports disciplinaires au nom d'Eddie. Pat a dû les réclamer. A moins qu'Eddie lui-même les lui ait adressés. Le propriétaire de tout cela n'est plus. Je dois me forcer pour ne pas l'oublier.

Je repense à la scène de la *Sainte Jeanne* de George Bernard Shaw où le chapelain Stogumber raconte l'exécution de Jeanne d'Arc. Personne n'attendait sa mort avec plus d'impatience. Au point qu'il la poussa littéralement sur le bûcher, exhortant le bourreau à y mettre le feu sans attendre. Plus tard, après qu'il l'aura vu mourir, voici ce qu'il prononce dans l'épilogue : « Je dis à mes gens de faire très attention. Je leur dis : " Si vous voyiez vraiment ce que vous vous apprêtez à faire, vous changeriez d'avis, tant le choc serait brutal. J'ai commis une fois une terrible cruauté, car j'ignorais ce qu'était la cruauté. Je n'en avais pas été le témoin, comprenez-vous. C'est ça, l'important : il faut avoir vu pour savoir. Alors, vous êtes rachetés et sauvés... Ce n'est pas Notre-Seigneur qui m'a racheté, mais une jeune femme que j'ai vue de mes yeux brûler jusqu'à ce que mort s'ensuive. C'était horrible. Oh, bien horrible. Mais cela m'a sauvé. Et je suis transformé... »

Cela se passait à une époque où les tortures étaient pratiquées au vu et au su de tous. La foule assistait à l'agonie. Elle voyait les flammes dévorer la chair, elle entendait les cris. Alors que cette mort-ci... avec ses témoins confortablement installés derrière un carré de Plexiglas, c'est comme au cinéma. Une scène parfaitement cadrée. La mort sur celluloïd. Comme dans un scénario : à tel moment, Pat se tient ici et prononce ses dernières paroles ; à tel autre, il marche. D'ici à là. Jusqu'à la chaise. Arrivé là, il s'assied et demeure le corps bien droit, maintenu par les sangles. Enfin, le courant passe par trois fois. La mort sous verre. On n'a rien senti, rien vu, rien entendu. Pas d'odeur, grâce à la vitre de Plexiglas ; pas d'expression, visage et regard étant cachés par la cagoule ; pas un cri, une muselière comprimant les mâchoires.

Qui a tué cet homme ?

Personne.

Et chacun peut protester n'avoir fait que tenir son rôle – le gouverneur, le directeur de la prison, le chef du Département des Peines, le procureur, le juge, le jury, la Commission des Grâces, les témoins de l'exécution. Personne n'a de raison de se sentir personnellement responsable. Comme les procureurs aiment à le préciser : « Les criminels s'asseoient tous seuls sur la chaise électrique. » C'est ce qu'a murmuré un gardien du Quartier de la Mort à Tim Baldwin, le 10 septembre 1984, juste avant son exécution : « Comprends bien, Tim. Personnellement, j'ai rien contre toi, moi. »

Ma conversation avec C. Paul Phelps me revient en mémoire. Comment le chef du Département des Peines avait-il formulé la chose, déjà ? Que l'exécution devait être accomplie *dans le plus grand souci de la dignité*. Maintenant que Pat a été tué, que je peux ôter la cuirasse dont je m'étais blindée pour survivre, je réalise qu'avec son ton professionnel et froid, Phelps m'a terrifiée lorsqu'il m'a dit cela.

Phelps est un « bon catholique ». Du moins, telle est sa réputation, à Baton Rouge. Diplômé en assistance sociale, il passe pour être le chef du Département des Peines le plus humain et le plus progressiste tous ceux qui l'ont précédé à ce poste. Opposé à la solution « y a qu'a les enfermer » pour résoudre le problème de criminalité, il paraît qu'il a exhorté les membres du Congrès de Louisiane à mettre en place un dispositif pour éviter que les délinquants accusés pour la première fois de délits sans voies de fait se retrouvent en prison.

Et pourtant, c'est lui qui supervise les exécutions.

En fait, c'est lui qui en a mis au point toute la procédure.

Comme je compte rester quelques jours à Baton Rouge, je décide d'aller le voir à son bureau. Sans bien savoir pourquoi, je voudrais m'entretenir avec lui. Peut-être parce que son professionalisme sans état d'âme m'intrigue. Peut-être parce qu'il s'intéresse au social et qu'il est considéré comme un « bon catholique ».

Je l'appelle. Il m'accorde volontiers un rendez-vous.

Je découvre un homme grand, au crâne légèrement dégarni et qui parle d'une voix agréable, réfléchie. Il doit avoir dans les cinquante-cinq ans. Une photo de sa famille trône sur une étagère de la bibliothèque, derrière son bureau.

« Vous étiez pour moi la seule inconnue parmi les témoins, la seule personne dont je n'étais pas sûr », dit-il en m'accueillant dans son cabinet. « La seule que je n'aie pas regardée dans les yeux avant l'exécution. » Il s'est beaucoup renseigné à mon sujet, cherchant à deviner comment j'allais réagir, confrontée à l'événement.

Je ne lui cache pas qu'il m'intrigue, lui aussi, et lui avoue mon émotion en voyant un homme mis à mort selon une procédure aussi préméditée et inexorable. A son avis, l'exécution a-t-elle servi à quelque chose ?

« A rien. Absolument à rien. »

Les exécutions n'ont aucun effet dissuasif, à son avis. Pour être efficace, un châtiment doit être sûr, juste et appliqué sans délai. Or, le système judiciaire ne brandit la peine de mort que dans les cas où cela arrange l'accusation : une fois que le procureur a bien pesé divers facteurs en présence : le coût du procès, le sérieux des preuves et la compétence de l'avocat de la défense. Phelps me cite l'exemple récent d'un juge de Baton Rouge qui a condamné à deux peines consécutives de prison à vie un meurtrier qui avait pourtant abattu quatre personnes. « Le procès aurait atteint des sommes astronomiques. Le procureur a préféré proposer un arrangement que la défense a accepté. Evidemment, tous les accusés n'ont pas cette chance. Surtout s'ils ont tué quelqu'un d'important, un professeur d'université, un ecclésiastique ou tout autre citoyen considéré comme hautement respectable. Là, on ira certainement en procès et l'on fera en sorte que la peine de mort soit requise. Mais si la victime est un illustre inconnu... De par sa nature même, le système judiciaire est nécessairement arbitraire.

– Et malgré tout, vous y tenez un rôle. Vous ne semblez pas croire que la peine de mort soit juste moralement et pourtant, c'est devant vous que défilent les témoins et c'est vous qui veillez au bon déroulement de la procédure. N'êtes-vous pas tiraillé entre vos convictions religieuses et les obligations de votre métier ? Si Jésus-Christ vivait de nos jours, est-ce qu'il superviserait une exécution ? »

Comme l'on peut s'y attendre, il m'explique que ce n'est pas lui qui a fait la loi. Il se contente de l'appliquer et s'ingénie à le faire aussi « humainement » que possible. Si telle chose est exigée par la loi et fait partie de votre métier, vous n'avez pas à prendre en considération vos opinions personnelles. « Les employés du Département des Peines n'ont pas à engager leur responsabilité propre. Ils font un métier comme un autre. Ils sont tenus d'accomplir ce qui leur est demandé. De l'accomplir comme cela leur est demandé, au moment où cela leur est demandé et pendant toute la durée où il leur est demandé de le faire. Comme un travailleur manie sa perceuse ou un sportif s'entraîne. La responsabilité personnelle n'a rien à voir là-dedans. »

Je lui demande ce qu'il en est de ses convictions intimes, dans tout cela. Il me répond que lorsqu'il prend la parole en public, il ne le fait jamais au nom de ses convictions.

Nous y revoilà. Toujours ce fameux distinguo entre les opinions personnelles et le devoir public. Comme le gouverneur Edwin Edwards, qui est contre la peine de mort mais permet néanmoins qu'elle s'applique.

Phelps est si posé, si calme dans sa façon de parler, si professionnel. J'en ai le cœur qui pèse des tonnes.

Je poursuis néanmoins. N'est-il pas dangereux, sur le plan éthique, d'occulter ses convictions au point qu'elles n'aient plus aucune incidence sur le métier que l'on exerce ? Et que signifie une loi, erronée sur le plan moral, mais que le gouvernement utilise pour justifier ses tueries, comme cela a été le cas en Allemagne nazie ? Les êtres humains n'ont-ils pas des droits fondamentaux, comme celui de ne pas être torturé ou tué, que chacun doit respecter, y compris le gouvernement ? Les assises morales d'une société ne risquent-elles pas de se désagréger si on laisse le gouvernement traiter ces droits – censés être essentiels et imprescriptibles – comme des privilèges qu'il est seul autorisé à dispenser ou à retirer selon son bon vouloir ou l'idée qu'il se fait de la bonne conduite ? L'Assemblée Générale des

Nations unies a adopté la Déclaration Universelle des Droits de l'Homme, laquelle reconnaît sans équivoque le droit de chaque être humain à ne pas être tué ni soumis à la torture ou à un châtiment cruel et dégradant. Déclaration que les Etats-Unis ont signée [1]. Si une politique ou une loi est mauvaise d'un point de vue moral – et nous savons que tel est le cas ici – ne sommes-nous pas tenus, en notre âme et conscience, de nous y opposer ?

La réponse de Phelps est qu'il faut faire son métier avec tout ce qu'il comporte, sinon mieux vaut démissionner. Ou ne pas choisir ce métier, pour commencer.

Ce qui est vrai. Et complique encore la question sur le plan moral, car une personne intelligente et consciencieuse comme lui peut accomplir des choses importantes au poste qu'il occupe. C'est le chef du Département des Peines qui donne le ton. Il régit tout ce qui a trait à la vie carcérale. Et, dans un Etat comme la Louisiane, qui emprisonne un si grand nombre de ses citoyens, un homme comme Phelps fait une grande différence.

Je lui demande de me décrire le processus d'exécution mis en place par ses soins. Il me présente le règlement du N°10-25, en date du 6 avril 1981, issu par le Département. Je commence par lire les titres des différentes rubriques : Objectif, Responsabilité, Autorité légale, Incarcération précédant l'exécution, Accès des media, Heure et lieu de l'exécution...

« Je dois vous avouer que ça fait une impression très, très bizarre, de rédiger un document comme celui-ci. Parce qu'on se retrouve en train de planifier une exécution comme on organiserait un rodéo ou une cérémonie quelconque. » Avant de s'y atteler, Phelps a tenu à rencontrer ses collègues d'autres Etats qui utilisent aussi la chaise électrique. Et il a engagé, pour étudier « l'aspect technique de l'appareil », un ingénieur-électricien qui « a refusé d'être payé pour ses services. Tout a été fait gratuitement ».

*Aspect technique de l'appareil.* Je n'ai pas besoin de traduire. Je n'ai pas oublié le silence qui s'est abattu sur l'assistance quand le gardien a vissé le câble gainé de caoutchouc au bandeau métallique sur le sommet du crâne rasé de Pat.

Mettre en place le processus suppose également d'engager un bourreau. Et Phelps explique :

« Pour cette tâche, nous avons embauché un électricien qui avait proposé sa candidature à un emploi administratif. Le directeur d'Angola de l'époque lui a fait passer une audition très serrée. Il va de soi que nous tenions à engager quelqu'un de particulièrement sûr, et non un individu poussé par un intérêt morbide. Nous recherchions quelqu'un de... je sais que la formule peut sembler déplacée, quelqu'un de *professionnel*. Nous ne voulions pas d'un exécuteur de basses œuvres, du genre tueur de la Mafia. »

Pour préserver son anonymat, on l'a appelé Sam Jones, du nom du gouverneur de Louisiane sous lequel l'électrocution a remplacé la pendaison, en 1941. Il a accepté d'être rétribué quatre cents dollars par exécution. L'accord est resté verbal. Rien n'a été mis par écrit.

Mentalement, je prends bonne note du fait et range dans ma tête l'anonymat du bourreau et l'absence de contrat écrit spécifiant le montant des honoraires à côté d'une autre information donnée plus tôt : à savoir, le refus d'être payé de l'ingénieur électricien.

– Sa reconnaissance intuitive qu'il s'agit de « prix du sang ». De « mort rétribuée ».

Cet anonymat du bourreau n'est pas innocent. Quand Gary Gilmore a été fusillé dans l'Utah, les membres du peloton, à ce qu'il paraît, ont eux aussi bénéficié d'un anonymat identique, sous forme d'un fusil chargé à blanc, de sorte qu'aucun des tireurs ne peut dire en toute certitude qui a abattu le condamné. Cette incertitude, de toute évidence, contribue à alléger la responsabilité.

Le moment le plus « dérangeant » pour Phelps, dans toute cette procédure, c'est d'autoriser les témoins à assister à l'exécution. Dès que l'on a recommencé à appliquer la peine de mort, les proches ont demandé à être présents à l'exécution. Phelps a longuement considéré la question, mais n'a pas découvert de « motif valable pour s'y opposer ». Le Département des Peines n'est pas « le gardien de la morale », mais celui de la loi. « Si rien, juridiquement, n'interdit aux familles d'assister à l'exécution, je ne vois pas pourquoi je les en empêcherais. »

Phelps signifie clairement aux témoins, famille du condamné y compris, qu'aucune manifestation intempestive d'émotion ne saurait venir troubler l'événement : injures et conduite indigne ne peuvent être tolérées. Selon lui, la procédure, telle qu'elle a été conçue, « respecte les droits de chacun », ceux du condamné tout autant. « Lui aussi a une famille. Il n'est dans l'intérêt de personne de transformer cet événement en foire d'empoigne. »

Je l'écoute attentivement. L'image de Pat mort s'impose à mon esprit. Je le revois dans la chaise, les doigts de sa main droite complètement retournés et ses pupilles vides, tandis que le médecin y plongeait le faisceau de sa lampe.

J'objecte que les droits du condamné n'en sont pas mieux protégés sous prétexte que l'assistance se conduit poliment. « Pat Sonnier a été torturé, M. Phelps. Je ne sais pas ce qu'il a senti à l'instant où il a reçu une décharge de mille neuf cents volts, mais je sais que, sur le plan émotionnel et psychologique, son agonie a duré tout le temps passé à attendre la mort, à l'imaginer, à la voir dans ses cauchemars. Amnesty International définit la torture comme une agression extrême, d'ordre physique ou mental, perpétrée à l'encontre d'un individu sans défense. C'est bien ce que l'on a fait subir à Pat Sonnier, non ? »

Phelps hoche la tête. « Les gens réclament la vengeance, à notre époque. Et la vengeance, c'est cela. Œil pour œil, douleur pour douleur, torture pour torture. »

Je vois bien qu'il n'approuve pas cet état d'esprit. Je sais que les questions sociales ne le laissent pas indifférent.

« Mais vous-même, voudriez-vous assister à une exécution, voir de vos propres yeux l'aboutissement de toute cette procédure ?

– Jamais ! Pas pour tout l'or du monde ! »

Sa réponse ne me surprend pas. J'ai comme l'impression que s'il était capable de retirer le bandeau de fonctionnaire qui lui couvre les yeux et de voir mis à nu le meurtre camouflé derrière la mise en scène, il donnerait aussitôt sa démission.

Je me lève et lui tends la main en le remerciant pour le temps qu'il m'a accordé. Extérieurement, je garde mon calme, mais au fond de moi-même, je suis anéantie. C'est le quatrième haut-fonctionnaire que je rencontre – après le gouverneur, le directeur de la prison et le président de la Commission des Grâces – qui, malgré des réserves personnelles quant à la moralité des exécutions, persiste malgré tout à y prêter la main. Ce qui me trouble le plus, c'est qu'un homme visiblement bon comme Phelps participe à cette masquarade. Tout cela me paraît insoluble. Je ferais mieux d'accepter simplement le fait que la peine de mort n'est pas près de disparaître de notre société et que, toute seule, je ne peux rien y changer. Peut-être, avec le temps, les gens prendront-ils conscience qu'il ne sert à rien de tirer au hasard un certain nombre d'individus à supprimer chaque année. Peut-être, avec le temps, en viendront-ils à admettre que la peine de mort n'a strictement aucun effet dissuasif. Mais après combien d'exécutions ?

Pat est mort, à présent. J'ai fait tout ce qui était en mon pouvoir pour que cela ne soit pas. Je le sais et le savoir m'apaise. Mais moi, c'est fini. Jamais plus je ne m'impliquerai dans des histoires de Couloir de la Mort. Finies, les correspondances avec les condamnés ! Finies, les visites ! Sauf pour Eddie. Je suis la seule personne qui le visite régulièrement. De plus, je sens qu'il commence à se stabiliser. Il ne fait plus l'objet de rapports de discipline et il est en train de devenir productif dans son atelier de soudure.

Pat est mort depuis quatre jours, maintenant. Survêtement gris, T-shirts blancs, jeans, chaussettes, linge de corps, tout sent bon le propre et a été soigneusement plié dans des cartons. Ma sœur Mary Ann accepte de m'accompagner chez les Sonnier pour les leur remettre. C'est à deux heures de route de Baton Rouge. Nous partons en fin de matinée. Arrivées à Saint-Martinville, nous nous arrêtons dans une épicerie pour prendre en vitesse un sandwich et remontons en voiture.

Gladys Sonnier habite un très modeste bâtiment de brique d'un étage derrière lequel s'étend une petite cour où elle fait pousser des légumes. La pelouse a été tondue récemment. Une odeur lourde et sucrée stagne dans l'air. Il doit y avoir des troènes non loin. Je prends une profonde inspiration. La dernière fois que je suis venue ici, c'était avec Millard et Pat était encore vivant. Quand quelqu'un vient de mourir, sa maison paraît toujours différente de ce qu'elle était du temps où il vivait. La petite maison de brique rouge me semble tout autre maintenant.

Gladys Sonnier me serre brièvement dans ses bras et se détourne pour essuyer ses larmes. Elle a de grands cernes autour des yeux. Son corps semble tassé, creusé. Elle est à peine âgée de soixante ans, mais elle paraît très vieille.

Elle a préparé un pot de café dans la cuisine à notre intention. Elle nous tend une tasse d'une main tremblante et nous demande de nous servir nous-mêmes. Marie, sa fille, est là, ainsi que sa sœur Joan et la fille de celle-ci, Glenda Ann.

Le portrait que la presse a donné de leur famille a jeté les jeunes femmes dans un profond désarroi. Un article a prétendu que la famille avait « refusé » le corps, raison pour laquelle il aurait « fallu le remettre aux religieuses », nous apprend Glenda Ann. Ailleurs, l'explication donnée a été que la famille était trop pauvre. Marie s'écrie : « On aurait bien trouvé un moyen de le payer, nous, l'enterrement, si Pat nous avait demandé. » Ils ont écrit aussi qu'il n'y avait personne de la famille auprès de lui, à Angola, à la fin. « Ils ne disent pas que c'était ses volontés », renchérit Glenda Ann, qui a proposé à Pat de venir le voir au Quartier de la Mort. Mais il a refusé. « Il voulait pas qu'on voie ça. » Marie ajoute encore qu'on a dit que les fleurs avaient été offertes par l'entreprise de pompes funèbres, alors que toute la famille a participé à l'achat de la couronne. « Et il y en a un qui a même dit qu'Eddie était tout seul de la famille, à la messe. Ils ont pas dit qu'on était quinze et que c'est les hommes de la famille qui ont porté le cercueil. Vous pourriez pas écrire au rédacteur en chef pour dire la vérité ? » me supplie Marie.

Je lui promets de le faire et de leur envoyer une copie de ma lettre.

Je raconte à Mme Sonnier les derniers instants de son fils et la demande qu'il m'a faite de lui transmettre son amour. Je lui dis aussi que l'évêque l'a mentionnée dans ses prières. Je suis brève, la voyant si faible. Sachant qu'elle n'a pas de voiture, je propose de venir la chercher pour l'emmener voir Eddie à Angola. Les paupières serrées, elle secoue la tête. Non. Elle n'aurait pas la force de « remettre les pieds dans cet endroit ». Je lui suggère d'en reparler plus tard, quand du temps aura passé.

Je désigne les cartons restés par terre, contenant les affaires de Pat. Marie déclare qu'elle va faire un tri et verra à qui les distribuer.

Mme Sonnier se détourne. Elle me confie que le matin de l'exécution, elle a trouvé un chat écartelé sur son perron. « Les gens sont si cruels, vous savez. »

Je pense aux Bourque et aux LeBlanc. Il paraît que M. LeBlanc ne peut plus se tenir derrière des jeunes à l'église. Il ne supporte pas d'avoir leurs nuques sous les yeux.

De retour à Baton Rouge, je décide de rentrer à Hope House. Il est grand temps que je reprenne mon travail. Sœur Lilianne est débordée, c'est elle qui m'a remplacée au Centre de formation pour adultes.

L'idée de retrouver mes étudiants me plaît infiniment, ma grande salle de classe, la brise qui entre par les hautes fenêtres et fait voler les rideaux, apportant l'odeur des mimosas en fleurs. Vivement que je quitte cet environnement surréaliste et que je réintègre le cours normal de la vie ! Surtout, que je ne retourne jamais dans un Couloir de la Mort ou dans une salle d'exécution !

Après ce que je viens de vivre, suis-je toujours la même ? Enfant, j'ai appris au catéchisme que certains sacrements laissaient une trace indélébile sur l'âme. Est-ce qu'assister à une exécution, comme recevoir le baptême, laisse au cœur une marque qui ne peut s'effacer ?

Une pile de courrier et de coupures de presse m'attend sur mon lit, à la cité Saint-Thomas. Tout en m'aidant à défaire mes bagages, sœur Lilianne m'apprend que le *Times-Picayune* a reçu une avalanche de lettres cinglantes, suite à l'article paru en première page sous la manchette « Enterrement de premère classe pour le meurtrier exécuté », où il était dit : « L'assassin a obtenu dans la mort ce à quoi peu de catholiques peuvent aspirer au terme de leur vie – une messe de funérailles conduite par un évêque et une place au cimetière à l'ombre des tombes de dignitaires religieux. » Bref, Pat Sonnier aurait été enterré en héros.

Au cours des six semaines suivantes, le *Picayune* et le *Daily Iberian* subissent un raz de marée de lettres outragées. J'en reçois également, à mon adresse personnelle :

> Que voyons-nous, mon mari et moi-même, qui avons soutenu l'Eglise tout au long de notre vie, qui avons fait élever nos enfants dans des institutions catholiques ? Un criminel enterré dans un lieu réservé aux religieuses et aux évêques !
>
> Avez-vous assisté au viol, aux coups de couteau, aux coups de feu subis par les VICTIMES ? Pour ne rien dire du désespoir de leurs proches ! Vous ne pensez qu'à la mort du coupable, lequel ne sera pas torturé et ne souffrira pas, mais mourra d'une mort instantanée.
>
> Pauvre assassin que l'Etat a fini par exécuter ! Quelle abomination ! Que n'avez-vous tenu sa belle main ensanglantée quand il a été tué ? Dieu l'envoie en enfer pour toute l'éternité !
>
> La foi chrétienne que vous brandissez laisse bien à désirer quand on sait que dans vos tentatives déplacées pour faire d'Elmo un martyr de l'Eglise catholique, vous n'avez pas esquissé le plus petit geste de compassion, de bonté ou de réconfort envers les innocentes familles des victimes, catholiques de toujours, qui n'avaient en rien mérité le sort brutal qui s'est abattu sur eux... Oh, vous n'êtes pas le premier loup à se déguiser en agneau...
>
> J'ai sous les yeux copie d'une circulaire du Vatican, interdisant aux prêtres et aux religieuses de s'engager dans des actions politiques... La sœur Prejean, je suppose, utilise la formule commode de « violation des droits de l'homme » à propos de la peine de mort... Enfin ! Que peut-on attendre d'autre d'un ramassis de femmes naïves et frustrées qui ignorent tout du monde réel ?

Je laisse l'orage se calmer. Je n'ai aucune envie de publier une réponse pour défendre mon action. Je regrette seulement que tant de gens se méprennent. Je sais qu'ils n'ont pas vu ce que fait l'Etat quand il imite la violence qu'il abhorre. Une seule critique me touche, celle de ne pas avoir contacté les Bourque et les LeBlanc. Mais tout n'est pas perdu, je peux encore faire quelque chose. Dans l'intention de soulager leur peine, je contacte Gerald Frey, évêque de Lafayette – leur diocèse – et le prie instamment de leur rendre visite. Il m'assure qu'il le fera sous peu et tient promesse. J'appelle aussi Nancy Goodwin et l'encourage à mener à bien son projet d'engager la communauté catholique dans un mouvement de défense des victimes. Tout au long des mois à venir, elle apportera son soutien au diocèse de Lafayette et la tradition sera établie de célébrer chaque année une grand-messe, dite par l'évêque, à l'intention des victimes assassinées. Le diocèse participera aussi à la mise en place d'un groupe de soutien aux proches des victimes.

Je reçois un jour deux lettres. L'une est de Patrick Sonnier, visiblement égarée sur le bureau d'un aumônier de la prison, car c'est une carte, du genre de celles que les prêtres remettent aux détenus à Pâques – bouquet de fleurs et citation de l'Evangile de saint Jean sur la vie éternelle. Pat y a rajouté de sa main : « Je n'ai pas de mots pour vous exprimer tout ce que signifie votre amitié pour moi. Je remercie le Bon Dieu là-haut de vous avoir envoyée dans ma vie. »

La seconde est un article du *Picayune,* paru le 2 mai, moins d'un mois après l'exécution de Pat. C'est le père Joseph Doss, un pasteur épiscopalien, qui me l'envoie, accompagné du mot : « Ressemble incroyablement au crime des Sonnier. »

Il y est question d'un couple d'adolescents, enlevés deux semaines environ après l'exécution de Pat, le 21 avril, dans un centre commercial des environs de Hammond (petite ville non loin de Baton Rouge et de La Nouvelle-Orléans), par un homme qui les a obligés, sous la contrainte d'un revolver, à se rendre en pleine campagne où il les a dévalisés avant de les abattre. Le garçon a été retrouvé mort sur les lieux. La fille, transportée dans un hôpital voisin est toujours dans un état critique mais stationnaire. L'article mentionne deux autres cas récents d'adolescents enlevés et dévalisés. Visiblement, l'exécution de Pat n'a pas dissuadé les criminels.

S'il est difficile de prouver que l'importante couverture médiatique accordée à l'affaire Sonnier a déclenché une « réaction d'imitation en chaîne », il est facile de démontrer que les exécutions ne font pas reculer la criminalité. Bien au contraire.

A l'heure où j'écris ce livre, des études récentes ont établi que les exécutions largement médiatisées étaient immédiatement suivies d'une recrudescence des homicides, bien que la preuve d'un « durcissement » de la société n'ait pas été faite. L'on peut se demander si les exécutions accomplies par l'Etat – légitimant la mort – n'incitent pas plus à la violence qu'elles ne la découragent. Aux Etats-Unis, le taux de meurtres n'est pas inférieur dans les Etats où la peine de mort est en vigueur. Au Canada, c'est en 1975, année qui précéda l'abolition de la peine de mort, que le taux d'homicides atteignit son apogée. D'ailleurs, dès 1962, le rapport sur la peine de mort, mené à la demande des Nations unies, concluait déjà : « Selon les informations disponibles, il semble que l'abolition (de la peine de mort) n'ait jamais été suivie dans les faits d'un accroissement notoire des crimes auparavant passibles de cette peine. »

A l'automne 1987, juste après que l'Etat de Louisiane eut exécuté huit meurtriers en l'espace d'un peu plus de deux mois, La Nouvelle-Orléans a vu son taux d'homicides augmenter de 16,39 %. Un sondage effectué par CNN/Gallup en 1991 révèle que 13 % seulement de la population américaine estime que la peine de mort a un effet dissuasif, alors qu'en 1977, 59 % des gens le croyaient [2]. Et de nos jours, la majorité des Américains ne semble pas considérer non plus que multiplier les exécutions soit un moyen efficace de combattre la criminalité.

Mais revenons à l'année 1984. Une semaine après mon retour à Hope House, je reçois un coup de téléphone de Joseph Larose, rédacteur en chef du *Clarion Herald*, quotidien catholique de La Nouvelle-Orléans. Ayant reçu un courrier vindicatif à mon sujet, il souhaiterait m'envoyer un reporter. Pour que j'exprime « mon point de vue ».

C'est ainsi que je rencontre Liz Scott et que débute entre nous ce qui se révélera une longue amitié. Elle débarque à Hope House, le lendemain après-midi, bardée de préjugés et de soupçons, comme elle me l'avouera par la suite, m'imaginant comme une « sorte d'illuminée » qui s'accoquine avec les assassins du Couloir de la Mort.

Nous prenons place sur le banc vert de la veranda et lions connaissance. Jolie et spirituelle, mariée à un dentiste, Art, et mère de six enfants déjà grands, Liz ne veut pas se cantonner au rôle de femme au foyer ni accompagner les épouses des collègues de son mari faire la tournée des crèches et des maternelles, déguisée en dent gigantesque. Je ris. Je n'aurais jamais imaginé pareille pitrerie de la part d'épouses de dentistes. Liz, donc, a du temps libre et le consacre à écrire. Elle tient notamment une rubrique humoristique au *New Orleans Magazine* et n'hésite pas à y dire, se fondant sur sa propre expérience, que les écoles catholiques sont des « académies du célibat ».

Nous passons un moment agréable. Liz enregistre notre conversation au magnétophone et prend des notes. Je lui décris mon parcours, mon arrivée à la cité Saint-Thomas, ma rencontre avec Pat. Je dis ce que le côtoyer m'a appris sur la peine de mort et les familles des victimes. Nous sommes en mai, les mimosas roses emplissent l'air de douceur, une brise légère monte du fleuve. Des groupes d'enfants passent sur le trottoir, de retour de l'école. Que la vie est précieuse ! Voilà ce que m'a fait découvrir le Quartier de la Mort. Maintenant, je veux savourer la vie, la goûter, utiliser au maximum les possibilités qui me sont offertes. Ne pas les gaspiller dans des vétilles.

L'article de Liz paraît peu après sous le titre : « *LA BONNE SŒUR CONTROVERSÉE SUIT À LA LETTRE LA VOIE DU CHRIST.* » La controverse est un thème que nous avons abordé longuement, Liz et moi. Je lui ai dit que l'une des mes plus grandes surprises a été de découvrir qu'il suffit de prendre parti en faveur des pauvres pour susciter immédiatement la controverse et pour que les détracteurs se lancent à vos trousses, comme une meute de chiens affamés. Que l'on veuille changer la société et l'on est aussitôt taxé de *faire de la politique* ! Alors que si l'on adhère au statu quo, l'on est considéré comme quelqu'un sachant *s'élever au-dessus des problèmes*.

J'ai repris ma vie à Hope House. Je donne des cours, je publie un bulletin et un recueil de poèmes composés par des habitants de Saint-Thomas. Le souvenir du Quartier de la Mort et de son carrelage rutilant s'estompe peu à peu. Je me concentre sur la vie. Tout en ayant décidé, pour ma part, de ne plus retourner au Couloir de la Mort, je n'oublie pas que des hommes s'y trouvent à attendre la mort dans la solitude, sans le réconfort d'un conseiller spirituel qui devienne leur ami. Cette idée m'est d'autant plus insupportable que je sais qu'une mauvaise défense peut asseoir un homme sur la chaise. Je persiste à croire qu'il est de mon devoir de veiller, d'une manière ou d'une autre, à ce que tout détenu du Couloir soit représenté par un avocat compétent en appel.

Je passe à la Coalition voir avec Tom Dybdahl si nous ne pourrions pas organiser une session d'études pratiques à l'intention des gens qui souhaitent devenir conseillers spirituels de condamnés à mort. Il faudra en recruter, c'est sûr, mais je connais déjà une ou deux personnes à convoquer et Tom en connaît lui aussi.

Nous jetons sur le papier une ébauche de programme. J'appelle Millard Farmer à Atlanta et lui demande s'il accepterait de venir donner une conférence sur le système pénal. Je ne lui ai pas téléphoné depuis la mort de Pat et c'est avec bonheur que je retrouve son accent rocailleux de Géorgie. Une fois de plus, il promet de nous « aider ». » Il me demande comment je vais et ajoute : « Le bruit court que vous prenez un autre type du Couloir sous votre aile.

– Absolument pas, Millard, c'est complètement faux ! » J'appuie fermement sur le *faux*.

La session d'études est un franc succès. Tom, qui connaît tous les condamnés à mort de Louisiane, se charge de mettre les bénévoles en relation avec les détenus.

Après la conférence, Millard, Tom et moi nous installons dans la cuisine de Hope House et discutons représentation légale. Ce pauvre Tom est éreinté. Cela fait deux ans qu'il répond aux besoins de *tous* les prisonniers de Louisiane, tâche irréalisable en soi, et veille aussi à ceux des condamnés à mort. Les exécutions l'ont épuisé. Ce qu'il faudrait, nous dit-il, ce sont des avocats qui s'occuperaient exclusivement des pourvois en appel des condamnés du Couloir. Millard a aussitôt la solution : recruter quelqu'un de « passionné par le sujet », qui accepte de travailler un an ou deux pour un salaire annuel de 12 000 dollars – un type qui sorte tout juste de l'école de droit, par exemple ; puis, trouver 25 000 dollars, et l'affaire est montée. « Mon bureau collaborera avec votre avocat et le fera profiter de son expérience », promet Millard.

Nous suivons à la lettre son plan et enrôlons sur-le-champ deux personnes : Martha Kegel, directrice pour la Louisiane de l'Association américaine des libertés civiques, et Bill Quigley. Nous recrutons également des gens qui ont de l'argent. Notre bureau devient opérationnel en septembre 1984.

Il est temps pour moi de partir en retraite, comme tous les ans, pour méditer devant le fleuve, examiner le chemin parcouru et considérer celui qui m'attend. Bref, entrer en contact avec « l'âme de mon âme ».

Je fais ma valise et me retire une semaine dans notre maison mère de La Nouvelle-Orléans. Je n'ai besoin que d'une cellule, d'un peu de nourriture et de silence. Le silence. J'y aspire autant que je lui résiste. J'ai fait suffisamment de retraites pour savoir qu'en découle presque toujours un corps-à-corps avec l'âme. Les auteurs des Evangiles ne rapportent-ils pas que c'est précisément dans le désert que Jésus fut tenté par le démon ? Il n'est pas aussi tendre et léger que l'on croit, le silence.

Les premiers jours de retraite ne sont que calme et douce lumière. Là, nul éclair aveuglant, mais une eau tranquille sur laquelle je flotte. Je dors. Au bout de plusieurs jours, en entrant dans ma chambre un après-midi, je découvre un article de journal déposé sur mon lit par l'une de nos religieuses. L'évêque de Baton Rouge, Stanley Ott, y est en photo, soutenant un décret pour l'abolition de la peine de mort devant le Comité de Justice criminelle du Congrès de Louisiane. Décret qui sera rejeté à une majorité écrasante de treize contre deux. La position adverse est défendue par Dracos Burke, procureur adjoint au procès de Pat, qui affirme : « Quand bien même la peine de mort ne serait pas dissuasive, on ne perd jamais que la vie d'un criminel patenté. »

Comme si certains parmi nous – *juste un petit peu moins humains que vous et moi* – méritaient d'être jetés à la poubelle ! Mais qui donc détermine qui sont ces gens-là, et les élimine ?

Le Gouvernement...

A l'heure où j'écris ces pages, cela fait près d'un an que je suis l'enquête d'Amnesty International sur la peine de mort dans le monde. Les conclusions sont que dix pays – Chine, Iran, Malaisie, Nigeria, Pakistan, Arabie Saoudite, Somalie, Afrique du Sud *, ex-URSS, Etats-Unis – effectuent 80 % de toutes les exécutions dans le monde. En matière d'exécution des mineurs, les six pays en tête sont : l'Iran, l'Iraq, le Bangladesh, la Barbade, le Pakistan et les Etats-Unis, le reste de la planète tendant à considérer dix-huit ans comme l'âge minimum pour être exécuté.

Le rapport d'Amnesty est illustré de photos. Chine : deux hommes dans une benne de camion, surmontés des panneaux « voleur » et « violeur », en route vers le peloton d'exécution. Nigeria : un père âgé caressant le visage de son fils, ligoté à un poteau, avant d'être fusillé pour vol à main armée. Egypte : une femme terrifiée, sur le point d'être pendue pour le meurtre de son mari. Arabie Saoudite : deux corps décapités dans un jardin public, et la foule massée autour.

L'enquête d'Amnesty sur les systèmes judiciaires des quelque cent pays qui appliquent la peine de mort (la Turquie et les Etats-Unis étant les seuls pays de l'OTAN à continuer de le faire), révèle que partout sans exception, et dans une énorme proportion, cette sentence s'applique en priorité « aux démunis, aux gens sans relations, aux marginaux et à tous ceux que les gouvernements répressifs jugent nécessaire d'éliminer ».

Aucun gouvernement ne mérite de félicitations.

La plupart des Etats qui appliquent la peine de mort se contentent de soutenir qu'elle est nécessaire. Ils ne nient pas sa cruauté.

La Cour suprême des Etats-Unis, elle, nie la cruauté.

En 1972, dans l'affaire « Furman contre l'Etat de Géorgie », la Cour a bien statué que la peine de mort contrevenait à la Constitution, mais en ce sens qu'elle s'appliquait de façon « arbitraire et inégale ». Le châtiment lui-même – la mort – n'a pas été considéré par la Cour comme un acte de cruauté. La Cour a conclu que si race et hasard étaient des facteurs non négligeables dans le verdict des jurys, c'était en raison d'un manque de directives précises en la matière, et elle a remarqué que la rareté du châtiment était également sujette à caution. Le Juge suprême William Brennan, en accord avec la majorité, a pu écrire : « Le fait qu'un pays de plus de 200 millions d'habitants inflige un châtiment excep-

* Depuis février 1990, les exécutions ont été suspendues en Afrique du Sud.

tionnellement sévère moins de cinquante fois par an tend fortement à indiquer que le châtiment en question n'est pas appliqué de façon régulière et équitable ».

Cet arrêt a eu pour résultat que les Congrès des différents Etats se sont empressés de réformer la peine de mort de manière à ce que les jurys en fassent bénéficier plus de gens.

En 1976, dans l'affaire « Gregg contre l'Etat de Géorgie », la Haute Cour a statué que les « directives d'appréciation », promulguées récemment en Géorgie, qui laissent à la discrétion du procureur le soin d'évaluer la situation, supprimaient de manière efficace ce que le verdict de châtiment suprême pouvait avoir d'aléatoire. Se fondant sur cette décision, les Congrès d'autres Etats ont reproduit ces directives dans leur législation et passé des lois rétablissant la peine de mort [3].

Dans cette même affaire, la Cour a exprimé sa satisfaction de voir que les directives en question, couplées à un remaniement significatif des procédures d'appel » éliminaient véritablement l'inégalité en face de la peine de mort. « Le jury ne peut plus rendre sans fondement ou de façon fantaisiste un verdict de peine capitale. » Autrement dit, pour la Cour la peine de mort n'était pas une mesure cruelle du moment qu'elle était répartie plus équitablement entre les criminels.

La Haute Cour a avancé d'autres arguments pour expliquer que l'exécution de criminels ne contrevait pas au concept de « châtiment cruel et anormal », porté au Huitième Amendement de la Constitution. Parmi ces arguments, citons :

• « La peine de mort pour meurtre est appliquée depuis longtemps dans l'Histoire... Le texte même de la Constitution laisse apparaître que les premiers législateurs en admettaient l'existence. »

• Une grande partie de la société américaine considère la peine capitale comme « appropriée et nécessaire ».

• La peine de mort est « la façon dont la société exprime sa colère face à une conduite particulièrement odieuse ».

• La peine de mort se justifie, même si son effet dissuasif est « peu concluant ».

• Même s'il était démontré que la prison à vie en châtiment d'un meurtre est tout aussi dissuasif que la peine de mort, celle-ci n'en serait pas moins justifiée dans sa raison d'être. Citant l'affaire Furman, la Cour a déclaré : « Nous ne saurions invalider une catégorie de peines (la mort) sous prétexte que nous considérons qu'une autre, moins sévère (la prison à perpétuité), sert de façon adéquate les buts de la justice. »

Poussant l'argumentation plus loin, la Cour a arrêté que dans certaines circonstances, la peine de mort n'était pas seulement autorisée, mais exigée :

> Il va de soi que l'arrêt selon lequel la peine capitale peut s'avérer la sanction appropriée dans des cas extrêmes exprime la croyance de la communauté que certains crimes sont en eux-mêmes un affront si odieux à l'humanité que la *seule* réponse adéquate peut être la peine de mort. (C'est moi qui souligne).

L'idée à l'origine du Huitième Amendement est qu'en raison de sa dignité inhérente, nul être humain ne saurait être soumis à la cruauté ou à la torture.

Avec le cas Gregg, la Cour a confirmé ce qu'avait déjà établi le cas Furman : à savoir que la vengeance, même sous sa forme extrême, la mort, « n'est pas incompatible avec le respect de la dignité humaine ».

Compte tenu de ce climat moral, Dracos Burke ne s'avance pas tellement lorsqu'il soutient devant le Comité de Justice criminelle du Congrès de Louisiane qu'exécuter un « criminel patenté » n'est pas une perte.

Le discours de Burke me fait repartir à l'assaut. Je ne peux regarder en silence mon gouvernement tuer ses citoyens. Si je ne dis rien ni ne résiste, je me fais son complice. L'évêque Ott soutient l'abolition, il défend ses convictions. Il est là. Moi aussi. Mais comment ?

Ma retraite finie, j'appelle Bill Quigley. Il m'invite à une réunion d'avocats, de responsables de mouvements civiques et de personnalités religieuses – une huitaine de personnes en tout – chez Julian Murray, un avocat qui représente un détenu de Louisiane en passe d'être exécuté, Earnest Knighton.

Bill estime le temps venu de soumettre l'abolition de la peine de mort à la décision du peuple. Toutes les instances, gouverneur, Congrès, cours de justice, nous ayant fermé leurs portes, il convient de mener une campagne populaire.

Barbara Major renchérit : « Faisons une marche. Longue. D'ici à Baton Rouge ! » Activiste noire, elle en connaît un rayon sur les marches et leur rôle dans l'Histoire. Son étincelle met le feu aux poudres. Tout le monde y va de son grain de sel. Et c'est ainsi que le feu, se propageant, devient un incendie.

Nous ouvrons nos agendas et fixons la date : du 26 au 28 octobre. Bill, Barbara et moi formerons le comité d'organisation. Il y a une montagne de choses à faire. Tout d'abord, il nous faut récolter de l'argent pour imprimer des tracts, envoyer des invitations dans toute la Louisiane, obtenir les autorisations de passage sur les routes nationales et dans les villes, assurer la logistique, ravitaillement, couchage, transport. Toutes les personnes présentes s'engagent à trouver cinquante dollars.

Cette manifestation publique n'est qu'un premier pas, nous le savons. La tâche véritable consiste à mener un travail d'information dans les écoles et les églises, de même qu'au sein des associations en faveur des droits civiques. Pour cela, il va falloir imprimer des brochures, former des intervenants, produire des vidéos.

Nous sommes parfaitement conscients de l'étendue de la tâche. Nous n'ignorons pas que de nos jours une vaste majorité de la population est favorable à la peine de mort, alors qu'en 1966, selon le sondage Gallup, seulement 42 % des Américains l'approuvaient (le sondage CNN/Gallup de 1991 indiquera 76 %.). Il est évident que la peur d'une criminalité galopante alimente la faveur récente du public envers ce châtiment. Entre 1960 et 1976, le nombre d'homicides déclarés aux Etats-Unis a plus que doublé, passant de 9,06 à 18,78 ; quant au taux des « crimes et délits indexés * » au FBI, il a augmenté de 230 % entre 1960 et 1980.

Malgré une forte opinion favorable à la peine de mort, il semblerait que le public la soutienne plus dans l'abstrait que dans la réalité, quand il est placé devant l'éventualité concrète de devoir l'appliquer. Il est à

* Sont dénommés « crimes indexés » huit délits recensés dans le « Uniform Crime Reporting Program » du FBI pour mesurer le taux de criminalité aux Etats-Unis. Ce sont : assassinat, agression caractérisée, viol, vol qualifié, cambriolage, larcin, vol de voiture, incendie volontaire.

noter que la plupart des jurys d'assises préfèrent rendre un verdict de prison à vie et ce, même dans les Etats qui forment la « Ceinture de la Mort[4] ». Un nombre croissant de sondages montre que la majorité des gens tiennent davantage à être protégés des criminels qu'à les voir exécutés. Un sondage Gallup de 1986 révèle que si 70 % des gens interrogés se déclarent favorables à la peine de mort, ils ne sont plus que 43 % à l'approuver quand on leur présente des données établissant qu'elle ne fait pas reculer la criminalité et qu'on propose à la place la prison à perpétuité sans liberté conditionnelle.

Dans le cas Furman, déclarant qu'en matière de peine de mort, « l'opinion publique éclairée était tout, sauf éclairée », le juge suprême Thurgood Marshall, avait constaté : « Dans leur grande majorité, les Américains ne sont pas informés des critiques morales à l'encontre de la peine de mort. » Et il avait émis l'hypothèse que « s'ils en étaient mieux informés, ils la considéreraient comme révoltante, injuste et inadmissible ».

Cette hypothèse, Austin Sarat et Neil Vidmar, chargés de cours à la faculté de droit de l'Université de Yale, l'ont soumise à examen empirique, en 1975, et ont conclu à son bien-fondé. Leur étude a montré que la plupart des individus favorables à la peine de mort ignoraient en fait aussi bien les modalités de son application que ses résultats sur la société, mais qu'une fois que leur avait été fournie une information minimale sur le sujet, ils se montraient moins enclins à se prononcer en sa faveur.

Peu après la réunion chez Julian Murray, notre comité d'organisation se retrouve à Hope House. Un coup d'œil autour de la table m'indique que sur les seize que nous sommes maintenant, la majorité d'entre nous se consacre à la formation des adultes. Personne ici, ni d'ailleurs dans toute la Louisiane, ne s'occupe à plein temps d'informer le public sur la peine de mort.

Ce sera donc ma tâche.

Cette décision m'apparaît avec la même simplicité qu'une rose ouvrant ses pétales.

Si je veux me consacrer à ce travail, j'ai besoin de l'assentiment de mes supérieures. Je sollicite donc une entrevue de la coordinatrice régionale de ma congrégation. Elle me donne volontiers sa bénédiction.

Ma décision d'œuvrer en faveur de l'abolition de la peine de mort ne comporte nullement l'intention de proposer mes services de conseiller spirituel à un autre condamné à mort. Mais voilà qu'un jour d'octobre, six mois après l'exécution de Pat Sonnier, Millard Farmer, venu déjeuner, me demande mon appui. Il représente deux condamnés du Couloir de la Mort en Louisiane et aimerait me voir devenir leur conseiller spirituel.

« Pourquoi moi ?

– Parce qu'ils attendent la mort et que votre soutien fera une grande différence pour eux. »

Je ne peux pas, dans le seul but de me protéger, refuser de remettre les pieds dans cet abominable Couloir quand j'ai en face de moi un homme qui s'y rend jour après jour sans jamais songer à sa propre personne. Ma réponse ne se fait pas attendre :

« D'accord. Mais un seul détenu à la fois. Je n'aurais pas la force de me charger des deux. Qui a le plus besoin de moi ?

– Robert Lee Willie », répond Millard.

# CHAPITRE VI

D'après les renseignements que me donne Millard, le meurtre a été commis le 28 mai 1980. Les assassins sont Robert Willie et Joseph Vaccaro, la victime une jeune fille de dix-huit ans, Faith Hathaway. Sa mère et son beau-père, Vernon Harvey, sont de Covington, une bourgade non loin d'ici.

Je suis pétrifiée. J'ai entendu parler de ce Vernon Harvey. Ses déclarations à la presse sont célèbres dans toute la région. Il ne cache pas son impatience de voir Robert Willie « passer au grill » et « la fumée sortir de son corps ». Et il a la ferme intention, le jour de l'exécution, de venir avec toute sa famille et ses amis manifester devant la prison en faveur de la peine de mort. Ne pas avoir visité les Bourque et les LeBlanc a été une de mes graves erreurs. Je suis bien décidée à ne plus la commettre. Je dois absolument proposer mon aide aux familles des victimes, même si elles la rejettent. Vernon Harvey ne fait pas exception. Je frémis à l'idée de le rencontrer. Qui sait comment il va réagir en face d'un adversaire de la peine de mort ? Et s'il était furieux et devenait violent ? J'ai peur.

L'affaire, m'apprend Millard, est entre les mains de la justice depuis longtemps. Je décide d'écrire à Willie sans attendre. Soudain, l'idée me vient qu'il ne tient peut-être pas à avoir un conseiller spirituel. Il peut très bien repousser mon offre. Cette pensée en amène une autre qui me ragaillardit : celle d'avoir proposé mon aide à Pat Sonnier sans savoir comment il allait réagir. Maintenant, je sais.

La sauvage équipée de Willie et Vaccaro semble sortie tout droit de *De sang-froid* de Truman Capote. Elle dure huit jours entiers. Les criminels commencent par violer Faith Hathaway et la poignarder de nombreux coups de couteau, l'abandonnant, agonisante, dans les bois. Peu après, ils kidnappent un couple, abandonnent le jeune homme, le croyant mort (il restera paralysé à vie) et roulent sans s'arrêter, violant à tour de rôle et à plusieurs reprises la jeune fille sur la banquette arrière. Ils franchissent ainsi les frontières de plusieurs États.

Ces crimes ne sont pas les premiers auxquels Willie ait participé. Il a déjà été mêlé à deux autres : la noyade de Dennis Buford Hemby, du Missouri, au cours d'une rixe liée à la drogue en 1978, et l'année suivante, le meurtre d'un sous-brigadier, Louis Wagner II, abattu alors qu'il tentait de s'interposer au cours d'un vol à main armée perpétré avec des comparses. Là, ce n'est pas Willie qui a tiré le coup fatal, l'instruction l'a formellement établi.

Millard dit encore : « Les démêlés de Robert Willie avec la justice remontent à son enfance. Abus de drogue et d'alcool, si vous voyez ce que je veux dire. C'est un dur et fier de l'être. Au procès, il faisait le malin avec le juge ».

Willie et Vaccaro ont été arrêtés suite à un autre kidnapping. Jugés en Cour fédérale, tous deux ont plaidé coupables et ont été condamnés chacun à trois peines consécutives de prison à perpétuité. La juridiction fédérale prévalant sur celle de l'État, la Louisiane s'est émue à l'idée que Willie et Vaccaro purgent leurs peines en établissement fédéral, évitant ainsi la chaise électrique. Elle s'est démenée et a fini par obtenir gain de cause – que les deux hommes soient jugés de nouveau, en Louisiane, par un tribunal de l'État.

« Leur procès a eu lieu au même moment et dans le même bâtiment, mais à des étages différents. Willie a été condamné à mort, Vaccaro à la prison à perpétuité ».

Tout en écoutant le récit de Millard, je fais mentalement le décompte des victimes : trois morts, un paralysé à vie, une fille traumatisée par un enlèvement et des viols répétés. La rage de Vernon Harvey est bien compéhensible. Comment pourrait-il en être autrement ?

Cela dit, la perspective d'entrer en relation avec un type qui a tout du fou criminel ne m'enchante pas plus que celle de rencontrer Harvey. J'en ai même le cœur glacé à l'avance. Lisant ma réaction sur mes traits, Millard ajoute :

« Je sais. Ce sont des crimes horribles et Dieu sait que je ne cherche pas à les excuser. Mais il y a un gamin derrière ce macho bestial. Vous verrez quand vous le rencontrerez ».

Le lendemain, j'écris à Robert Lee Willie. Lettre sobre, retenue. Sans photo de moi sur un poney. Sans démonstration d'amitié. Je propose simplement de devenir son conseiller spirituel s'il le désire et lui dis de ne pas se sentir obligé d'accepter.

« Bien sûr, venez donc ! me signifie effrontément Willie, une semaine plus tard. J'ai jamais été porté sur l'église et la religion, mais les visites, je suis pas contre ». Il a une écriture en pattes de mouche et plusieurs mots sont mal orthographiés.

Bill Quigley, qui a vu récemment Frank C. Blackburn, le nouveau directeur d'Angola, m'apprend que de « mauvais ragots » circulent sur mon compte. J'aurais été, dit-on, « émotionnellement liée » à Pat et « l'épisode de ma syncope » aurait causé « bien du tintouin ». Il me conseille d'aller trouver Blackburn pour tirer l'affaire au clair.

« Vu la situation, ajoute Bill, je pense qu'il s'opposera à ce que vous voyiez quelque détenu que ce soit ».

Je me sens rougir. De ma vie, je n'ai été accusé de pareilles vilenies. J'en viens à regretter mes ministères d'antan, moins compliqués, quand je faisais la classe aux enfants, que j'entraînais l'équipe de volley, enseignais le catéchisme ou donnais des cours aux novices. Je déteste les conflits. J'ai des principes, c'est vrai, mais en même temps qu'une partie de moi prend les armes et monte à l'assaut, l'autre cherche désespérément un abri. « J'aime mieux être lâche que courageux », a dit E.M. Foster alors qu'il n'était qu'un enfant. « Quand on est courageux, les gens vous font du mal. » Cette observation me décrit parfaitement. Et la perspective d'affronter le directeur ne m'enchante guère.

Bill me dit que les prisonniers ont le droit constitutionnel de choisir leur conseiller spirituel. C'est bon à savoir, car récemment, sœur Lilianne Flavin, mon amie et collègue, a vu sa demande rejetée. Il apparaîtra bientôt dans toute son évidence que la direction d'Angola cherche à empêcher que des femmes soient conseillers spirituels de condamnés à mort, et que ce sont les deux prêtres catholiques qui orchestrent la campagne. L'un d'eux prétendrait que j'ai été « naïve » et « aveuglée » par ma « relation émotionnelle » avec Pat Sonnier au point de ne pas me rendre compte que Pat pouvait très bien avoir « perdu son âme ». La preuve, il a refusé les derniers sacrements de l'Eglise. Bref, à leurs yeux, les femmes sont trop « émotives » pour entrer en relation avec des condamnés à mort.

Je me rappelle très bien ce que Pat a dit quand je lui ai fait savoir que le vieux prêtre attendait à côté avec l'extrême-onction. Il m'a répondu que son « sacrement », c'était notre présence, à Millard, Bill et moi, avec lui en cet instant, et l'amour que nous lui avions prouvé, en nous battant pour qu'il ait la vie sauve. Il a dit aussi qu'il s'était confessé et avait communié et qu'il ne voyait pas de raison de « tout recommencer du début ».

Je palpe les accusations avec les doigts de ma conscience comme je le ferais d'un tissu, cherchant à y sentir des nœuds et des déchirures, preuves de ma culpabilité. Moi, naïve et aveugle ? J'aurais mis en péril la vie spirituelle de quelqu'un ?

Non. Le tissu est lisse et ferme. Il n'y a pas d'accroc.

Comment expliquer l'hostilité des aumôniers à mon égard ? Se sont-ils sentis menacés en voyant que Pat me préférait à eux pour rester auprès de lui jusqu'au bout ? Au cinéma, c'est toujours « l'homme en soutane » qui bénit le condamné et l'accompagne à l'échafaud. Craignent-ils, en me laissant entrer dans la place, que d'autres femmes ne suivent mon exemple et ne les supplantent ?

J'appelle la prison et prends rendez-vous avec le directeur.

Depuis les dernières élections, Maggio a été remplacé par Frank C. Blackburn. D'après Tom Dybdahl de la *Coalition de soutien aux prisonniers*, c'est un ministre laïque de l'Église méthodiste. Psychologue à la retraite, il a accepté de reprendre du travail à ce poste. Il semblerait que ce soit un type bien. Tout en roulant vers Angola, je me rappelle l'atmosphère paisible et professionnelle du bureau de Maggio.

Blackburn m'accueille debout derrière sa grande table. C'est un homme courtaud, massif, au visage carré, barré d'une moustache. Il doit avoir un peu plus de soixante ans. Il fume le cigare. Je prends place en face de lui dans un fauteuil de cuir brun. Il entre sans ambages dans le vif du sujet.

« J'ai entendu dire des choses troublantes sur vous.

– Que j'avais une relation émotionnelle avec Pat Sonnier et n'ai pu en conséquence remplir mes fonctions de conseiller spirituel ?

– Exactement. Que vous étiez même tellement affectée que vous vous êtes évanouie au Quartier de la Mort, causant bien du tracas au personnel ».

Je me suis préparée à cette attaque. Je laisse le directeur exposer son point de vue sans me laisser démonter.

Comme il me l'explique, sa tâche de chef d'établissement est lourde. Il ne « goûte » pas de devoir veiller au bon déroulement des exécutions. Mais « ça fait partie du boulot ». En revanche, s'il est une responsabilité qu'il prend très au sérieux, c'est s'assurer que les condamnés à mort bénéficient d'un conseil spirituel de qualité qui leur donne une chance de « régler leur problème avec Dieu » avant de mourir. Depuis qu'il a été nommé, il a mis en place un séminaire sous la direction d'un « prédicateur chrétien top-niveau ». Les détenus, cela va de soi, ne sont pas obligés d'y assister, mais la possibilité leur en est offerte, au cas où ils voudraient en profiter.

Je réponds que la Constitution garantit au prisonnier, si je ne me trompe, le droit de prendre le conseiller spirituel de son choix. Blackburn le reconnaît et précise : « Le seul motif que nous aurions d'interdire l'accès de la prison à un conseiller spirituel serait la menace qu'il représenterait à nos yeux pour la sécurité de l'établissement ».

Soulagée de constater que nous avons des vues identiques quant aux droits constitutionnels des détenus, je poursuis :

« Comme vous ne l'ignorez pas, je suis une farouche adversaire de la peine de mort. Hors de ces murs, je milite pour son abolition. En revanche, quand je suis à l'intérieur, je me plie au règlement. Je ne passe jamais en contrebande d'objets interdits, ni n'en accepte de quiconque. Je ne suis donc pas une menace pour la sécurité. »

Il m'écoute attentivement, sans me quitter des yeux, tout en tirant de longues bouffées de son cigare. Il a l'air de quelqu'un avec qui l'on peut discuter.

Je lui relate sans qu'il m'interrompe ma profonde amitié pour Pat Sonnier. Malgré son horrible crime, c'était un être humain et, comme tel, il méritait d'être traité dignement. Le voir mourir m'a, en effet, bouleversée. « Qui donc ne le serait pas, en voyant un homme tué de manière aussi froide et calculée ? Votre métier vous protège de vos émotions, et il en va de même pour tous les gens impliqués dans ce processus. Mais pour parler crument, vous tuez, en réalité, un être humain comme vous et moi, qui, de surcroît, est pieds et poings liés. Mais cela, évidemment, qui de vous tous pourrait l'admettre ? »

Il y a un moment de silence. Blackburn déclare : « Nous ne pouvons pas nous laisser dominer par nos émotions si nous voulons mener à bien les tâches qui nous incombent. Certains gardiens du Couloir de la Mort se laissent prendre, à force d'être en contact permanent avec les condamnés. Je les surveille étroitement et, le cas échéant, je propose de les affecter ailleurs ».

Je poursuis, cherchant la faille : « Mais vous êtes chrétien. Vous êtes même ministre laïque de votre Église, c'est-à-dire quelqu'un qui suit la voie de Jésus. Et pourtant, c'est vous, d'un signe de votre tête, qui signifiez au bourreau de tuer un homme. Croyez-vous réellement que Jésus nous a enseigné à rendre la haine pour la haine et le mal pour le mal ? Que Jésus, qui a dit en mourant : « Père, pardonne-leur... » prendrait une part active aux exécutions ? Croyez-vous qu'il tirerait sur la manette ? »

La fumée bleue qui monte de son cigare se transforme en nuage. J'ai l'impression de m'adresser au magicien d'Oz.

« Non, pour moi, ce n'est pas contraire à mon état de chrétien. Bien que je n'y ai jamais vraiment réfléchi. Les exécutions sont la loi et les chrétiens sont censés respecter la loi. Voilà tout. Ma femme est une bonne chrétienne, conclut-il, et ça ne l'empêche pas d'être favorable à la peine de mort. Croyez-moi, vous ne trouveriez pas meilleure chrétienne que ma femme ! »

Comment peut-on s'accommoder aussi facilement de l'enseignement et de l'exemple de Jésus, alors qu'il prêche instamment la compassion et la non-violence ? Des siècles durant, des autorités agissant de plein droit ont pendu, fusillé, guillotiné, noyé, écartelé, brûlé, gazé, électrocuté, empoisonné, en soutenant qu'ils le faisaient au nom de Dieu et avec sa bénédiction. Les crimes passibles de la peine de mort ont changé au cours des siècles, mais que Dieu bénisse les représailles est un point qu'en gros, nul n'a remis en question. Les partisans de la peine de mort citent de nombreux passages de la Bible où la vengeance de Dieu s'exerce sur les innocents autant que sur les coupables : le Déluge, la destruction de Sodome et Gomorrhe, le massacre des fils aînés des Égyptiens (« leçon de Dieu » à un Pharaon récalcitrant), pour ne mentionner que quelques exemples. Même l'injonction de Paul : « C'est moi qui ferai justice, moi qui rétribuerai, dit le Seigneur » peut s'interpéter à la fois comme un ordre et une promesse : ordre de Dieu aux hommes de refréner leurs pulsions individuelles de vengeance, en échange de quoi il répare les torts à la pelle. Que Dieu ait envie de « rendre la pareille » est apparemment une telle évidence qu'on ne la remet pas en question.

Il reste cependant un problème, insoluble, celui-là : à savoir que la vengeance divine (je ne parle pas des désastres naturels, prétendument envoyés par Dieu) ne peut être interprétée et réclamée que par nous, les humains. Et qui sommes *très* humains, justement.

Voici ce que je n'admets pas :

Pour commencer, je n'admets pas l'idée que Dieu ait des accès de colère et veuille se venger. Ensuite, je n'admets pas que des êtres humains soient considérés comme suffisamment dignes de confiance pour exercer un châtiment aussi définitif et irréversible que la mort. Et en troisième lieu, je n'admets pas que l'on puisse tuer des gens, du moment qu'un conseiller spirituel « les a préparés à rencontrer leur Créateur ». Camus affirme que les gens qui croient à la vie éternelle considèrent plus facilement la peine de mort d'un point de vue rationnel, car la mort n'est pour eux qu'un châtiment « temporaire », la fin ultime étant la vie éternelle. Cependant, il note entre les hommes une solidarité indéfectible – la solidarité face à la mort et la souffrance. Et c'est sur ce terrain commun, croit-il, que tous les humains, athées ou religieux, doivent s'unir (*Réflexions sur la guillotine*, pp. 1 056-1 057).

Les chrétiens ont cheminé au long des siècles, en laissant derrière eux des bains de sang – inquisitions, croisades, bûchers, persécutions des Juifs, « ces gens qui ont tué le Christ ». Et maintenant, dans la dernière décennie du XXe siècle, ils se taisent, ou bien élèvent à peine un murmure, quand les fonctionnaires du gouvernement américain exécutent des citoyens. Les sondages montrent même que les chrétiens tendent à être légèrement plus favorables à la peine de mort que le reste de la population, et les catholiques plus que les protestants. Ces dernières années, il est vrai, les chefs de la plupart des communautés chrétiennes ont publié des déclarations dénonçant la peine de mort. Mais encore faudrait-il que leur prise de position soit suivie dans la pratique d'initiatives pastorales actives, visant à éduquer clergé et fidèles sur le sujet. Dans leur « Déclaration sur la peine de mort », les évêques des États-Unis, bien que la condamnant sévèrement pour la manière injuste et discriminatoire dont elle s'applique, pour la perpétuation du « cycle de violence » qu'elle signifie et pour sa totale indifférence à l'égard de la dignité de l'homme et du caractère unique de chaque individu, persistent à ne pas remettre en cause le « droit » de l'État à tuer. Or, si nous voulons une société où les citoyens soient protégés de la torture et du meurtre, torture et meurtre doivent être interdits à tous, *sans exception*. Personne, et pour quelque raison que ce soit, ne doit être autorisé à torturer ou tuer. Et cela inclut le gouvernement. Avant que n'existent les prisons, les exécutions ont pu se justifier, comme étant la seule défense de la société face aux tueurs fous et violents. Mais à l'heure actuelle, les États-Unis peuvent suivre l'exemple d'autres pays industrialisés et incarcérer leurs criminels pour une longue durée, leur rendant impossible la recidive.

Opinion que résumera parfaitement Willie Leroy Jones, au moment d'être électrocuté par l'État de Virginie, le 15 septembre 1992 : « Me tuer, c'est pas la solution. Il y a un endroit qui s'appelle la prison ».

Je fixe Blackburn, il soutient mon regard. Change de sujet.

« Et l'épisode de votre évanouissement ?

– C'était l'inanition ». Je lui rappelle que le règlement interdit aux visiteurs d'apporter de la nourriture à l'intérieur de la prison. Cela m'a obligée à jeûner durant de longues périodes.

« Vous savez, Monsieur le Directeur, si j'avais dû m'évanouir sous le coup d'un choc émotionnel, ç'aurait été à l'exécution de Pat. Pas deux jours avant, quand j'étais en train de discuter avec les aumôniers du service religieux. »

Je mesure mes paroles car, en exagérant un peu, la gêne que j'ai causée pourrait s'interpréter comme une menace pour la sécurité de l'établissement, et l'attention portée à ma personne comme un manquement à la surveillance des détenus.

Il hoche la tête, pose son cigare dans le cendrier et dit : « Je vois que nous nous comprenons. Nous allons nous entendre ».

Ces points réglés, je lui expose mon souhait de devenir le conseiller spirituel de Robert Lee Willie. J'aimerais que l'on accélère les formalités, car il se pourrait qu'il ne lui reste plus longtemps à vivre. Blackburn me répond qu'il va s'en occuper.

Nous nous levons et nous serrons la main. Je dis encore :

« Les aumôniers ont l'air assez montés contre moi ».

Il hoche la tête vigoureusement.

« Il semblerait qu'ils cherchent à interdire aux femmes en général de visiter les détenus du Couloir de la Mort.

– Je vais m'en occuper. » Ce qu'il fera. Deux semaines environ après notre entretien, sœur Lilianne obtiendra la permission d'être le conseiller spirituel d'un condamné à mort.

La marche de La Nouvelle-Orléans à Baton Rouge doit avoir lieu en octobre ; la mise en place démarre sur les chapeaux de roue. Le comité d'organisation se réunit toutes les semaines. De plus en plus de monde s'inscrit pour prendre part à la manifestation.

J'ai décidé d'emménager avec deux autres religieuses, Ann Barker et Leigh Scardina, dans une maison voisine de chez les Quigley. Un même intérêt pour les pauvres nous unit tous, ainsi que la volonté de réaliser notre foi dans l'action sociale. Une fois par semaine, nous nous réunissons avec Bill et Debbie pour discuter, prier et partager un repas. Nous assistons aussi à des dîners dans leur grande cour, où se retrouvent à la fortune du pot une foule agréablement variée – avocats, habitants des cités, anciens délinquants, professeurs d'école et d'université, chacun apportant quelque chose. Je suis heureuse de participer à un effort qui regroupe à la fois Blancs et Noirs, riches et pauvres, antidote à ce que je considère comme la maladie endémique de notre société – le fossé entre les classes socio-économiques et entre les races.

Quitter la cité Saint-Thomas me coûte énormément, je suis malheureuse de perdre le contact quotidien avec ses habitants. Mais j'ai conscience que mon travail actuel s'étend sur toute la Louisiane et il me paraît juste, si la cause des résidents de Saint-Thomas n'est plus la priorité majeure de mon action, de ne pas leur retirer avec mon logement de précieux mètres carrés, quand il y a une liste d'attente longue de cinq kilomètres.

Le fait de déménager ne changera rien à mon engagement aux côtés des pauvres, ni à mon action auprès de la justice, je le sais. Et je sais aussi que je resterai en contact avec les gens de Saint-Thomas, car Pèlerinage pour la vie, la section de Louisiane du mouvement contre la peine de mort, se trouve à Hope House et j'y assiste une fois par semaine à la réunion du bureau.

Je n'oublie pas Eddie Sonnier. Depuis que Pat a été exécuté, j'ai conduit sa mère, sa sœur et sa tante lui rendre visite à Angola. Il semble plus calme. Quelque chose en lui s'est stabilisé. Il s'est trouvé une sorte de lieu intérieur paisible à partir duquel il peut aller de l'avant. Il m'a dit un jour : « Pat est mort maintenant et y a rien que je peux faire pour le ramener à la vie. Sauf que je relis sa dernière lettre, le soir, avant de m'endormir ». Il s'est mis à m'appeler « sœurette ». Je n'ai rien contre. Je fais partie de sa famille, maintenant.

Une semaine après avoir reçu l'autorisation du directeur, je rends visite à Robert Willie. Nous sommes en octobre 1984. Six mois ont passé depuis l'exécution de Pat. Avec lui, le temps s'écoulait plus lentement, comme s'il était plus ouvert. Il semble concentré désormais, tout me paraît être sous pression.

Les majuscules rouges surmontent toujours la porte métallique verte. La terreur bien connue m'envahit à nouveau. Impossible de s'habituer à cet endroit. Je m'attends presque à voir apparaître Pat de l'autre côté du grillage.

C'est un homme d'environ vingt-cinq ans qui prend

place dans la cabine et me scrute à travers le grillage. Il a des cheveux blonds, coupés court sur le dessus de la tête et qui descendent jusqu'au col sur les côtés et la nuque. Il porte une de ces barbes compliquées qui commencent par une moustache en V inversé et descendent en deux lignes minces pour se rejoindre à la pointe du menton, laissant un espace vide entre le bas et une petite touffe sous la lèvre inférieure. Il a la peau claire, les yeux d'un bleu très pâle. Douché de frais, apparemment. Net dans sa chemise de jean. Son T-shirt blanc, bien tiré dans la ceinture de son pantalon, souligne l'étroitesse de ses hanches.

Je considère cet homme qui a laissé tant de destruction derrière lui, surprise de sa petite taille et de la délicatesse de ses traits – féminins presque, n'était la barbe. Les lois qui ont présidé à notre rencontre sont bien mystérieuses, mais le fait est que je suis ici et qu'il y est aussi.

« Merci de venir me voir, m'dame. Jamais cru que je rencontrerais une bonne sœur ! » Il se met à rire doucement. Sa voix me surprend. Grave. Je m'attendais à un ton de fausset. Il parle sur un rythme lent et monocorde. Derrière sa politesse, je sens qu'il fait des efforts pour se montrer aimable. Il se penche, tête baissée pour tirer sur sa cigarette. Lui aussi a des menottes attachées à un carcan noir. Une très grande maîtrise de soi. Un vrai cow-boy.

Je mène la conversation. Je veux qu'il sache qui je suis, qu'il connaisse mes idées et mes convictions. Il se laisse porter par le flot, se contente d'intervenir de temps à autre. Je n'attends pas grande révélation de sa part à ce stade de notre relation. Je lui raconte comment j'ai abouti à la cité Saint-Thomas et ce que je fais à Hope House. Je lui parle de mon opposition à la peine de mort et de la marche que nous organisons de La Nouvelle-Orléans à Baton Rouge. Je lui dis aussi que je pensais ne jamais revenir au Couloir de la Mort, après l'exécution de Pat, mais Millard est venu déjeuner l'autre jour, et voilà le résultat. Je lui raconte quelques-unes des histoires de Millard, il y en a des quantité. Je lui parle de ma famille et de mon enfance. De mon entrée en religion.

Là, il m'interrompt.

« Ça vous manque pas, de pas avoir un homme ? Vous voulez pas vous marier ? »

La question est simple et directe. Ma réponse l'est autant.

« Oui, le célibat me coûte quelque fois. Il m'arrive de me sentir très seule. Le dimanche après-midi surtout, quand je sens l'odeur des barbecues, dehors. Je me dis que j'ai été bête de ne pas suivre la voie normale. Mais dans ces moments-là, je me dis aussi que la solitude fait partie de la condition humaine. Personne n'y échappe. C'est la partie intime de nous, la partie que personne d'autre ne peut atteindre.

– Ce qui me manque le plus, moi, ici, c'est les femmes ». Il fait attention à souffler sa fumée vers le bas pour ne pas me l'envoyer au visage. « Écouter de la musique dans les bars et danser jusqu'à des trois ou quatre heures du matin. Je vais pas vous raconter des craques, m'dame, je crois à « faire l'amour », moi. Avec mes copines, on se prenait une couverture et une bouteille ou bien un peu d'herbe, et on allait se faire ça dans les bois ».

Il m'adresse un sourire un peu narquois. Je lui réponds :

« Eh bien, Robert, regardons les choses en face. Si j'avais un mari et une famille, il y aurait des chances pour que je sois restée avec eux aujourd'hui, au lieu de venir vous voir.

– C'est vrai. J'suis content que vous soyez là, m'dame ».

Il est amorcé maintenant et me parle de son cas, conscient que le temps presse. Il a étudié tous les livres de droit sur lesquels il a pu mettre la main. « Quand t'es dans un endroit comme ici, t'apprends vite. Et le droit, disons que t'as une motivation particulière. » Il sourit. Il parle bas. Au point que je suis parfois obligée de me pencher tout près du grillage pour l'entendre.

Je sais que Bill Quigley et d'autres avocats ont entamé une action en justice au nom d'un groupe de détenus, dont Robert, en vue d'améliorer les conditions de détention au Couloir – augmentation du nombre d'appels téléphoniques autorisés, accès à la section juridique de la bibliothèque, « contacts » lors des visites, amélioration des soins médicaux. Les condamnés n'ont pas été nombreux à mettre leur nom au bas de la requête, la majorité estimant que « la chaise suffit » et qu'il vaut mieux garder profil bas. Ce n'est pas l'avis de Robert. Il dit :

« Zut ! (Il prononce zu-ut, comme s'il y avait deux syllabes). Faut regarder les choses en face. On est tous au bout du rouleau, hein ? Y a quelque chose de plus au bout du rouleau que la mort ? Moi je dis qu'il faut s'unir et faire bloc. Ensemble, on tient debout ; divisés, on se casse la figure ». D'apprendre qu'il est abonné à *Soldier of Fortune* n'a rien pour me surprendre.

Sur le chemin du retour, je repense à l'homme que je viens de rencontrer. D'après les ravages laissés derrière lui, j'avais imaginé une brute épaisse, monumentale, genre paranoïaque aux yeux fous, et voilà que je me suis trouvée en présence d'un jeune homme de constitution délicate, poli et manifestement intelligent. Je note qu'il n'a pas dit un mot de ses crimes et n'a montré aucun signe de remords. Moi, en revanche, je n'ai pu écarter de mon esprit le souvenir de cette malheureuse Faith Hathaway. Tout au long de la visite, j'ai senti sa présence silencieuse dans la pièce. Je défends le droit de Robert Willie à ne pas être exécuté et j'affirme sa dignité en tant qu'être humain, mais à aucun moment je n'oublie l'acte qu'il a commis. C'est décidé. Dès que j'en aurai fini avec la marche, j'irai rendre visite aux Harvey.

Le vendredi 26 octobre au matin, nous sommes une quarantaine à nous retrouver à la périphérie de La Nouvelle-Orléans pour entamer la marche. Quelque cent trente kilomètres jusqu'à Baton Rouge.

Télévision, radio, presse écrite sont au rendez-vous. Je fais partie des manifestants chargés des relations avec les médias. La question posée est évidemment : « Qu'espérez-vous obtenir ? » Je réponds que cette marche marque le début de la campagne d'information sur la peine de mort que nous allons mener à travers tout l'État.

L'opinion en faveur de la peine de mort se nourrit de la peur du crime. Nous sommes très conscients que c'est un des thèmes qu'il nous faut aborder au cours de notre campagne. Ce que le public craint particulièrement, ce sont les *agressions caractérisées entraînant la mort* (meurtres survenant au cours d'autres délits, lesquels peuvent ou non être eux-mêmes passibles de la peine de mort). La peur varie en fonction du lieu, les habitants des villes ayant de « meilleures » raisons de les craindre. Cela dit, selon des statistiques établies en 1989, le risque de trouver la mort au cours d'un délit de ce type n'est que de 2 pour 100 000 par an sur tout le territoire des États-Unis. Proportion, en gros, comparable à la mort par noyade ou empoisonnement alimentaire. Par contraste, la probabilité de mourir dans un accident de voiture est de 47,9 pour 100 000, et celle de mourir d'une maladie cardio-vasculaire étant de 765,5 pour 100 000. L'opinion que la société se fait du crime est largement modelée par les médias, lesquels tendent à souligner les cas de mort violente et à passer sous silence les dangers plus fréquents de la vie quotidienne. Selon une étude, les gens interrogés pensent que les homicides causent plus de morts que les crises cardiaques, alors qu'en réalité le taux de décès par crise cardiaque est onze fois plus élevé.

Outre les médias, les politiciens eux aussi contribuent à propager des idées erronées. On le voit durant les campagnes électorales où, dans les trente secondes qu'ils consacrent à la criminalité, ils ne font état que des assassinats les plus spectaculaires. « Aux grands maux, les grands remèdes ! » Et de proposer la peine de mort comme moyen de réduire la criminalité. Comme si exécuter une poignée de gens par an allait régler le problème !

La vérité, c'est que la peine de mort n'est applicable, potentiellement, qu'à une toute petite partie des 14 millions et plus de « *crimes indexés* » commis chaque année dans ce pays. Les décisions de la Cour suprême et la législation qui en découle ont réduit l'application de la peine de mort à certains cas de meurtre bien précis – pour les « *crimes indexés* », le taux est de 1 sur 2 986 et pour les crimes accompagnés de voies de fait, il est de 1 sur 345 seulement. Cette application réduite fait donc de la peine de mort un cas mineur dans l'ensemble de la juridiction criminelle. Trouver des solutions réelles à la criminalité nécessite une approche globale et attentive du problème, qui tienne compte de paramètres tels que l'emploi, la prévention de la toxicomanie, la sécurité et l'éducation. Ce qui n'est pas le cas actuellement. Et ce n'est pas facile de faire tenir tout cela dans des spots racoleurs de trente secondes, destinés à « ramener des fonds ».

Durant la marche, j'utilise toutes les occasions de fournir aux médias des faits précis sur le sujet. Je souligne notamment que depuis les réformes législatives de 1977, la prison à vie pour les meurtres avec préméditation est devenue une *véritable* perpétuité, incompressible, de sorte qu'il est possible de protéger la société des criminels dangereux sans avoir besoin de les tuer.

Je souligne aussi qu'exécuter un prisonnier coûte plus cher à la société que de l'emprisonner à perpétuité. Et cela, parce qu'un procès où la peine de mort est requise exige un plus grand nombre d'experts, une instruction plus approfondie, une sélection du jury plus rigoureuse (les personnes opposés à la peine de mort devant être écartées), la mise en isolement non pas d'un, mais de deux jurys, en raison des deux stades du procès – inculpation et sentence – et des pourvois en appel devant les tribunaux de l'État et en Cour fédérale. Alors que si le procureur ne requiert pas la peine de mort, le procès peut très bien être évité. En Floride, situation que l'on peut considérer comme typique, le coût d'une exécution est estimé à environ 3,18 millions de dollars, tandis que celui de la prison à perpétuité (40 ans en moyenne) revient à l'État dans les 516 000 dollars [1]. Le Couloir de la Mort à lui seul fait monter considérablement les frais. Tout d'abord parce que dans la plupart des États, les condamnés à mort sont maintenus en quartiers de haute surveillance, lesquels nécessitent d'embaucher du personnel supplémentaire, et ensuite parce qu'ils ne participent pas aux frais de leur entretien, étant généralement interdits de travail.

A ces dépenses, il convient d'ajouter le « coût consécutif », supportés par les tribunaux, à savoir les différents stades des procès et les pourvois en révision et en appel. Dans plusieurs Etats, nombre de juges à la Cour suprême, siégeant dans des tribunaux chargés entre autres de traiter les affaires où la peine de mort est requise, se plaignent de devoir consacrer une partie disproportionnée de leur temps à ces cas, peu nombreux, de peine de mort, alors qu'une masse beaucoup plus importante d'autres affaires exige leur attention.

Je ne me borne pas aux arguments financiers. Je montre également que la peine de mort est trop sélective et aléatoire pour avoir un effet dissuasif et qu'elle est raciste dans son application.

Je garde toujours pour la fin l'argument suivant : si nous estimons que le meurtre est un mal et qu'il est inacceptable dans notre société, nous devons appliquer cette interdiction à tous. Ne pas la réserver aux seuls individus, mais l'exiger aussi de nos institutions. Et je demande aux gens de se poser la question : étant donné l'inefficacité et la corruption de notre gouvernement, pouvons-nous lui laisser le droit de tuer ? « Ce n'est pas accessoire, ça nous concerne tous. Nous sommes complices. Le gouvernement ne peut continuer à tuer que si nous lui en donnons le pouvoir. Il est temps de le lui retirer. » Telle est ma conclusion.

C'est la première fois que je rencontre des journalistes. Dans l'ensemble, ils me paraissent bien intentionnés à l'égard de notre cause. A la fin des conférences de presse, je prends toujours soin de les remercier ainsi que les techniciens de s'être dérangés et je leur serre la main. La marche n'est pas encore terminée que j'ai déjà réuni toute une collection de cartes de visite. Je les range soigneusement. Pour l'avenir. Aujourd'hui, plus de dix ans ont passé. Je comprends encore mieux l'importance de la presse. Pour une cause comme la nôtre, obtenir son adhésion est vital si l'on veut éduquer le public. Le nombre de journalistes devenus favorables à l'abolition, une fois informés, est ahurissant.

Nous marchons sous le soleil. Nous sommes en octobre, l'un des mois les plus secs et ensoleillés en Louisiane. Le ciel est bleu cobalt. Les arbres et l'herbe sont encore verts, mais les érables des marais ont déjà viré au rouge. C'est agréable de marcher sur la route. Bill Quigley ouvre la voie et donne le rythme. Quand on se laisse distancer – parce qu'on a, comme moi de petites jambes, – une camionnette vient à la rescousse. Ainsi, nous pouvons conserver une progression rapide. Tout le monde bavarde, certains chantent. Un jeune joue du kazoo. Nous formons un rassemblement intéressant de Blancs et de Noirs, d'anciens détenus et de religieuses, de secrétaires et de profs, de femmes au foyer, d'étudiants, d'avocats. Il y a même un charpentier et un ancien du Viêt-Nam, une femme dont la sœur a été assassinée et des familles de condamnés à mort.

Massés le long de la chaussée, des gens manifestent énergiquement leur désapprobation – pouces tournés vers le bas ou bien majeurs dressés, sans ménager leurs vociférations : « A la chaise, les salauds ! » Ils nous traitent de « libéraux aux grands cœurs ! » ou de « sales communistes ». Nous distinguons, ici ou là, un pouce levé. Parfois, un klaxon nous salue. Nous faisons alors de grands signes.

Nous marchons trois jours d'affilée.

Nous arrivons à Baton Rouge pour le coucher du soleil. Le soir tombe rapidement. Les lampadaires allumés baignent la ville dans une lumière ambrée. En approchant du Capitole, nous apercevons au pied des marches un petit groupe de manifestants qui brandit des pancartes. Des supporters seraient-ils venus se joindre à nous ? Arrivés plus près, nous lisons : « Et les victimes ? Justice *même* pour les victimes ! » Quelle doit être notre réaction ? Devons-nous les ignorer ou, au contraire, leur parler ? Le comité d'organisation est dans l'embarras. Nous décidons d'envoyer deux éclaireurs en mission pacifique.

Visiblement, les pourparlers aboutissent. Les contre-manifestants n'interrompent pas notre meeting. La presse, bien représentée, couvre l'événement. Nous allons pouvoir tous rentrer chez nous, *enfin assis,* dans des autocars spacieux et aérés, l'esprit libéré des millions de détails qu'a exigés toute cette organisation. La marche est terminée !

La pleine lune s'est levée et brille de tout son éclat argenté. Les gens traînent sur l'escalier monumental ou se dirigent lentement vers les voitures et les cars scolaires jaunes que nous avons affrétés.

Un marcheur me touche le bras. Désignant les contre-manifestants au pied des marches, il me prévient de faire attention. « Quelqu'un vous veut du mal. » Ce n'est autre que Vernon Harvey. Et il veut me parler. La panique me saisit. Pitié, Seigneur, pas ici, pas maintenant ! Et il veut me faire du mal ? Qu'est-ce que cela veut dire ?

Je baisse les yeux sur les rangées de marches blanches. Quarante-huit très exactement, chacune gravée du nom d'un État et de la date de son entrée dans l'Union. Je les connais par cœur, ces marches. Quand j'avais dix ans, avec les amies de ma troupe de guides, nous nous amusions à les grimper et à les dévaler deux à deux dans nos jupes vertes qui nous battaient les genoux, en égrenant le nom des États. Que l'escalier nous paraissait haut ! Et que je suis contente, aujourd'hui, qu'elles soient si nombreuses à me séparer de Vernon Harvey, ces marches !

Je ne suis pas obligée de répondre à sa demande. Dans cette foule, je peux prétendre n'avoir pas reçu son message. De plus, un moment moins tendu serait sûrement plus propice à un premier contact. A vrai dire, n'importe quel autre moment serait mieux choisi.

Mais il y a le marcheur. Il me regarde, dans l'expectative. Ne pas répondre serait avouer ma peur. Je le remercie de m'avoir transmis le message et, le cœur battant, descends lentement les marches.

Je me présente. Vernon Harvey est petit, avec d'abondants cheveux gris et des lunettes à monture noire. Je me prépare à subir son attaque. Il n'en est rien. Il me conseille simplement de me méfier. Il a entendu dire que je fréquentais des condamnés à morts et déclare : « Comme un rien, ces ordures peuvent vous trancher la gorge. »

J'avais craint une explosion de rage, Harvey m'a parlé sans élever le ton. Voilà qui me rassure.

Il soutient que les exécutions sont nécessaires, seul moyen d'être certain que ces « chiens enragés » ne recommenceront plus. Il développe ses arguments préférés, j'expose les miens. Qu'il se soit déplacé jusqu'au pied de ces marches me prouve qu'il croit en ses convictions, c'est respectable. Il y croit aussi fort que moi, si ce n'est plus. Quelqu'un a été assassiné dans sa famille, moi je n'ai perdu personne. Je lui présente mes condoléances pour la mort de sa belle-fille et lui demande la permission de venir leur rendre visite, à lui et à sa femme. Il acquiesce volontiers et m'écrit son numéro de téléphone.

Je l'appelle la semaine suivante. Il m'indique le chemin jusque chez lui, à Covington, sur la berge nord du lac Pontchartrain. Je m'y rends un dimanche après-midi, au tout début de novembre. L'air embaume des premières senteurs de l'automne. J'emporte un chandail, les soirées étant fraîches. J'ignore combien de temps je vais rester. Longtemps probablement. Ce n'est pas le genre de visite que l'on peut expédier.

Je prends l'allée qui mène chez les Harvey. Une jolie petite maison entourée de grands arbres se découvre à mes yeux, avec une balancelle sur la véranda. Une maison heureuse, me dis-je en montant le perron, et qui me fait me souvenir d'un jeu auquel je m'amusais, petite fille, quand j'étais en voiture avec mes parents. Je regardais défiler les maisons en essayant de deviner à leur façade comment vivaient leurs occupants : maisons claires et accueillantes – familles heureuses, maisons tristes et délabrées – gens malheureux.

Je sonne.

*Vaste comme l'océan est ta douleur.* Ces mots d'une prière à Marie me traversent l'esprit – Marie, mère de Jésus, qui a vu mourir son fils crucifié.

Vernon ouvre la porte et m'invite à entrer, me demandant pour plaisanter si nous avons l'intention d'organiser une autre marche contre la peine de mort, car il s'en voudrait d'en rater l'arrivée. Sa femme nous rejoint au salon et se présente, Elizabeth. Elle est plus jeune que lui et de caractère plus réservé. Une photo de Faith prise lors de la remise des diplômes est accrochée au mur. Jolie jeune fille qui ressemble à sa mère – même structure de visage, même nez, mêmes yeux. Vêtue de sa toge bleue, elle sourit à l'avenir qui s'annonce pour elle riche en promesses.

Nous nous installons dans des fauteuils confortables. De ma place, je les vois tous les deux. Je leur demande de me parler de Faith. Ils le font volontiers, dans un abandon qui semble les soulager.

Les tragédies sont précises ; elles ont un lieu et une date. Celle des Harvey remonte au 28 mai 1980.

Cette année-là, au début du mois de mai, Faith, âgée de dix-huit ans, obtient son diplôme de fin de scolarité au lycée de Mandeville. Elle a projeté d'entrer dans l'Armée le 28, pour étudier les langues et espère un jour être envoyée à l'étranger.

« Comme j'ai moi-même longuement servi dans l'Armée, dit Vernon, je lui avais raconté mes voyages et parlé des possibilités de formation. Et puis il y a le patriotisme aussi, qui est très important pour moi. Je trouve ça bien, de donner quelques années de sa vie à son pays, même si on n'a pas l'intention d'embrasser pour toujours la carrière militaire ».

Elizabeth prend la parole. Sa voix calme et dénuée d'émotion semble relater une tragédie survenue à un autre. Ce jour-là, m'apprend-elle, un sergent recruteur devait passer prendre Faith chez elle pour la conduire à La Nouvelle-Orléans. (A l'époque, les Harvey vivaient dans un immeuble dont Elizabeth était la gérante et où Faith avait un appartement séparé.) Quelques jours auparavant, Elizabeth était allée faire des courses avec sa fille, pour acheter « le nécessaire, soutien-gorge, étui pour verres de contact, médicaments contre les règles douleureuses ».

Comme le sergent recruteur ne devait pas passer avant le début de l'après-midi, Elizabeth était convenue d'aller chez Faith dans la matinée l'aider à finir ses bagages.

Le 27 mai, à cinq heures du soir, Faith quitte le domicile de ses parents pour se rendre chez Bossier, un restaurant où elle travaille comme serveuse. Plus tard dans la soirée, elle retrouvera des amis pour leur faire ses adieux et célébrer le début de sa carrière. Au moment de partir, voyant qu'une des sandales de sa fille est abîmée, Elizabeth lui conseille de changer de chaussures. Faith, en retard pour son travail, ne le fait pas.

Ces sandales, Elizabeth ne les reverra qu'au procès. Dans un sac de plastique portant le numéro 10, parmi d'autres pièces à conviction qu'il lui faudra également identifier : un sac, une chemise bleue, une jupe bleue, un permis de conduire, une bague, un médaillon et une montre Timex avec un cadran bleu.

« Quand on voit son enfant passer la porte, on n'imagine pas qu'on ne le reverra plus vivant, remarque Elizabeth. Si j'avais su, je lui aurais dit combien je l'aimais au lieu de lui parler de ses sandales ».

Le matin du mercredi 28 mai, Elizabeth et Vernon attendent leur fille. Le grand jour est arrivé. A partir du lendemain, ils n'auront plus que des lettres et un coup de téléphone de temps en temps. Quand Faith a emménagé dans son appartement, c'était le premier pas vers l'indépendance, mais à présent, c'est réellement l'aventure. Faith écrira, elle l'a promis.

« Elle l'aurait fait, vous savez, affirme Elizabeth. Nous étions très proches. Nous nous disions tout. Elle était très proche de Vernon aussi. Elle n'avait que quatre ans quand nous nous sommes rencontrés et sept quand nous nous sommes mariés ».

Je lance un regard à Vernon. De grosses larmes roulent sur ses joues. Faith est morte depuis quatre ans et il continue de pleurer chaque fois que l'on parle d'elle. J'aimerais pouvoir alléger sa peine. Mais je me sens impuissante. Je suis bouleversée. Tout ce que je peux faire, c'est écouter.

Ce mercredi matin, donc, Faith n'arrivant pas, Elizabeth l'appelle au téléphone. Personne. Elle attend un peu et appelle de nouveau. Toujours pas de réponse. Aucun bruit de pas derrière la porte. Pas d'appel pour prévenir du retard. Et toujours pas de Faith.

Inquiets, Elizabeth et Vernon se rendent à son appartement. Il est vide, le lit soigneusement fait. Elizabeth refoule sa panique, imagine mille scénarios possibles : qu'ayant un peu trop bu, Faith ait préféré dormir chez une amie ; ou que la soirée s'étant prolongée, elle soit restée chez une autre.

« Mais quand même c'était bizarre, insiste Elizabeth. Elle me téléphonait toujours pour dire où elle était. Je me suis mise à appeler ses amies, les unes après les autres. Je ne pouvais pas supporter de ne rien savoir ».

A trois heures de l'après-midi, toujours sans nouvelles de sa fille, Elizabeth appelle le sergent recruteur censé conduire Faith à La Nouvelle-Orléans. Lui aussi a déjà sonné deux fois à l'appartement. Sans plus de succès. Vernon décide alors d'aller à la police de Mandeville. Elizabeth lui cède la parole :

« Ils ont dit que les recherches ne pouvaient commencer que quarante-huit heures après la disparition ».

Le même soir, Vernon va signer une déclaration au bureau du shérif de la paroisse de Saint-Tammany.

Le jeudi 29 et le vendredi 30 passent. Le shérif organise un groupe de recherches. Vernon s'y joint. C'est une entreprise monumentale que de fouiller toute une région sauvage, pleine de broussailles, de bosquets et de ravins.

Le dimanche 1er juin, une famille qui pique-nique près de la grotte de Fricke, dans un endroit reculé, découvre un sac, des vêtements et un porte-monnaie. Elle les remet au shérif de Franklington. Puis quelqu'un appelle les Harvey pour leur signaler que des objets appartenant à Faith auraient été trouvés.

« Nous avons obtenu cette information par nos propres sources, remarque amèrement Elizabeth. La police ne nous a pas prévenus. C'est nous qui l'avons appelée. Le lundi 2 juin, le groupe de recherches a passé au peigne fin l'endroit où les objets avaient été trouvés. Sans résultat ».

Pourtant, se souvient Vernon, il a senti une très mauvaise odeur en fouillant les lieux. Il a même pensé qu'il devait y avoir un animal mort ou une décharge non loin.

C'est le mercredi 4 juin, huit jours après sa disparition, que deux enquêteurs du Parquet découvrent le corps de Faith derrière un tronc d'arbre, près de la grotte de Fricke. Elle avait été frappée de dix-sept coups de couteau au cou et à la poitrine.

Vernon pleure. Elizabeth, elle, réussit à ne pas se laisser submerger par l'horreur et évoque sans une larme le corps nu, étendu sur le dos, les jambes écartées.

Vernon reprend : « Faith n'avait aucune idée des brutes que c'était, Willie et Vaccaro, quand ils lui ont proposé de la ramener en voiture. Elle avait passé toute la soirée avec des copains. Les jeunes, vous savez, ils croient que tout le monde les aime. On pense que quelqu'un a dû lui mettre de la drogue dans son verre. Le médecin légiste a dit qu'elle avait le vagin complètement déchiré. La chaise, c'est bien trop doux pour ces types ! »

Il ne peut retenir ses larmes. Il dit une phrase et les sanglots lui brisent la voix. Il vit chaque mot qu'il prononce. J'ai envie de lui crier d'oublier, de laisser s'estomper la monstruosité, de ne pas retourner chaque détail dans sa tête. Je ne trouve pas les mots, je pleure moi aussi.

« Au début, poursuit Elizabeth, on ne voyait pas sa médaille. Elle lui était rentrée dans la chair, avec tous ces coups de couteau. Elle en était si fière, de sa médaille. Sa médaille de diplômée. Elle la portait tout le temps. Il y avait gravé dessus : “ Classe de 1980. Aube d'une nouvelle décennie ”. »

La police ne voulait pas que Vernon et Elizabeth identifient le corps à la morgue, le choc aurait été trop grand. Mais Elizabeth ne pouvait supporter l'idée d'enterrer sa fille sans être convaincue « de façon absolue, positive et sans le moindre doute » que c'était bien Faith que l'on avait retrouvée. « Je me disais : “ peut-être que la police se base uniquement sur des coïncidences pour dire que c'est elle, comme les habits retrouvés à côté, et qu'en fait, l'état de décomposition ne permet pas de le savoir vraiment. ” Et moi, il fallait que je sois sûre. »

Elle a demandé à son frère, dentiste à Richmond, en Virginie, de venir identifier le cadavre, puisqu'il avait soigné Faith en avril. Il l'a fait, le soir précédant l'enterrement.

Vernon reprend la parole. « Mon beau-frère était drôlement remué en revenant de la morgue. Il a dit qu'avant de prendre la mâchoire de Faith dans ses mains, il avait toujours été contre la peine de mort, mais que ça l'avait fait changer d'avis.

– Je savais bien que c'était Faith, redit Elizabeth. Ma raison le savait. Mais il fallait que je sois sûre. »

La fille des Harvey, Lizabeth, entre en courant demander quelque chose à l'oreille de sa mère. Elizabeth fait les présentations. La jeune fille se tourne poliment vers moi pour me dire bonjour. Elle est jolie, saine et intacte. Sa présence égaie la pièce. Je suis heureuse que Vernon et Elizabeth l'aient auprès d'eux. C'est grâce à elle, assurément, qu'ils n'ont pas sombré dans le chagrin. Lizabeth quitte la pièce aussi vivement qu'elle y est entrée. Je calcule qu'elle devait avoir dix ans à la mort de sa sœur.

Vernon me donne des détails du meurtre. Willie et Vaccaro, en gros, ont passé des aveux identiques, sauf qu'ils ont dit chacun que c'était l'autre qui avait donné les coups de couteau.

Très tôt le matin du 28 mai, ils sont tombés sur Faith devant un bar et lui ont proposé de la reconduire chez elle. Au lieu de cela, ils sont partis en pleine campagne et, par des chemins de terre, ils sont arrivés jusqu'à un endroit isolé. Ils lui ont ordonné de se déshabiller, lui ont bandé les yeux et l'ont fait descendre le long d'un ravin. Là, ils l'ont forcée à s'allonger par terre. Après l'avoir violée, l'un des deux s'est mis à la frapper de nombreux coups de couteau, tandis que l'autre lui tenait les bras. Il manquait des doigts à la main droite de Faith, probablement sectionnés pendant qu'elle tentait de se protéger.

« Ce salaud de Vaccaro a été condamné à la prison à vie, dit Vernon, en recommençant à pleurer. Et Willie, on ne lui a toujours pas fait griller le cul ! Ça fait quatre ans pourtant. Une éternité qu'on attend. Je ne trouverai pas le repos tant que justice ne sera pas rendue. Mais ces derniers temps, on ne parle que des droits des détenus. Et nous, alors, on n'en a pas ? On n'a pas le droit de fermer le chapitre, nous aussi ? »

Qu'en serait-il allé, émotionnellement parlant, de Vernon et d'Elizabeth, si Willie, comme Vaccaro, avait été condamné à la perpétuité ? Il serait rentré dans l'anonymat, son destin aurait été scellé, derrière les barreaux d'Angola, son crime puni. Le temps aidant, ces malheureux parents auraient peut-être enfoui leur chagrin et repris une vie normale. Alors qu'à présent, ils sont toujours aux abois, comme des biches prises dans les phares d'une voiture. Ils ne savent qu'une chose, ne désirent qu'une chose, ne pensent qu'à une chose – la mort de l'assassin de leur fille que l'État leur a promise. Ils suivent chaque étape de l'affaire devant les tribunaux. A chaque révision, à chaque pourvoi en appel, ils retiennent leur souffle. Ils attendent et attendent sans cesse, sans cesse revivant les derniers instants de leur fille. Dans l'unique espoir que la mort de Willie soulagera leur peine. *Justice* aura été faite.

Le pâle soleil de novembre décline régulièrement; dehors, les arbres se transforment en silhouettes violettes. A l'intérieur, l'obscurité envahit la pièce peu à peu. Elizabeth va allumer une lampe. Je dois rentrer sur l'autre rive du lac, mais le temps semble s'être immobilisé. Face à une telle douleur, rentrer tard chez moi n'a aucune importance.

« Allons à la cuisine, je vais faire du café », propose Elizabeth. Vernon poursuit son récit pendant que nous nous y rendons : « Je suis tombé sur Willie dans le couloir, au tribunal. Il a été d'une arrogance ! Disant qu'il ne passerait jamais sur la chaise. Je lui ai dit que je n'attendais que de voir son cul griller ».

Reprenant l'argument déjà formulé sur les marches du Capitole, Vernon soutient que la seule certitude d'être débarrassé de types comme Willie, c'est de les tuer. Elizabeth renchérit :

« C'est le seul moyen d'être sûr qu'ils ne recommenceront pas. En prison, ils pourraient tuer un gardien ou un autre détenu. Surtout que quelqu'un comme lui peut très bien s'évader. »

Je ne suis pas d'accord avec ces arguments, mais l'intensité de leur chagrin me muselle. Je reste sans formuler tout haut mes objections. Je laisse simplement leur torrent de fureur se déverser sur moi.

« Un chien enragé, voilà ce qu'il est ! » s'exclame Vernon. Il me raconte la folle équipée de Willie et de Vaccaro après le meurtre. Les jours suivants, étendant à la ronde leur règne de terreur, ils kidnappent un couple de jeunes. Violent la fille, ligottent le garçon à un arbre, le lardent de coups de couteau et lui tirent dessus, avant de l'abandonner sur place, le croyant mort. « Il a survécu miraculeusement, dit Vernon. Paralysé à vie. Tout le bas du corps. »

Vernon ne pleure plus. La colère a pris le pas sur le chagrin, preuve qu'il n'est pas définitivement prostré par la disparition de sa belle-fille. Je m'en félicite. Je veux qu'il surmonte sa douleur. Je veux qu'il retrouve la vie. Il poursuit :

« Willie et Vaccaro ont parcouru cinq États à bord de quatre voitures volées. Ils ont volé, violé et tué tout du long. Ils ont été arrêtés après un autre kidnapping. Une fille de Madisonville qu'ils avaient enlevée et ont laissé filer. Elle a pu donner leur signalement. On les a recherchés. Finalement, ils ont été arrêtés en Arkansas. La police ignorait alors qu'ils avaient tué Faith. Ça ne s'est su qu'au moment où ils ont passé des aveux ».

Je revois le jeune homme que j'ai visité en prison, ses cheveux soignés, sa voix douce, se penchant pour exhaler la fumée vers le bas, afin qu'elle ne me vienne pas dans la figure. J'annonce doucement, car il faut que je le dise, car il faut qu'ils le sachent :

« Je vais devenir le conseiller spirituel de Robert Willie ».

Nous sommes dans la cuisine, autour d'une petite table. Elizabeth est en train de servir le café. Vernon s'écrie :

« Il a intérêt à ramasser tous les conseillers spirituels qu'il pourra trouver. C'est une bête. Non. Je retire ce mot. Les bêtes ne violent pas et ne tuent pas leurs semblables. Lui, c'est une erreur de Dieu. La chaise électrique ? Ce n'est rien comparé au feu de l'enfer où Dieu va l'envoyer en bonne et due place ». Vernon montre le sol du doigt.

A deux occasions, il a failli « lui faire la peau, à Willie ». La première fois, au tribunal, pendant une suspension d'audience. Comme la salle était toute petite, Vernon était assis juste derrière lui. A côté, il y avait le garde et son pistolet. Dans la gaine, mais pas attaché. Et juste à quelques centimètres de sa main. « En deux secondes, j'aurais pu lui piquer son arme et la décharger sur Willie. Mais j'ai eu peur de blesser quelqu'un ».

La seconde fois, c'était sur la route du lac Pontchartrain, en allant vers La Nouvelle-Orléans. Il s'est retrouvé derrière un fourgon fédéral au péage. Willie était à l'intérieur. Vernon s'est lancé à sa poursuite.

« Willie m'a reconnu. Il a dû dire quelque chose, parce que j'ai vu les yeux affolés du conducteur dans son rétroviseur et il a lancé son Pontiac au maximum. Mais j'étais dans mon Oldsmobile Cutlass Supreme, moi, et il avait beau avoir le pied au plancher, je les rattrapais. Je les entendais sur ma C.B. Paniqués. Ils comprenaient que si je leur rentrais dedans par derrière, ils ne pouraient pas contrôler le véhicule et qu'à cette vitesse, ils feraient le plongeon ».

Mais Vernon s'est calmé. Les policiers faisaient leur métier, il n'avait pas envie de les blesser : « Surtout qu'ils m'auraient foutu en prison et je n'aurais plus été là pour Elizabeth et Dale. » (surnom de sa fille Lizabeth)

Cette histoire me laisse pantoise. Je n'ai vu de poursuite en voiture qu'au cinéma. Pauvre Vernon ! Quel mal il a, à contenir sa rage ! Mon cœur déborde de compassion pour lui et pour sa femme. Des gens bien. Qui ont du cœur. Qui m'invitent chez eux, m'offrent du café, me racontent leur drame.

« Vous savez, continue Vernon, qu'on a bien failli ne jamais l'avoir en Louisiane, sur la chaise, ce fils de salaud ! Parce que les fédéraux lui avaient déjà balancé un paquet de perpétuités à Marion * ! Il croyait qu'il avait réussi à éviter la chaise, le Willie. Il pensait que du moment que les fédéraux l'avaient, la Louisiane ne pourrait pas lui mettre la main dessus. Moi aussi, je le croyais. J'avais parlé à des gens, des avocats et autres, et c'est ce qu'ils m'avaient tous dit – que Willie devait d'abord purger sa peine fédérale avant que l'État puisse le récupérer. Mais moi, il était pas question que je laisse faire ça ! »

Il a contacté son député, Bob Livingston, qui lui a dit d'écrire au Président et promis de remettre la lettre à Reagan en mains propres.

« Apparemment, il l'a fait, Livingston. Parce que, au bout de quelques semaines, le téléphone a sonné et une dame m'a dit qu'elle allait me passer le Président. Moi, j'avais pas la moindre idée de qui elle voulait parler, du président du Kiwanis Club ou quoi. Mais quand j'ai entendu la voix, j'ai tout de suite compris. Je la

* Prison fédérale à quartiers de haute sécurité dans l'Illinois.

reconnaîtrais entre mille. Il m'a dit, je le cite : " Dès que la Cour suprême des États-Unis aura rejeté sa requête, ce qui ne va pas tarder, il sera renvoyé en Louisiane pour y être jugé pour le meurtre de votre fille. Vous pouvez y compter. " Ça m'a bien plû comme il a dit : " Dès que la Cour suprême des États-Unis aura rejeté sa requête, ce qui ne va pas tarder ". C'est exactement les mots qu'il a dits. Et je lui ai dit, moi, que j'appréciais beaucoup ».

Visiblement, parler au président des États-Unis n'a pas fait grande impression sur Vernon. La satisfaction de récupérer Willie a bien davantage compté. S'il fallait pour cela que le président des Etats-Unis s'en mêle, eh bien, qu'il en soit ainsi ! Sa rage et sa détresse éclipsent tout le reste.

Il est temps pour moi de partir. Je me lève.Vernon et Elizabeth me raccompagnent à ma voiture. « Vous savez, même le père de Willie, qui a passé vingt-six ans de sa vie à Angola pour des crimes allant du vol de bétail au meurtre, trouve que son fils devrait passer sur la chaise ».

Je fais démarrer le moteur. Je remercie les Harvey de m'avoir ouvert leur porte. Je promets de prier pour eux. Je promets aussi de revenir les voir.

« On est comme des joueurs de baseball d'équipes adverses, conclut Vernon. On n'a pas les mêmes idées, mais on se respecte ».

Notre conversation s'est déroulée en toute amitié. Vernon et Elizabeth n'ont cillé ni l'un ni l'autre quand je leur ai appris mon intention de devenir le conseiller spirituel de Robert Willie. Ils me sont reconnaissants de leur avoir rendu visite, je le vois. Il semble que leurs amis se soient écartés d'eux, depuis la tragédie.

Un mois plus tard environ, nos bons rapports vont voler en éclats. Je les rencontrerai à l'audition de recours en grâce. Ils y seront pour s'assurer que Willie écope bien de la chaise. Et, en raison de la sympathie que je leur ai témoignée lors de ma visite, il attendront de moi que je souhaite la même chose.

# CHAPITRE VII

Je quitte les Harvey et rentre à La Nouvelle-Orléans. Je m'arrête à l'entrée de l'autoroute pour payer le dollar requis pour ce trajet d'une soixantaine de kilomètres. C'est ici, à ces cabines de péage, que Vernon a aperçu Robert Willie dans le fourgon fédéral et s'est lancé à ses trousses. La nuit a maintenant pris possession du ciel et des eaux du lac. Tout est noir alentour, à l'exception des faisceaux de mes phares et des cataphotes rouges des véhicules qui me précèdent.

Le souvenir de Faith Hathaway hante mon esprit. Elle avait fait la fête. Il est évident que l'alcool avait émoussé ses capacités de défense. A quel moment s'est-elle rendu compte du danger, qu'elle était dans un « sale pétrin » même, coincée à l'avant d'une camionnette entre deux inconnus ? Armés, peut-être, et qui devaient faire des remarques de plus en plus sinistres à mesure qu'augmentait la distance, que s'éloignaient sa famille, ses amis, sa maison – que s'évanouissait toute possibilité de secours. Et tandis que la panique s'emparait d'elle, clignait-elle fort des paupières dans l'espoir de dissiper les brumes de l'alcool ? C'était le moment ou jamais d'avoir les idées claires et l'esprit d'à-propos. Mais après tout, peut-être a-t-il mieux valu que Faith eût l'esprit engourdi, ainsi l'alcool a pu anesthésier en partie la douleur et l'horreur qui ont été son lot.

Pauvres Vernon et Elizabeth ! Ces quatre ans passés depuis la mort de leur fille ne font pour eux aucune différence. Chaque fois qu'ils reparlent de l'événement, Faith hurle et meurt une nouvelle fois. *Elle a affronté seule la douleur et l'angoisse, sans personne pour la soutenir.* Ils doivent penser que ne pas exiger le châtiment suprême – la mort du meurtrier – équivaudrait à trahir sa mémoire.

*Vaste comme l'océan est ta douleur...*

Rien ne sera-t-il jamais en mesure de guérir leur peine et de leur apporter la paix ? Non, rien au monde ne saurait remplacer l'univers unique qu'était leur fille. Et même si Robert Willie est exécuté, le vide douloureux de leur cœur ne sera jamais comblé.

Je comprends leur désir de vengeance. Robert Willie a ravagé leur vie, ils veulent le voir châtié. Qu'il réponde de ses actes, c'est tout ce qu'ils demandent. Qu'il paie pour ce qu'il a fait. Je le souhaite, moi aussi. Dans un monde idéal, la vengeance n'aurait pas lieu d'être, mais dans la société des hommes, punir les coupables est aussi inhérent à la loi que prévenir le crime et protéger les innocents.

Dans un livre d'une grande profondeur, *La Justice sauvage : évolution de la vengeance*, Susan Jacoby écrit :

> Établir des codes [... ], sur la base desquels les gens peuvent vivre les uns avec les autres et refréner l'inexorable pulsion de vengeance qui s'empare d'eux quand du mal leur est fait, a toujours été l'une des tâches essentielles de la civilisation. Le juste équilibre dépend dans une large mesure de la conviction de la victime que quelqu'un agira en ses nom et place à l'encontre de ses agresseurs [... ] Indépendamment de l'aspect moral, la loi n'est pas là seulement pour contenir le châtiment dans les limites du raisonnable, mais aussi pour veiller à ce qu'il soit proportionné au délit [... ] Une société dont les citoyens ne sont pas convaincus d'obtenir réparation équitable pour le mal subi est en risque constant de voir ses membres se tourner vers les formes les plus sauvages de justice personnelle.

Je partage l'opinion que la réparation imposée par la société doit être *mesurée.* L'auteur s'oppose à la peine de mort, en partant du principe que des représailles qui ont à la base le concept « œil pour œil » sont aussi excessives que le crime commis à l'origine. Cela dit, elle va plus loin. Elle considère tout aussi inacceptable que des personnes convaincues d'un crime horrible, aux conséquences aussi irrévocables que le meurtre, puissent ne purger que quelques années de prison.

Notons, à ce sujet, que la durée moyenne d'emprisonnement réel pour la peine de perpétuité en 1986 était de six ans et neuf mois [1], selon le Bureau des Statistiques du Département de la Justice. Que des châtiments graves punissent des crimes graves est un souhait légitime du public, estime Susan Jacoby, et aller à l'encontre de cette volonté équivaut à encourager les excès, lesquels, en retour, exigeront une réparation excessive.

Cependant, la sévérité du châtiment n'empêche pas qu'il soit mesuré. « Il y a, ou devrait y avoir, toute une gradation entre la revendication de la peine de mort et la soumission à un système qui permet trop souvent aux assassins de “ payer ” de quelques années de leur vie seulement le fait d'avoir retiré définitivement la sienne à autrui, quand il ne va pas jusqu'à leur permettre d'échapper totalement au châtiment, en se faufilant à travers les mailles du filet que la loi ou la psychiatrie fournissent. »

Il me semble qu'une réparation mesurée peut être obtenue, en appliquant des peines de prison de durée longue et incompressible pour les meurtres avec préméditation. Ces dernières années, quarante États au moins ont revu leur code pénal en ce sens. Ils ont instauré des peines de perpétuité sans liberté conditionnelle ou ont défini, pour les crimes qu'ils considèrent comme particulièrement graves, des durées incompressibles très longues, avant que la liberté conditionnelle puisse être accordée [2]. Un nombre croissant de ces États, vingt-cinq en 1992 parmi lesquels la Louisiane, appliquent la *vraie* perpétuité, c'est-à-dire la perpétuité sans *aucune* libération conditionnelle, reconnaissant au seul gouverneur le droit de commuer la peine, ce qu'il fait rarement en raison de l'impopularité de la mesure.

Les autres États, dans leur majorité, ont veillé soigneusement à ce que les auteurs d'agressions entraînant la mort ne soient pas relâchés après une courte période en prison. Ils l'ont fait, en instituant par voie législative une peine de prison d'une durée statutaire minimum avant toute possibilité de libération conditionnelle. Ces durées varient selon les États. Par exemple, pour un meurtre avec préméditation, la durée est de vingt-cinq ans ferme minimum en Arizona, de quarante ans dans le Colorado, de trente ans dans l'Indiana et le New Jersey et de vingt ans dans l'Ohio. Le Congrès du Kansas, qui avait envisagé en 1987 de rétablir la peine de mort et s'y refusa en raison de son coût *, promulgua en 1990 le statut « des 40 ferme », selon lequel un accusé convaincu de meurtre avec préméditation, âgé de plus de dix-huit ans, ne peut demander la libération conditionnelle qu'après avoir purgé quarante ans de prison. En Caroline du Sud, un statut interdit au gouverneur de commuer la peine de mort autrement qu'en prison à vie, sans aucune possibilité de libération conditionnelle.

Comme indiqué plus haut, les sondages d'opinion menés dans divers États montrent que le nombre des partisans de la peine de mort chute sensiblement quand le public est assuré que les meurtriers resteront toute leur vie derrière les barreaux. Ce taux diminue aussi considérablement – bien au-dessous de 50 % – quand et proposée à la place une peine de prison incompressible de longue durée (25 ans minimum), jointe à l'indemnisation de la famille de la victime.

Cette soirée chez les Harvey a été l'une des plus douloureuses de ma vie. Jamais auparavant n'ai-je rencontré de souffrance aussi impossible à partager et je me demande, en vain, ce que je pourrais faire pour la soulager. Je suis bouleversée. Tout en roulant au-dessus des eaux sombres du lac Pontchartrain, je réalise l'étendue de l'impuissance humaine. Faith Hathaway morte, Loretta Bourque morte, David LeBlanc mort. Enfants arrachés à leurs parents en l'espace d'une nuit. Je pense à ma sœur Mary Ann et à notre mère. Je pense aux cinq enfants de Mary Ann et Charlie, à Helen surtout, mon homonyme. Je pense à Julie et Marcy, les enfants de mon frère Louie. Dès que je serai chez moi, je téléphonerai à Maman. Je veux être sûre que tout le monde va bien.

Et ce Robert Willie, qui est-il ? Je frémis rien qu'en

* Pendant huit ans, le Congrès du Kansas a émis des projets de loi en faveur de la peine de mort auxquels, chaque fois, le gouverneur a opposé son veto. En 1987, avec l'élection d'un nouveau gouverneur, le Congrès eut le feu vert. Mais l'État, qui se débattait dans des problèmes financiers à l'époque, fut obligé de réduire de 10 % certaines dépenses et le Sénat hésita à instruire des procès où la peine de mort était requise en raison de leur coût, estimé à 10 millions de dollars pour la première année et à 50 millions de dollars en tout, à la date de la première exécution.

pensant à lui. Il est là, à potasser tranquillement des bouquins de droit en vue de se concocter des arguments de défense, alors qu'il devrait se jeter aux pieds des Harvey en sanglotant, implorer leur pardon, passer chaque minute de sa vie à se repentir de l'abomination qu'il a perpétrée. Si j'en juge d'après ma première visite, il vit cloîtré dans un monde à lui, imperméable à la peine qu'il a causée à autrui. Le remords suppose d'avoir un minimum d'abnégation pour penser aux autres. Robert Willie en est-il capable ? J'en doute. Cela dit, le fait d'attendre la mort doit lui rendre le repentir encore plus inaccessible. *C'est que lui aussi va être tué !* Visiblement, sa survie personnelle lui interdit de considérer la peine des autres. Il doit concentrer toute son énergie sur lui-même.

Le fait que la presse décrira méticuleusement le menu de son dernier repas, reproduira *in extenso* ses dernières paroles, ne doit pas contribuer à soulager les Harvey. D'autant que les partisans des droits de l'homme vont s'élever contre l'exécution. A chaque fois, un flot de protestations en provenance d'Europe et du Canada se déverse sur le bureau du gouverneur de Louisiane – marque d'intérêt supplémentaire qui doit paraître aussi injuste que non fondée aux familles des victimes. Gary Gilmore, John Spenkelink, Ted Bundy, meurtriers exécutés, voilà des noms que le public se rappelle, mais qui se souvient de ceux de leurs victimes ?

Je souhaite que les Harvey parviennent un jour à surmonter leur chagrin et recommencent à vivre. Comment les y aider, je ne le sais pas, mais je vais m'y efforcer.

Et Robert Willie, ne puis-je rien d'autre pour lui que faire ce que Millard m'a demandé – l'accompagner jusqu'à sa dernière heure et le traiter avec dignité ? Si. Je vais le mettre au défi d'endosser la responsabilité de ses crimes et de demander pardon aux Harvey.

De tenir compte à la fois des besoins des Harvey et de ceux de Robert Willie me déstabilise. Quand je me remémore les détails du meurtre, je sens la rage des Harvey me secouer tout entière, mais quand j'anticipe la mort que l'État réserve à Willie, je ne peux m'empêcher de frémir.

Je lui rends visite quelques jours plus tard. J'ai pris soin d'emporter un calepin. N'étant pas journaliste ou avocate, je ne suis pas autorisée à introduire de quoi écrire dans l'enceinte de la prison et serai donc contrainte de laisser ce carnet sur le siège de ma voiture. Mais cela ne fait rien. Je ferai un résumé de notre entretien après coup. Je suis à présent beaucoup plus vigilante que du temps de Pat. Je sais qu'à l'audition de recours en grâce, le moindre détail de la vie de Robert aura son importance. Le temps presse, j'en suis parfaitement consciente.

Robert entre au parloir. Il porte un bonnet noir en tricot. Il marche d'un pas élastique, marquant un léger temps d'arrêt sur la pointe du pied entre les foulées.

Je vais droit au but. « Je suis allée rendre visite aux Harvey. Ils m'ont parlé de la mort de Faith. Robert, vous avez violé leur fille, vous l'avez poignardée et abandonnée dans les bois. Pourquoi ?

« D'accord, m'dame, fait-il en allumant une cigarette, je vais tout vous dire. Je regrette, vraiment, que la fille soit morte. Mais comme je l'ai dit à la police, à l'interrogatoire, c'est pas moi qui l'ai tuée. C'est Joe. Il est devenu fou furieux et s'est mis à lui donner des coups de couteau. Je l'ai dit dans mes aveux. J'ai même demandé qu'on me passe au détecteur de mensonges tout de suite, mais on m'a pas laissé. Je leur ai dit que je tue pas les femmes, moi. Non. Mais quand Joe a commencé à la frapper, elle a levé les bras et il m'a dit de les tenir. Et ça, je l'ai fait. Automatiquement. Sans réfléchir. Et avec tous ces coups, il y avait du sang partout. Je me suis affolé. J'ai fait ce qu'il m'a dit, c'est tout. Après, on s'est enfuis dans les bois et on s'est paumés. On se prenait les pieds dans les racines, on pataugeait dans la gadoue sans arriver à retrouver le camion. J'avais une de ces trouilles ! »

Je me sens bouillir. La vérité ! Où est la vérité ? Je ne vais pas me retrouver encore une fois devant deux criminels qui s'accusent mutuellement, rendant impossible à la vérité d'apparaître au grand jour ! Robert reconnaît seulement avoir maintenu Faith. Même s'il dit la vérité – et qu'il ne l'a pas poignardée – il n'en reste pas moins qu'il ne l'a pas secourue. Qu'il est responsable de sa mort. Ne se rend-il pas compte de l'acte qu'il a commis ? Et, le cas échéant, comment peut-il vivre en paix avec lui-même. Je lui dis :

« Robert, Vernon Harvey dit que vous l'avez nargué au tribunal, disant que vous ne passeriez jamais sur la chaise. C'est vrai ?

« C'est lui qu'a commencé. Il m'a dit qu'il ferait tout pour que je grille dessus. Alors j'y ai répondu : “ Tu peux courir ! ” Mais étaler mes sentiments, comme il dit, c'est pas mon genre. J'ai jamais été démonstratif, même quand j'étais môme. Vous savez, quand mon père était à Angola et que les gens me montraient du doigt en disant : “ Vise un peu, le môme à Joe Willie ! ”, j'avais beau être tout gosse, ça se terminait toujours en bagarre. Ma mère, elle avait ses problèmes et pas le temps de s'occuper de moi. Je lui en veux pas. Elle s'est séparée de mon père quand j'étais tout petit et elle s'est remariée. Je m'entendais pas trop avec mon beau-père. Je vivais tantôt avec ma grand-mère, tantôt avec mon oncle et ma tante, tantôt avec ma mère et mon beau-père. Au lycée, je reniflais déjà tout ce qui me tombait sous la main, de la colle, de la peinture, de l'essence. Joe et moi, on s'était bourré à l'acide et au Valium, quand c'est arrivé, l'histoire avec Faith Hathaway. Et on était pétés, aussi. Je me sentais tout léger dedans. Ça faisait deux jours que j'avais pas fermé l'œil.

– La drogue n'explique pas une telle violence. Des milliers de gens en prennent sans trucider ou violer leur voisin. Les Harvey m'ont parlé des autres jeunes que vous avez kidnappés avec Joe, après avoir tué Faith – Mark Brewster et son amie. Il paraît que vous avez violé la fille et ensuite poignardé le garçon et tiré sur lui. Vous l'avez ligoté à un arbre et vous l'avez abandonné à son sort. Maintenant, il est paralysé à vie. Quant à la fille, Dieu sait quelles séquelles vont lui rester. Vous avez vraiment fait ça ? »

Je me force à ne pas élever le ton. C'est difficile. Intérieurement, je frémis tout entière.

Robert garde le silence. Il finit par laisser tomber, comme toujours d'une voix douce et mesurée : « Ouais. J'ai laissé faire Vaccaro. C'est lui qu'a tiré et je me suis pas opposé. J'avais la tête à l'envers. La seule fois que j'ai fait du mal à quelqu'un, du vrai mal, quoi, parce qu'il en est mort, c'était pas tout seul non plus. C'était avec mon cousin, quand on s'est battu avec un dealer dans les bois. Pour du fric. Un paquet. 10 000 dollars. On se bagarrait dans la rivière tous les trois et, avec mon cousin, on lui a tenu la tête sous l'eau. Après, on l'a lâché et tiré sur la berge. On croyait qu'il était un peu dans les pommes, quoi. Sauf qu'il était mort. Mais les deux, là, qu'on a enlevés, Joe, il m'a dit de tuer le garçon et j'ai été assez bête pour sortir mon couteau. Je lui ai passé sur le devant de la gorge en appuyant, pas très fort, et je lui ai rentré un peu aussi sur le côté. Mais pas profond, parce que je voulais pas le tuer. J'ai dit à Joe : " Il veut pas mourir. " Alors Joe s'est approché et il lui a tiré une balle dans la tête. »

Robert secoue la tête. « Ouais. J'ai été drôlement bête de me laisser entraîner par Vaccaro. Je croyais que c'était un dur, Joe. Il avait été à Angola, alors je me disais : " Mec, y sait, lui. Il est allé à Angola. " Mais n'empêche, pendant toute notre virée où on a fait ces trucs, je me disais que c'était pas bien. J'avais une voix qui me trottait dans la tête et qui me répétait : " C'est mal, c'est mal ! " Ouais, j'ai été plutôt con.

– Vous n'avez jamais demandé pardon aux Harvey ?

– Savez, m'dame, c'est pas facile, ça. Parce que Vernon Harvey, il arrête pas de dégueuler dans toutes ses interviews qu'il meurt d'envie de me voir griller sur la chaise. Moi, je trouve qu'il est son pire ennemi, si vous voulez que je vous dise. Faut qu'il oublie, mec ! Elle est morte, la fille. Il peut pas la faire revenir. Même de me regarder passer au grill, ça lui ramènera pas. Mais y a rien à faire. Il veut pas oublier. Il se rend malheureux tout seul, si vous voulez mon avis.

– Robert ! Vous comprenez quand même, n'est-ce pas ? que vous êtes la dernière personne à pouvoir lui dire ça ?

– Ouais, bien sûr... » concède-t-il, sans paraître véritablement convaincu. Il reprend :

« Enfin, m'dame, c'est un peu dur d'avoir pitié d'*eux*, alors qu'ils font tout pour me tuer *moi*. Quand vous avez le feu aux fesses, ça a tendance à vous occuper l'esprit, si vous voyez ce que je veux dire.

– Avoir sa fille violée, poignardée et abandonnée dans les bois à se vider de son sang, c'est dur pour des parents, vous ne croyez pas ? Qu'est-ce que vous feriez, si quelqu'un avait fait ça à votre mère ? Qu'est-ce que vous auriez envie de faire à cette personne ?

– Je la tuerais. Ça, c'est sûr que j'aurais envie de la tuer. »

Je garde le silence.

Comprend-il seulement le sens de ce qu'il dit ? Cela lui permettrait d'imaginer la douleur des Harvey. Le silence ne dure pas.

« Je vais vous dire c'que je pense, m'dame. Au fond de moi. La peine de mort, y a des cas où je suis pour. Pour les mecs qui violent et torturent les gosses. Se chicorer avec les adultes, c'est une chose. Mais des petits enfants innocents ? Non. Moi, je tirerais bien la manette moi-même ! »

Tout le monde doit avoir un code moral, je suppose, une ligne à ne pas transgresser, une limite au-delà de laquelle la rédemption est impossible. Je n'ignore pas que les détenus sont sans pitié pour les violeurs d'enfants. Mais l'ironie de la phrase de Robert me laisse sans voix. Voilà un type que l'État s'apprête à exécuter et qui se dit favorable à la peine de mort ! Oh, pas dans son cas, bien sûr, mais pour les crimes qu'il juge vraiment ignominieux. Sa déclaration me remémore une assertion de Camus – que tous les assassins, quand ils tuent, se sentent « innocents », excusés par les circonstances tout à fait particulières dans lesquelles ils se sont trouvés.

Je lui réponds qu'à mon sens, l'État ne devrait pas être investi du pouvoir de tuer qui que ce soit. Que si l'État est autorisé à tuer ceux qui torturent les enfants, alors pourquoi pas ceux qui assassinent les vieilles dames, les retardés mentaux ou les adolescents ? (L'allusion est claire, pourrait-on croire, mais non !) Ou encore les officiels, les flics ? Où s'arrêterait la liste ? Et qui l'établirait ?

Il dit qu'il va réfléchir à la question, sans pour autant me le céder d'un pouce. Je lui demande :

“ Avez-vous déjà été près de mourir ?

– Ouais. La fois où un mec m'a chopé au lit avec sa femme. Il était censé être au boulot et le voilà qui se ramène droit dans la chambre quand on était au pieu. J'ai eu que le temps de sauter dans mon futal et d'attraper mes bottes et j'ai foncé dans la grange me planquer derrière un tracteur pour les mettre. J'en avais une au pied, que j'arrivais pas à enfiler l'autre, et lui pendant ce temps, pan ! pan ! il arrêtait pas de me tirer dessus ! »

Robert part dans une longue tirade de souvenirs. D'une femme qui avait sept ans de plus que lui, il dit qu'elle était « mûre » et qu'il pouvait avoir une *vraie* conversation avec elle. « Les jeunes, elles peuvent pas rester tranquilles. Elles sont trop actives. Y a pas moyen de bavarder cinq minutes avec elles. » Au début, reconnaît-il, c'est surtout le côté « aventureux » d'aimer une femme mariée qui l'a séduit.

Il raconte la fois où il et tombé sur elle et son mari dans un bar. « Je suis allé à leur table, normalement, comme si de rien, quoi. Je la regardais même pas, je parlais à son beau-frère, quand j'ai senti son pied qui me caressait la jambe sous la table. Et la voilà qui me demande si je voudrais pas l'inviter à danser ! J'en suis resté sur le cul. On est partis sur la piste. Son mec, il était vert de rage. Après, j'ai quitté la ville pour aller bosser sur des barges et quand je suis revenu, les copains m'ont dit : " Ta femme, elle a déménagé dans un autre État. " Je l'ai retrouvée. J'ai dégotté son adresse et avec mon cousin, on a roulé deux jours jusque chez elle. Quand on est arrivé, il était six heures du mat'. Y avait sa camionnette devant la baraque. Mais on savait pas si son mec était là. Mon cousin, il avait la trouille et il a dit qu'on avait intérêt à prendre l'allée en marche arrière, au cas où on devrait se barrer en vitesse si son mec se pointait. »

Il rigole doucement. Il prend son temps pour me décrire la scène. Comme un numismate qui ouvre son écrin pour admirer ses pièces rares, les prend dans la main, les tourne et les retourne, et finit par les ranger et refermer la boîte. Je ne le presse pas, je le laisse savourer son plaisir.

« Alors, on a bien regardé. L'avait pas l'air d'être là, son mec. On est entré dans la maison. Elle nous a fait à manger et mon cousin, il s'est endormi. Moi, j'espérais qu'on allait se payer une bonne tranche de temps rien qu'à nous. Et le téléphone a sonné. C'était le mari. Il s'était fait ramasser par les flics. Je me suis dis ouf ! Parce qu'on allait en avoir, du temps. C'est chouette quand on sait qu'on va pouvoir s'en payer une bonne tranche avec quelqu'un qu'on aime. On est comme sur une petite île, tout seuls, et personne pour venir vous emmerder. J'avais jamais connu d'amour comme ça, avant. C'est quand elle a déménagé et que je me suis retrouvé sans plus pouvoir lui parler que j'ai commencé à y aller fort sur la drogue. Pour remplir le vide, quoi. Je l'ai appelée en P.C.V. y a deux ans, quand j'étais à Marion. Elle a accepté la communication. Je voulais juste entendre sa voix encore une fois. J'avais entendu dire qu'elle était avec un autre type. Je lui ai dit que je voulais juste qu'elle soit heureuse. » Il se tait.

Je lui dis que je veux profiter au maximum du temps que nous aurons tous les deux. Peut-être n'en aurons-nous pas beaucoup, mais je tiens à partager avec lui ce qu'il y a de meilleur en moi. Et je ne lui cache pas que je vais m'efforcer de lui faire franchir certaines limites à l'intérieur desquelles il s'enferme lui-même – comme ne pas demander pardon aux Harvey. « Si vous mourez, je veux, en tant que votre amie, vous aider à mourir bien, à mourir honnêtement. Et vous ne pouvez pas le faire, je pense, si vous ne reconnaissez pas clairement le rôle que vous avez tenu dans la mort de Faith. »

Il me regarde droit dans les yeux. Ce n'est pas un pleurnichard, et tant mieux. Nous n'avons pas de temps à perdre avec des circonlocutions.

Je lui demande s'il a une Bible et s'il la lit.

Il me répond que *oui*, il en a une, et que *oui*, il la lit.

« Comme W.C. Fields lisait la sienne ?

– Qui ça ?

Je lui explique que Fiels était un acteur célèbre qui prétendait lire la Bible tous les jours. Un ami, sceptique, lui a demandé une fois : « Vraiment tous les jours, Bill ? » Et Fields a répondu : « Oui. Pour y découvrir les failles. »

Robert a un petit sourire. Non, lui, ce ne sont pas les failles qu'il y cherche. Il lit la Bible, le soir, « quand ça se calme là-dedans. » Il n'a jamais eu beaucoup de religion, mais que Jésus est mort pour lui sur la Croix et qu'il s'occupera de lui au moment de paraître devant Dieu, ça, il l'a toujours cru.

Je connais bien cette conception du « rachat », selon laquelle Jésus, par ses souffrances et sa mort sur la Croix, a apaisé un dieu vengeur qui « réclamait justice. » Je l'ai partagée autrefois. J'ai cessé quand j'ai compris qu'elle avait pour moteur la peur, ce qui rendait l'amour impossible. Quel serait ce dieu, qui « exigerait en gage de réparation » que l'homme souffre ?

Je remets à plus tard d'entamer le débat. Autre chose me préoccupe. Robert Lee Willie est-il capable d'honnêteté envers lui-même, peut-il admettre sa responsabilité ? Un signe tendrait à prouver qu'il n'est pas totalement fermé à toute abnégation – le fait qu'il réclame de meilleures conditions de détention au Couloir, tout en sachant qu'il a bien des chances d'être mort quand elles prendront effet. Je me doute qu'il n'agit pas poussé par le seul altruisme, qu'il a d'autres motivations – celle de défier l'autorité, par exemple. Sa plainte en justice lui procure un nouveau terrain sur lequel « les coincer. »

Je dis : « Vous pouvez avoir envie de relire ce soir certaines phrases de Jésus qui me semblent s'adresser particulièrement à vous. " Vous connaîtrez la vérité et la vérité vous libérera. " C'est dans l'évangile de saint Jean, au chapitre 8.

– Ouais. J'y jetterai un œil, voir ce que ça dit. »

Puis il ajoute : « J'ai un tas de papiers sur mon cas, les minutes du procès, des documents juridiques, des articles de journaux. Ça pourrait peut-être vous donner des indications sur mon affaire et sur moi. Ça irait plus vite. »

Je le remercie de sa confiance.

« Je vais vous dire, m'dame. C'est sûr comme l'enfer que je fais confiance à personne, dans le coin. Et je dis ça aussi pour les curés qui touchent leur paie du gouvernement ; comme tout le monde, ici. Mais vous, je vous fais confiance. Vous vous battez. Et moi, je déteste les gens qui sont rien que des victimes. C'est pour ça que j'aime pas des masses les " négros. " Toujours en train de faire comme si qu'on leur devrait quelque chose. Et ils sont pas les seuls ! Les " chinetoques ", les " espingoins ", c'est du pareil au même. »

" Négros ", " chinetoques ", " espingoins ", on a du chemin à faire, Robert et moi. Bon. On verra ça une autre fois. Ce n'est pas le moment. Je me lève pour partir. Il se lève aussi. Je remarque les lettres L-O-V-E tatouées sur ses doigts, ainsi que son bracelet avec des crânes en guise de breloques.

« C'est sympa d'être venue, m'dame. »

Je pose la main sur le grillage. Il y pose la sienne, beaucoup plus bas, car elle est attachée à sa ceinture. Je réalise qu'il est nettement plus petit que Pat.

Quelques jours plus tard, des enveloppes de papier kraft m'arrivent par la poste, les dossiers de Robert. Bien rangés, soigneusement étiquetés, et les articles de journaux en ordre chronologique. Robert, c'est indéniable, est quelqu'un d'organisé.

Les pièces relatives à son action en justice en vue d'obtenir une amélioration des conditions de détention au Couloir sont réunies dans une enveloppe à part. Je m'y attelle.

La plainte elle-même, « injonction à redresser des torts », est dactylographiée. Grammaire et orthographe laissent un peu à désirer, mais dans l'ensemble ça va. Les plaignants qui se déclarent, trois détenus du Couloir de la Mort, y assignent en justice le secrétaire du Département des Peines et le directeur de l'établissement. La plainte fait état, entre autres, des griefs suivants :

• Confinement vingt-trois heures sur vingt-quatre dans une cellule de 1,83 m sur 2,44 m.

• Manque de lumière : absence de lampes dans les cellules, éclairées uniquement par la lumière du couloir.

• Limitations des conversations téléphoniques personnelles à un appel en P.C.V. de cinq minutes par mois.

• Chauffage et ventilation inadéquats : en été, un seul ventilateur au bout d'un couloir de 30 mètres de long, sans aucun orifice pour faire appel d'air (alors qu'en Louisiane la chaleur peut avoisiner les 40° en juillet et en août.)

« Les responsables des établissements pénitentiaires considèrent les détenus comme de la bidoche, si vous voyez ce que je veux dire ? » me dira Millard, quand je lui mentionnerai au téléphone la plainte en justice de Robert. « Pourquoi devraient-ils se compliquer la vie pour envoyer des types chez le dentiste, aérer leurs cellules ou augmenter la durée des récréations, puisque de toute façon ils s'apprêtent à les tuer ? »

Lorsque la plainte sera examinée, près de huit ans auront passé et tous les plaignant à l'origine de l'assignation auront été exécutés. Ce sera Bill Quigley, leur avocat, qui obtiendra gain de cause. Les résultats seront modestes : contacts pendant les visites des avocats, augmentation du nombre mensuel d'appels téléphoniques, et d'autres améliorations mineures.

A en juger d'après les pièces que j'ai sous les yeux, Robert a dû consulter une masse de documents pour rédiger son injonction. Je me souviens qu'il m'a dit qu'à Marion, le pénitencier fédéral où il a été incarcéré tout d'abord, la bibliothèque avait une bonne section juridique et qu'il y passait son temps à « piocher les bouquins. » Manifestement, il a su focaliser son intelligence et ses talents d'organisation sur son objectif. Pour la première fois de sa vie, probablement. Le fait de ne plus prendre de drogue lui permet enfin de lire, de réfléchir et de formuler clairement pensées et opinions. Il est vrai qu'il est personnellement intéressé par le résultat de l'affaire. Mais peut-être n'est-ce pas sa seule motivation. Ces connaissances nouvellement acquises lui confèrent une certaine autorité et, qui sait ? peut-être trouve-t-il de la satisfaction à être utile à autrui. A ce qu'il dit, les autres prisonniers viennent le trouver pendant leur « heure », lorsqu'ils sont autorisés à déambuler dans le couloir, et l'interrogent sur les aspects légaux de leur affaire ou bien lui demandent que faire pour obtenir les minutes de leur procès. Et lui leur explique comment faire jouer en leur faveur le décret sur la liberté de l'information.

Je passe à la lecture des articles de journaux.

Conduite de Robert Willie au prétoire : dès son entrée, il s'adresse au juge en l'appelant « Cap'taine. » Quand Mark Brewster comparaît, il se passe la main sur la gorge d'un air entendu et, quand entre à son tour dans la salle l'amie de Mark – la fille qu'il a violée – il lui lance une œillade et lui envoie un baiser. C'est en ricanant qu'il écoute la lecture du verdict et, lors de la définition de la peine, il jette à sa mère de « se sécher », en la voyant fondre en larmes.

Il y a aussi des photos : Robert, les cheveux longs et en broussaille, au moment de son arrestation ; puis, la tête rasée, pieds et poings liés, souriant à Vaccaro devant le palais de justice ; enfin, un gros plan ricaneur, où il porte un bandana autour du front.

Plusieurs détails retiennent mon attention.

Premièrement, le fait que Vaccaro soit revenu sur ses aveux. S'il a déclaré tout d'abord que c'était Robert qui avait tiré sur Brewster, il reconnaît par la suite que c'était lui. « Pour faire cesser ses misères. »

Deuxièmement, le fait que Vaccaro est analphabète et que la confession a été rédigée par un officier de police.

J'ouvre ensuite un épais dossier intitulé « Minorité ». Y sont réunies toutes les condamnations de Robert, avant l'âge adulte. Au fil des rapports de police, me voilà en mesure de suivre son évolution de mineur délinquant à hors-la-loi :

14 ans : vol à l'étalage – une bouteille de vin dans un supermarché.

Quelques mois plus tard : vol de chevaux, avec la complicité de son cousin.

École buissonnière, arrestation. Le rapport relate : « RLW a été ramassé sur le pont Tchefuncte par le sergent Chatellier au cours de sa patrouille. Devant son insolence, le sergent qui voulait le ramener chez sa tante, s'est vu contraint de l'emmener au commissariat, où RLW a déclaré qu'il voulait aller en prison et " se fichait pas mal d'où était sa mère. "

Abandon définitif de l'école en classe de seconde.

16 ans : arrêté à deux heures du matin, dans la croissanterie Tasty Donut Shop, pour avoir menacé d'une bouteille de Coca-Cola brisée son oncle qui voulait le faire rentrer chez lui. Cinq mois de détention à la Louisiane Training Institution, maison de correction pour mineurs.

Aggravation des délits : vol de chéquier ; cambriolage d'un café – le Jim's Chickentown, à la United Utilities – et d'une résidence secondaire proche de chez lui ; emprunt non autorisé de véhicule – la camionnette d'un voisin ; port d'arme dissimulée ; conduite en état d'ivresse ; agression caractérisée sur la personne d'un officier de police...

Robert passe ainsi son temps à entrer et sortir de prison. A vingt ans, il écope, pour un cambriolage, d'une peine de travail d'intérêt collectif de trois ans avec sursis. Il purge trois mois à la prison de la paroisse de Saint-Tammany, dont il s'évade en sautant du troisième étage. Il se rendra aux autorités peu après. Le rapport stipule :

Le sujet se terrait dans les bois, derrière le magasin Wymers. Il a appelé le bureau du shérif d'une cabine téléphonique voisine et déclaré qu'il voulait se rendre. A indiqué où il se trouvait. Arrivées sur les lieux, les forces de l'ordre l'ont arrêté... Dans l'incapacité de marcher et présentant de nombreuses égratignures et coupures aux bras et aux jambes, le sujet a été transporté à l'hôpital de la Charité, à La Nouvelle-Orléans.

Au fil des années, divers tatouages apparaissent sur son corps : à seize ans, « Pam », à dix-sept – « Peggy », à dix-neuf – une tête de mort. L'un des rapports de police le nomme « Little John Willie. » Entre 1972 et 1979, l'année de ses vingt et un an, Robert Willie est arrêté trente fois. C'est pendant un séjour à la prison de Saint-Tammany qu'il fait la connaissance de Joe Vaccaro.

Je m'attaque aux minutes du procès. Je découvre que la Cour suprême de Louisiane a confirmé la sentence de peine capitale en se fondant sur des arguments spécieux. En effet, en vue d'inciter le jury à ne pas rendre un verdict de prison à vie, le substitut du procureur, Herbert R. Alexander, a avancé qu'un gouverneur, « ignorant des faits », pourrait dans l'avenir ordonner la relaxe. Il a déclaré qu'étant donné le nombre de révisions et d'appels que connaîtrait cette affaire devant les tribunaux de l'État, comme en Cour fédérale, le jury ne saurait se tenir pour responsable de l'exécution du condamné, concluant ainsi : « N'ayez crainte, l'affaire n'est pas close après votre intervention. Au contraire, c'est vous qui lui donnez le coup d'envoi. »

J'étudie encore d'autres pièces juridiques, notamment un dossier intitulé « Un cas d'indigence », 170 pages sous une couverture de carton bleu. Il s'agit de l'appel interjeté devant la Cour fédérale de 5° ressort par un certain Ronald J. Tabak, que son cabinet de Wall Street a dépêché auprès de Millard pour collaborer avec lui. Y sont consignés des arguments favorables à Willie, quatorze en tout, qui me frappent par leur évidence et leur clarté, même si certains sont un peu trop techniques pour moi.

Tabak commence par le rôle préjudiciable joué par la presse. En premier lieu, le battage autour du procès avant même son ouverture. Par exemple : « Le crime le plus horrible dans l'histoire de la paroisse de Washington... Le procès de la décennie... » et, bien sûr, le fameux « Des bêtes ! » du procureur à propos des deux inculpés. Battage qui a obligé à renvoyer l'affaire devant une autre chambre, sise – c'est à souligner – dans le même palais de justice. En second lieu, les informations véhiculées par la presse tantôt erronées (Willie aurait avoué être l'auteur du viol et du meurtre de Faith), tantôt irrecevables (rappel de délits antérieurs dont les peines ont été purgées, ou encore la mention que le père de l'accusé est sous les verrous pour une énième tentative de meurtre). En troisième lieu, la façon de présenter les sentences – chaise électrique pour Willie et prison à perpétuité pour Vaccaro – qui a donné à penser au public que Willie était « plus coupable » que son complice.

Tabak passe ensuite aux erreurs qui ont entouré la constitution du jury. Il commence par établir que 47 des 52 jurés pressentis ont admis avoir entendu parler de l'affaire puis, se fondant sur le rapport d'expertise d'une dame engagée par son cabinet pour étudier l'éventuelle partialité des jurés à l'égard de l'accusé, il avance l'idée qu'un *a priori* défavorable a pu leur dicter le verdict. L'expertise en effet a prouvé que deux jurés ont commencé par reconnaître avoir une idée préconçue sur l'affaire pour le nier quelques heures plus tard, et l'expert a conclu dans sa déposition sous serment que d'autres jurés, également convaincus de la culpabilité de Willie, avaient fort bien pu mentir eux aussi, lors des interrogatoires pour la constitution finale, dans l'espoir que « justice serait faite » s'ils étaient sélectionnés.

Mais il y a plus grave. C'est que les jurés pour le procès de Robert et pour celui de Vaccaro ont été choisis dans un seul et même groupe. Je préfère citer Tabak : « Quatre membres au moins du jury qui a condamné Willie – autrement dit, un tiers – faisaient partie du groupe parmi lequel les jurés au procès de Vaccaro ont été sélectionnés. Ils ont donc entendu l'avocat de Vaccaro déclarer que c'était Robert Willie qui avait tué Faith Hathaway. Une déclaration de cette nature, formulée dans la salle d'audiences de l'étage où était jugé Vaccaro, et entendue par les jurés du procès de Willie quelques minutes seulement avant qu'ils soient envoyés au rez-de-chaussée pour y participer, a été hautement préjudiciable à l'accusé. Totalement irrecevable en tant que preuve dans l'affaire Willie, cette déclaration a eu un effet d'autant plus dévastateur que tout le monde ignorait qu'elle avait été dite et entendue par quatre jurés. Ni Willie, ni son avocat, ni même le juge ne le savaient au moment du procès. »

Ignorance dans laquelle a également été tenue la Cour suprême de Louisiane, soutient Tabak. Qui n'a pu être informée du fait, pour la simple raison que l'avocat de la défense l'ignorait lui-même et n'a donc pu en faire état dans sa requête.

En outre, la Cour suprême a statué de ne pas renvoyer l'affaire devant une autre chambre, alors qu'elle n'avait pas les moyens d'étayer sa décision, ne disposant pas des conclusions de l'expertise sur la partialité du jury. Cette expertise, en effet, a été commandée ultérieurement, une fois que le cabinet de Wall Street s'est chargé de l'affaire et a alloué les crédits nécessaires pour la mener.

Tabak boucle sa requête en appel sur un dernier point : l'incompétence de la défense. Tout d'abord, le manque de préparation de la défense, admise par l'avocat lui-même et qui, à chaque procès, en a informé préalablement le juge, plusieurs jours avant l'ouverture. Ensuite, le manque de consistance des témoignages produits :

> Un seul témoin à décharge a comparu au premier procès, la mère de Robert. Au second, il n'y a eu que sa tante et encore, elle n'avait pas été préparée à témoigner. Cinq membres de la famille proche déclarent qu'ils auraient volontiers témoigné eux aussi, mais n'ont jamais été pressentis. Tous auraient pu témoigner de l'enfance difficile de Robert, du manque de surveillance dont il a pâti, de sa toxicomanie à un âge très jeune et de son état mental perturbé.

A l'inverse, souligne Tabak, l'avocat de Vaccaro a su établir de façon amplement documentée le déséquilibre de son client dès l'enfance et sa longue toxicomanie. Et le jury a rendu un verdict de prison à perpétuité.

En 1984, la cour d'appel du 5e ressort rejette l'appel et la requête pour une nouvelle audition de l'affaire. Et, le 12 novembre de la même année, la Cour suprême des États-Unis refuse à son tour de réentendre l'affaire.

Nous sommes maintenant à la mi-novembre. La Commission des Grâces et le gouverneur sont tout ce qui sépare encore Robert Willie de la chaise électrique [3].

J'entends déjà le cri que lançaient les gardiens de San Quentin, quand un détenu du Couloir était tiré de sa cellule : « Un mort en marche ! »

## CHAPITRE VIII

« Nous devons absolument convaincre Robert de ne pas jouer au prisonnier politique ! » C'est sur ces mots pressants que John Craft me fait entrer dans son bureau.

Recruté par Millard pour être sur place le conseil de Robert, John travaille d'arrache-pied à préparer l'audition devant la Commission des Grâces qui aura lieu le 19 novembre. Dans une semaine. Il est aidé de Marcia Blum, directrice du *Louisiana Capital Defense Project*, association récemment formée pour apporter un soutien juridique aux condamnés à mort, et reste en contact téléphonique permanent avec Millard Farmer.

Je prends place dans son bureau, vaste salle dallée, aux murs couleur coquille d'œuf, pourvue de hautes fenêtres du sol au plafond qui ouvrent sur des balcons donnant sur le Quartier Français. John vient d'y emménager. Il n'a pas encore eu le temps de s'installer véritablement, le local n'est que partiellement meublé – un bureau pour lui à un bout de la pièce, un autre au centre pour son associé, des étagères et des piles de dossiers le long des murs. Il n'y a pas de secrétaire.

John arbore une barbe taillée de près et porte des lunettes à monture sombre. A en juger par son début de calvitie, il doit avoir la quarantaine. Il émane de lui une énergie sobre et mesurée qui me plaît. Surtout, il parle d'une voix posée et sérieuse, sans pour cela prendre un ton officiel.

Robert, à ce qu'il paraît, est déterminé à dévoiler au grand jour les sous-entendus politiques de sa condamnation. « C'est la stratégie la plus sûre pour aboutir à la défaite, insiste John, en secouant la tête, ou je ne m'y connais pas. »

Il m'apprend aussi que les Harvey assisteront à l'audition. A la perspective de les revoir, submergés par le chagrin et incapables de surmonter leur drame, mus par le seul désir de voir exécuté le meurtrier, je sens mon estomac se nouer. Connaissant la fierté de Robert et son absence de repentir, je crains une prise de bec entre lui et Vernon ou un membre de la Commission des Grâces.

John me dit qu'il parlera en premier et présentera l'aspect légal. Puis ce sera au tour de la mère de Robert. Je prendrai la parole en dernier.

Je suis inquiète. La Commission se compose des mêmes membres qu'à l'audition de Pat, à qui une petite heure a suffi pour confirmer la sentence. Depuis, ils ont examiné les recours en grâce de deux autres condamnés, Timothy Balwin et Earnest Knighton. Baldwin a été exécuté en septembre, Knighton il y a juste une semaine.

N'étant pas tenus de prendre en compte les arrêts des tribunaux, les membres de la Commission des Grâces devraient jouir d'une large autonomie et laisser s'exprimer librement les choix que leur dicte leur cœur ou leur conscience. Mais cela, c'est la théorie. Car ils sont appointés par le gouverneur – et, partant, sujets à être remplacés à sa guise – de sorte qu'ils peuvent difficilement faire fi des volontés de leur patron. Aucune qualification particulière n'étant requise par la loi pour l'exercice de cette fonction, les personnes rétribuées pour la remplir [1] sont nommées sur la base de considérations politiques.

Pour autant que je le sache, la Commission des Grâces s'efforce de ne pas « mettre la pression sur le gouverneur » et prête une oreille attentive à ses convictions intimes, lesquelles ne le portent pas à soutenir la peine de mort. Je tiens cela de Joe Doss, prêtre épiscopalien et l'un des défenseurs de Knighton, à qui un proche d'Edwards a confié cette information juste avant l'audition de son client. Pour le résultat que l'on sait. Qu'est-ce ce que cela peut vouloir dire, « mettre la pression sur le gouverneur » ? Je voudrais bien le savoir avant que Willie ne passe devant la Commission. J'interroge John :

« Qu'est-ce qu'on entend par " politique " dans le cas de Robert Willie ? »

Il se trouve, m'explique John, qu'à l'époque du meurtre de Faith Hathaway, le procureur de la paroisse de Saint-Tammany, Marion Farmer (sans lien de parenté avec Millard), a été l'objet d'une très violente opposition pendant sa campagne de réélection, en raison du réquisitoire qu'il avait fait en 1978, à un procès en assises. Or c'est lui qui mène l'accusation au procès de Robert.

L'affaire se résume ainsi : deux délinquants de New York, John DeGirolama et Vincent Pellicci, avaient kidnappé un couple d'adolescents et, sous la menace de leur revolver, les avaient conduits dans une région boisée relevant du district de Farmer. Là, après les avoir retenus en captivité pendant plusieurs heures, ils les avaient abattus, tuant la fille, Rachelle Rees, âgée de dix-huit ans, et blessant son compagnon. Le Grand Jury du district de Saint-Tammany les avait reconnus coupables de meurtre avec préméditation. Mais dans l'intention d'éviter le coût d'un procès et des multiples appels qui suivent la condamnation à la peine de mort, et pour ne pas risquer qu'un verdict moins sévère soit rendu, Farmer avait autorisé les assassins à plaider coupables pour homicide volontaire, passible seulement de prison à perpétuité. Scandalisés par une décision aussi arbitraire et par la mollesse du réquisitoire, les parents de Rachelle Rees avaient déposé une plainte pour obliger Farmer à requérir la peine de mort. Ils avaient été déboutés.

Je comprends maintenant pourquoi, à peine Willie et Vaccaro arrêtés, Marion Farmer s'était empressé de déclarer publiquement son intention de requérir la peine de mort.

« Il ne fait aucun doute, conclut John, que la politique a joué un rôle dans le cas de Robert. Mais la Commission des Grâces n'est sûrement pas le lieu où soulever la question. »

Je promets de lui expliquer.

Je me rends sans attendre à Angola. La campagne de Louisiane, d'habitude éclatante de verdure, s'est colorée de brun. Sur une vingtaine de kilomètres dès la sortie de La Nouvelle-Orléans, les arbres dégarnis laissent entrevoir les marécages. Les fourrures des cyprès semblent couvertes de rouille, les aiguilles tiennent encore aux branches, mais pour encore bien peu de temps.

Si Robert meurt, ce sera en hiver. Pat est mort au printemps, quand les fleurs, les arbres, l'herbe explosaient de vie.

Faith Hathaway aussi est morte au printemps.

Je l'imagine, sortant de la tombe pour comparaître à l'audition de Robert. Elle parle de l'amour qu'elle connaît à présent et qui désarme la haine ; elle parle de son désir de voir sa mère et son beau-père poursuivre leur vie sans s'inquiéter de la venger. Sa mort est du passé pour elle, elle a transcendé tout ce qui est négatif, tout ce qui est douloureux, tout ce qui tire vers le bas. Elle est maintenant dans un univers différent où, l'espère-t-elle, ses parents un jour la rejoindront.

Oui, je me la représente facilement en train de dire cela.

Mais je la vois aussi lancer l'anathème et déclarer qu'en raison de ce qu'il lui a fait, Willie doit souffrir et mourir à son tour. Que le désir de venger sa mort est juste, noble, et saint ! Autant que Dieu est saint !

Et de ces deux discours, je devine aisément lequel Vernon et Elizabeth entendront.

J'ai passé le panneau « Courage ! Tu y es presque ! » Le vaste ciel au-dessus d'Angola apparaît à mes yeux.

Je vais retirer mon badge à l'Accueil et me rends au Couloir de la Mort. J'ai apporté un peu d'argent à Robert pour qu'il s'achète du café. La dernière fois, quand je lui ai demandé s'il avait besoin de quelque chose, il a répondu : « Na-an » et j'ai dû insister pour savoir combien il avait sur son compte. « Deux dollars et quarante cents, je crois », a-t-il laissé tomber.

Il entre au parloir, son bonnet sur la tête. Il l'aime bien, ce bonnet noir.

« Content que vous soyez là, m'dame, me dit-il. Merci pour le fric. »

Je lui décris le trajet jusqu'à Angola, novembre sur les marais. Il me dit qu'il aperçoit la cime des arbres sur la colline, du couloir de la section. Nous parlons des saisons en Louisiane, du changement qu'elles apportent – ténu, comparé au nord du pays. Nous bavardons ainsi à bâtons rompus pendant un court moment, avant d'aborder le sujet qui nous préoccupe – l'audition devant la Commission des Grâces.

Il a sur lui copie du texte qu'il veut y lire, quatre pages soigneusement dactylographiées. Cela débute ainsi :

« Il y a plusieurs choses que je voudrais dire, compte tenu que c'est la dernière fois que je comparais devant les tribunaux ou les instances judiciaires. »

Je l'écoute, l'oreille collée au grillage, fatiguée de me retrouver encore assise après trois heures de route. Il me fait penser à mes élèves de l'école Cabrini, garçons dégingandés de troisième et de seconde, qui se balançaient d'un pied sur l'autre pour lire tout haut leurs compositions écrites, marmonnant et bredouillant, gênés de se tenir devant moi, leur mentor en robe noire, et devant leurs camarades de classe, devant les filles surtout. L'homme assis de l'autre côté du grillage a vingt-six ans et la composition qu'il est en train de lire est assurément la plus importante de sa vie. Ce que je sais de sa scolarité, ou de son absence plutôt, me porte à croire qu'il n'a jamais fait de lecture en public. Il ânonne d'une voix plate, sans la moindre inflexion. Et derrière les mots destinés à lui gagner sa grâce, on sent pointer l'orgueil.

Il commence par déclarer qu'il n'a pas tué Faith Hathaway et n'est pas là pour « supplier » qu'on lui laisse la vie sauve. Puis, il ajoute : « Toute cette affaire a des sous-entendus politiques depuis le tout début. [ Le procureur ] s'est « retrouvé dans le bain. » Il s'est fait coincer par ces assassins de New York dans un réquisitoire qui l'a forcé, lui, M. Farmer, à se ressaisir et se montrer plus dur après, sur mon cas, et à m'utiliser comme marche pied pour sa carrière politique. C'est pour ça qu'avant son élection, M. Farmer a déclaré publiquement que j'irais à la mort avant le premier de l'an.

« Le procureur chargé de l'enquête (William Alford Jr., le substitut) m'a dit que mon beau-père et ma mère avaient été arrêtés eux aussi, pour nous avoir conduits dans le Mississippi, avec Vaccaro, pour qu'on soit pas arrêtés. Et que si je ne lui disais pas que j'avais pris part au crime, il ferait tout son possible pour que ma mère écope du maximum. »

Voilà donc la raison pour laquelle Robert a modifié sa déposition et fait des déclarations officielles hors de la présence d'un avocat. Je n'en savais rien.

« Après que j'ai eu fait ma déclaration, j'ai demandé au procureur chargé de l'enquête s'il pouvait faire quelque chose pour ma mère. Il m'a dit qu'il ne pouvait rien me promettre, mais qu'il dirait un mot en sa faveur. »

Robert soutient ensuite que l'avocat qui lui a été commis d'office a été inefficace. « Après que j'ai été condamné à purger la perpétuité en établissement fédéral, mon avocat pour le procès en Louisiane m'a dit qu'il n'avait pas vraiment besoin de se préparer, parce que ça n'arriverait jamais que je sois remis aux autorités de l'État. Il a dit qu'il allait suivre la procédure habituelle et faire marcher la défense qu'on avait, c'est-à-dire rien.

« Après, quand il est venu me voir à La Nouvelle-Orléans, il m'a apporté plus d'une centaine d'articles de journaux sur mon affaire. Et il m'a dit que ce jour-là, quelqu'un avait balancé des poubelles pleines d'ordures dans son jardin et qu'il avait peur de faire une erreur en acceptant de se charger de mon cas. »

Robert termine son rapport comme suit :

« Si j'avais eu une vraie défense, sans toute la publicité d'avant le procès, et un avocat qui aurait bien voulu faire un effort pour me donner le procès qui m'est dû et que la Constitution des États-Unis d'Amérique dit que j'ai le droit d'avoir, je sais que je n'aurais pas été inculpé et condamné à mort, parce que j'aurais eu la possibilité de plaider coupable pour un crime moins grave.

« Je sais que la mort de Mlle Hathaway a causé beaucoup de peine et de chagrin à sa famille et je regrette sincèrement ce qui s'est passé. Mais ma mort va pas ramener Mlle Hathaway sur cette terre. Merci de m'avoir écouté. »

Concernant la partie politique de sa déclaration, je lui dis que je partage son avis – la politique a effectivement joué un rôle dans son affaire. Mais je lui explique que l'audition et la Commission ne sont ni le moment ni le lieu d'en débattre.

Il m'écoute intensément, les yeux baissés à terre, tout en fumant, laissant mes paroles pénétrer en lui. Il dit qu'il va y réfléchir.

J'insiste : « Pensez à votre pauvre maman ! »

Écartelée entre l'interdiction légale d'aider son fils à fuir et son instinct maternel qui la poussait à faire le contraire, cette malheureuse femme s'est trouvée placée devant un dilemme tragique.

« Elle a fait six mois de taule, dit Robert. Ça, je peux pas leur pardonner. Ils m'ont eu deux fois. Parce que d'abord, j'ai fait ma déclaration sans la présence d'un avocat, alors que je me disais bien que je devrais pas. Mais je pouvais pas supporter que ma mère, elle aille en prison. Elle est pas forte, vous savez. Elle a pas eu la vie facile », ajoute-t-il, comme il le dit souvent. Sa mère a travaillé toute sa vie, comme cuisinière, domestique, serveuse. « Elle avait jamais été condamnée, avant. Ils auraient pu lui donner un sursis. Mais non. Comme ils étaient furieux contre moi, c'est elle qu'ils ont fait payer. »

Il préférerait qu'elle n'assiste pas à l'audition. « Elle va fondre en larmes. Elle pourra pas sortir un mot tellement elle sera secouée. Ça vaut pas le coup qu'elle passe par ça, qu'elle entende les Harvey et le procureur surtout. »

J'essaie de me représenter ma mère dans une situation analogue, appelée à plaider pour la vie de mon frère Louie face à un groupe de gens dénués de compassion. Cela m'est impossible. La chose est trop improbable. Que peut bien ressentir la mère de Robert ? Elle doit se croire transportée dans un monde où les arbres poussent vers le bas et les oiseaux volent à l'envers. Prisonnière d'un cauchemar.

Je me retrouve en train de dire à Robert les mots que j'ai dits à Pat, mots qui jaillissent d'une source intarissable – que malgré son crime, malgré l'abominable souffrance qu'il a causée, il reste toujours un être humain. Il possède une dignité que personne ne peut lui retirer, il est l'enfant de Dieu.

« Y a jamais personne qui m'a appelé enfant de Dieu avant, remarque-t-il en souriant. On m'a plutôt donné du fils de ce que vous savez. Mais fils de Dieu, non. Ça m'était pas encore arrivé ! »

Il n'a aucune chance face à la Commission des Grâces, je le sais. Il doit s'en douter lui aussi, je suppose. Combien de semaines lui reste-t-il. Quatre, six ?

Je jette un regard à ma montre. Il est presque l'heure de partir.

« C'est bon, dit Robert. Je vais laisser tomber le baratin politique. Je vois ce que vous voulez dire, que ça va pas aider mon affaire, même si y a pas un mensonge là-dedans. Tout ce truc de peine de mort, je veux dire, c'est rien que de la politique. Et la Commission des Grâces, c'est rien que des gens payés pour des raisons politiques et qui font rien que ce que le gouverneur veut qu'ils fassent. Mais c'est bon. Je vais barrer tout ce passage.

– Vous devriez réfléchir, pour votre mère. Je sais que ça va la bouleverser d'assister à l'audition et je comprends que vous aimeriez mieux lui épargner cela. Mais si vous mourez, quand vous ne serez plus, elle risque de souffrir davantage de ne pas avoir pris votre défense. Et toute sa vie elle se dira que si elle avait été là, les choses se seraient passées autrement.

– Tiens, j'avais pas vu ça comme ça. Je vais y penser. »

La perspective de l'audition me terrifie. Robert, lui, semble s'y être résigné. Le fait de ne rien en attendre doit l'aider à de ne pas flancher.

Je pose ma main sur le grillage et lui dis au-revoir. « Rendez-vous à l'audition, Robert.

– Faut que vous compreniez bien que j'ai ma fierté. Je vais pas me traîner par terre devant ces gens. Je me traîne par terre devant personne, moi. »

Lundi. Impression bizarre que de franchir la porte du bâtiment de l'Accueil, aujourd'hui. D'ordinaire, Angola est fermé aux visiteurs le lundi et le mardi. Mais lorsqu'un détenu témoigne à son recours en grâce, celui-ci a lieu à la prison. Pat Sonnier n'a pas assisté à son audition, lui. Mon cœur se serre à ce souvenir. Des gardiens nous demandent à chacun de décliner notre identité et vérifient que nous sommes bien inscrits sur la liste. Toute personne désireuse d'assister à l'audition doit préalablement contacter le Département des Peines.

Le règlement est moins strict, aujourd'hui. Nous ne sommes pas fouillés, seulement passés au détecteur. Les femmes sont autorisées à prendre leur sac avec elles et les hommes ne sont pas tenus de vider leurs poches.

Marcia Blum est venue en voiture avec moi, ainsi que Liz Scott, mon amie écrivain, qui travaille actuellement à un article pour le *New Orleans Magazine* et projette d'interviewer Robert et les Harvey la semaine prochaine.

Une Cadillac jaune franchit le portail. « La Commission », me souffle Marcia à l'oreille.

J'ai mon plaidoyer dactylographié avec moi. Je suis prête. Non, c'est faux. Je suis tendue, frigorifiée. Je ne cesse de me dire que nous aurons beau présenter parfaitement notre cas, en deux coups de cuillers à pot la Commission aura donné son aval à la tuerie. J'ai pourtant passé des heures à chercher les mots les mieux adaptés. J'ai prié, écrit, raturé, tenté des synonymes dans la marge, pris conseil de Bill Quigley, interrogé des religieuses, prié à nouveau. Tout cela, pour me demander si les mots justes ont seulement de l'importance. Comme le recours en grâce de Pat me paraît simple, comparé à celui-ci !

L'audition a lieu dans le parloir du bâtiment principal que je connais pour y retrouver Eddie quand je lui rends visite. La Commission siégera à une grande table. Marcia, Liz et moi signons le registre dans la colonne *Défense*. A l'audition de Pat aussi, les assistants devaient se déclarer pour l'un ou pour l'autre « côté ». Des chaises ont été mises en rangées, laissant de l'espace pour une allée centrale. Des bleues sur la gauche, celles de l'État. Les Harvey y ont déjà pris place. Les chaises rouges, à droite, sont celles du « côté » de Robert Lee Willie. Une quinzaine de personnes entoure les Harvey. Le « côté » de Robert ne compte que sa mère, Marcia, Liz et moi. Et John Craft, bien entendu, déjà installé à la table de la Défense, qui met de l'ordre dans ses papiers.

Je regarde la mère de Robert, Elizabeth. Elle porte un sweater blanc sur un pantalon bleu en polyester. Ses cheveux courts sont coiffés assez plat sur le dessus de la tête et de grands cernes lui entourent les yeux. Je l'ai rencontrée brièvement, l'autre jour, quand Marcia et moi l'avons aidée à se préparer pour l'audition. Je lui passe le bras autour des épaules. Elle me dit d'une voix chevrotante : « Je ne sais pas ce que je peux dire à ces gens. » Marcia et moi prenons place à ses côtés. « Ne vous inquiétez pas, les mots n'ont pas d'importance. Vous êtes sa mère et vous êtes là. C'est cela qui compte. » Mes encouragements ne semblent pas la rassurer. Elle grille cigarette sur cigarette, d'une main tremblante.

Je la laisse en compagnie de Liz et de Marcia et me dirige vers les Harvey. Elizabeth, en jupe et chemisier à manches longues, est à son avantage. « Et voilà, nous

nous rencontrons à nouveau », dis-je à Vernon en lui serrant la main. Je bavarde de tout et de rien – le trajet, le temps. Vernon désigne à la dérobée la Commission, qui se compose de trois Noirs et deux Blancs. « *Ils* sont plus nombreux, mais on a peut-être quand même des chances de gagner », me souffle-t-il à voix basse, sur le ton que l'on prend pour confier un secret à un ami en qui l'on a toute confiance.

Je n'ai pas oublié qu'à l'audition de Pat, le président Marsellus, qui est Noir, s'est rallié aux autres pour confirmer la sentence et je rétorque que la race des membres de la Commission, pour autant que je le sache, ne fait pas grande différence.

Robert fait son entrée sous bonne escorte, pieds et poings entravés. Malgré ses chaînes de fer qui raclent le plancher, il avance de son pas élastique. Il est bien coiffé et ne porte pas son bonnet. Il arbore un sourire aux lèvres. Je quitte Vernon, lui disant que je le verrai après l'audition, et retourne à ma place, « côté » Willie.

Les gardes conduisent Robert jusqu'à la table de la Défense et lui retirent les menottes. Ils restent debout à proximité. John a quitté sa place, de sorte que Robert est seul. Je vais lui souhaiter le bonjour et lui propose du café. Il hoche la tête en disant : « Merci, m'dame ». Je lui en rapporte un dans une tasse de polystyrène.

L'accusation prend place à sa table : ils sont deux, le procureur, Marion Farmer, et son substitut, William Alford Jr.

Les membres de la Commission s'installent. De part et d'autre, le long du mur, des rails de travelling ont été installés et des caméras montées sur dolly. Deux chaînes de télévision locales vont filmer l'audition. Le président Marsellus explique le déroulement de la séance. Il nous engage à être brefs et ne pas nous égarer dans des digressions, les membres ayant déjà étudié les discours.

John Craft prend la parole. « Malgré les nombreux jugements, certains points encore non résolus jettent une ombre sur l'ensemble de l'affaire, sa constitutionnalité et le bien-fondé de la condamnation de Robert Willie à la peine capitale. » Les uns après les autres, il passe en revue les points que j'ai relevés dans les minutes et les décisions des tribunaux – publicité préjudiciable à l'accusé avant même l'ouverture du procès et incompétence de l'avocat de la défense – notamment son omission à fournir des témoignages sur la toxicomanie de son client. John Craft souligne aussi le fait que l'accusé a été remis par les autorités fédérales à un État pour y être exécuté – fait sans précédent à ce jour, pour autant qu'il le sache. En conclusion, il cite Dostoïevski : « Une société ne se juge pas à la façon dont elle traite ses citoyens, mais ses criminels. »

La mère de Robert est appelée à témoigner. Elle se lève vers la table et va s'assoir près de son fils. Elle ne le touche pas ni même ne tourne la tête vers lui. Lui non plus ne la regarde pas. Tous deux fixent un point sur la table devant eux. Les caméras de télévision se rapprochent pour les filmer en gros plan. Les flashes crépitent. Toute personne douée d'un minimum de sens dramatique perçoit ce que cet instant a de poignant : une mère plaidant pour la vie de son fils. Elizabeth ne réussit qu'à bredouiller. « Robert a eu une vie bien difficile... » et s'interrompt, les larmes aux yeux. Elle se cache la tête dans les mains, tente de poursuivre : « C'était un bon garçon... » et éclate en sanglots. Elle garde la tête baissée, Robert aussi. John Craft se lève. Il vient la prendre par le bras et la conduit hors de la salle. Sachant que John doit rester auprès de Robert, je vais rejoindre Elizabeth. Tout ce que je peux faire, c'est la serrer dans mes bras et la laisser pleurer. Elle ne cesse de répéter. « Excusez-moi... excusez-moi... excusez-moi. » Je tente de la réconforter de mon mieux et lui dis que ses larmes sont plus éloquentes qu'aucun discours.

Quand je retourne dans la salle, Robert a déjà commencé à lire sa déclaration. Il le fait d'une voix calme et claire, les mains à plat de chaque côté de la feuille. Il lève parfois les yeux vers la Commission, mais la plupart du temps se contente de lire son texte. Il en reste strictement à ce qu'il a préparé.

Je l'écoute, luttant contre l'impuissance que je sens près de me submerger. Et si, par quelque miracle, la Commission votait de lui laisser la vie sauve ? *Dieu, je t'en supplie, aide-moi !* Mon cœur bat jusque dans mes oreilles.

Je suis la dernière des « chaises rouges » à prendre la parole.

Je m'installe à côté de Robert. Son bras repose sur la table, je pose ma main dessus. J'approche le microphone. Je prends une profonde inspiration et affronte les cinq visages qui me font face. Le sentiment de force et de calme ressenti avec Pat au Quartier de la Mort me soutient à présent. Un jour, j'en suis certaine, tous les instruments de mise à mort de ce pays – chaises électriques, chambres à gaz, seringues – seront conservés dans des musées, derrière des cordons rouges. Mais nous n'en sommes pas encore là.

« Je me présente aujourd'hui devant la Commission des Grâces pour plaider en faveur de Robert Willie. Vous me connaissez. J'étais le conseiller spirituel d'Elmo Patrick Sonnier et j'ai comparu devant vous au printemps dernier pour plaider pour sa vie. Il est mort. Exécuté le 5 avril 1984. »

Je parle sur un rythme calme et régulier.

Je rappelle la mort de Pat sur la chaise électrique, résultat de la décision de cette même Commission, à nouveau réunie aujourd'hui pour statuer. Je parle de son enterrement, de sa famille traumatisée. Je parle des gardiens du Quartier de la Mort, des aveux qu'ils me font tout bas – ils n'aiment pas participer aux exécutions, mais leur métier l'exige et ils ont une famille à nourrir.

Je parle de ma visite aux Harvey, de leur détresse qu'ils ne m'ont pas cachée, une douleur et un désespoir qu'aucun parent ne devrait jamais endurer.

J'affirme que je ne cherche en aucune façon à excuser ou minimiser le mal fait à Faith Hathaway et aux siens. Robert Willie est responsable de ses actes et doit en payer le prix à la société. Je soutiens qu'il devrait passer le reste de ses jours en milieu carcéral, pour ne plus jamais causer de souffrance à autrui.

J'exhorte la Commission. Chacun des membres personnellement. Je sais, leur dis-je, que lorsque le procureur prendra la parole, il dira que de nombreuses cours d'appel ont revu en détail l'affaire Willie sans conclure à l'incompétence de son avocat. Mais pourtant, si nous sommes honnêtes, nous devons reconnaître que deux formes de justice se pratiquent dans nos tribunaux – l'une destinée aux riches qui ont les moyens de s'offrir les services d'avocats avisés, l'autre laissée aux gens démunis, tels Robert Willie. Voilà pourquoi cette Commission ne voit jamais que des pauvres comparaître devant elle. J'en appelle les membres à se demander s'ils n'utiliseraient pas eux-mêmes tous les recours mis à leur disposition, au cas où leur propre enfant, leur fils ou leur fille, se verrait défendu comme l'a été Willie. J'insiste : « Oserez-vous condamner la perversité d'un système judiciaire qui prodigue différemment sa justice aux riches et aux pauvres ? Ou bien vous abriterez-vous derrière les décisions des tribunaux et entérinerez-vous la mort de cet homme, alors que vous êtes – et c'est le cœur du problème – un corps d'État mandaté pour exercer la clémence ? »

Je retrace le processus mis au point par un système bureaucratique dans le seul but de décharger chacun de sa responsabilité dans l'exécution, et j'engage les membres de la Commission à considérer le rôle qu'ils tiennent dans la mise à mort de l'homme qui se tient devant eux, s'ils entérinent sa condamnation.

J'ai fini.

M. Marsellus m'objecte que ce ne sont pas les membres de la Commission qui ont institué la peine de mort ou l'appliquent, qu'ils se bornent à présenter une recommandation au gouverneur. En conséquence, ils ne sauraient être personnellement tenus pour responsables de l'exécution d'aucun condamné.

« Qu'arriverait-il, M. Marsellus, objecté-je, si chaque fois qu'un homme comparaît ici, les membres recommandaient de lui laisser la vie sauve ? Que se passerait-il, si vous disiez au gouverneur que la peine de mort vous trouble tellement sur le plan moral que vous ne pouvez vous forcer davantage à lui apporter votre caution ? Qu'arriverait-il, monsieur Marsellus ? »

Échange de regards inquiets parmi les membres de la Commission. Froissement de papiers. Marsellus déclare une courte suspension de séance. Ensuite ce sera le tour de l'accusation.

Je quitte la table et retourne à ma place.

« Merci, m'dame, merci pour ce que vous avez dit ! » me souffle Robert, les yeux levés sur moi.

L'exposé de l'accusation est beaucoup plus bref que le nôtre. Très efficace. Et en partie, très vrai : à savoir que Robert n'éprouve aucun remords et tend à s'en prendre à tout le monde, sauf à lui.

Marion Farmer détaille l'horrible mort de Faith. Il produit les photos de son corps nu et décomposé, ainsi que les résultats du rapport d'autopsie. Robert Willie, argumente-t-il, a commis des atrocités, mais blâme toujours son complice ou son avocat. Il est orgueilleux et ne montre pas de repentir. Aujourd'hui encore, il n'a pu se retenir d'afficher son arrogance, prétendant n'être pas venu pour supplier qu'on lui laisse la vie sauve. Pourtant, le nombre des instances judiciaires qui ont revu son affaire prouve clairement qu'il y tient, à la vie. Robert n'a pas bénéficié d'un, mais de deux procès et, les deux fois, le jury a rendu un verdict de peine capitale. Farmer exhorte la Commission à montrer à l'égard de Willie la considération que lui-même a manifestée envers Faith Hathaway, quand, aidé de Vaccaro, il a entraîné sa victime toute nue dans une grotte, pour la violer, la frapper de dix-sept coups de couteau et l'abandonner, agonisante, dans les bois où elle a été retrouvée dans un état de décomposition avancé. « Robert Willie s'est dessaisi tout seul du droit de vivre sur cette terre, conclut Farmer. Il devrait pointer le doigt sur lui-même. C'est lui, et personne d'autre, qui a décidé de son destin. »

C'est au tour de Vernon de prendre la parole. Il soutient que Robert Willie n'a jamais saisi les chances qui lui ont été offertes dans le passé. Qu'il mérite de mourir pour ce qu'il a fait non seulement à Faith, mais à...

Il fond en larmes.

Elizabeth le remplace. Elle dit que cela fait quatre longues années qu'ils attendent. Procédures et appels se sont succédé sans discontinuer. Et maintenant, à moins que la Commission ne s'y oppose, justice va enfin pouvoir être rendue. La vie de sa fille a été tranchée avant même de s'éclore, Faith n'a pour ainsi dire pas vécu. Elle, qui aimait tant son pays, n'aura pas eu eu la chance d'accomplir son rêve et d'entrer dans l'Armée. Alors qu'elle considérait comme son devoir de payer son tribut à la liberté et au mode de vie que l'Amérique lui avait procurés. « Je vous en conjure, termine Elizabeth, ne le laissez pas supprimer une autre vie ! Vous savez bien qu'après Faith, il a recommencé à tuer. J'aimerais tant que ma fille soit parmi nous et jouisse encore de la vie, mais elle n'est plus. Je voudrais que la vie de M. Robert Willie s'achève ici même ! »

L'audition a duré deux heures environ. Marsellus annonce que la Commission va se retirer pour délibérer.

Cela ne prendra pas longtemps, j'en suis certaine. Effectivement, vingt minutes se sont à peine écoulées que Marsellus rend la décision :

« La Commission à l'unanimité recommande au gouverneur d'appliquer la sentence. »

Robert écoute le verdict, un sourire ironique aux lèvres. Les gardiens viennent aussitôt lui remettre les menottes pour le reconduire en cellule. Je m'avance vers lui. Il me souffle tout bas : « C'est le couplet patriotique de Mme Harvey qui m'a enfoncé. J'étais tout près de gagner avant qu'elle y aille de ses trémolos. »

Sa naïveté me stupéfie. Pensait-il réellement qu'il avait une chance ?

Au moment de quitter la salle, il s'arrête, promène un regard ironique sur l'assistance et s'en va de son pas élastique.

Je regarde de l'autre côté de l'allée. Des amis félicitent les Harvey et les serrent dans leurs bras.

Je reste un moment à parler avec la mère de Robert effondrée sur une chaise, puis vais retrouver John pour faire le point. Lorque je m'apprête à sortir à mon tour, les Harvey sont déjà partis.

Quant à Howard Marsellus, le président du Comité, je ne lui parlerai que des années plus tard, le 12 septembre 1991, lorsque je parviendrai enfin à le joindre au téléphone, chez lui, à Rowlett, au Texas.

Il m'aura fallu effectuer bien des démarches pour le retrouver. J'avais bien entendu dire qu'il s'était installé au Texas, mais les indices en ma possession ne débouchaient sur rien. Je finirai par tomber sur un article dans *The Angolite,* le journal de la prison [2]. J'y apprendrai qu'il a été relaxé plus d'un an auparavant, après avoir purgé dix-huit mois à l'établissement correctionnel fédéral de Forth Worth, pour avoir accepté des pots-de-vin pendant sa présidence à la Commission des Grâces [3]. Qu'il a été arrêté en 1986 par un inspecteur de l'État en civil, au moment où il acceptait cinq mille dollars en échange de la grâce d'un condamné d'Angola. Qu'il tente de rebâtir sa vie, de réintégrer l'Éducation nationale où il a travaillé vingt-huit ans (avec succès, dit-on) avant d'être nommé à la présidence de la Commission des Grâces de Louisiane par le gouverneur Edwin Edwards.

L'ayant enfin localisé, je lui demanderai ce qu'il pense restrospectivement de son rôle à la Commission des Grâces.

Il m'apprendra qu'il est toujours sans emploi. « Je

continue de payer pour ce que j'ai fait. Quand les gens apprennent que j'ai fait de la prison, ils ont peur, surtout les proviseurs et les censeurs de lycée. »

Cela dit, il a la chance d'avoir une femme et deux filles qui l'aiment et il est heureux d'être maintenant à l'écart de la politique et de la corruption. De pouvoir se coucher la conscience tranquille. « J'ai fait ce que j'ai fait. J'avais tort. J'ai confessé mon crime et j'ai payé. »

Je le revois, arrivant à Angola dans la Cadillac jaune pâle avec la Commission, le jour de l'audition de Robert Willie. Je repense à la conversation que Millard Farmer, Joe Nursey et moi avions eue avec lui avant l'audition de Pat Sonnier et au cours de laquelle il avait si volontiers reconnu avec nous que la peine de mort s'appliquait le plus souvent aux gens de couleur et aux pauvres. Cela ne l'avait pas empêché d'entériner la sentence. Et je l'entends encore déclarer, après mon plaidoyer en faveur de Robert, que ce ne sont pas les membres de la Commission qui ont fait la loi et qu'ils ne sauraient être personnellement tenus pour responsables si l'homme qui comparaît maintenant, ou n'importe quel autre, est exécuté. Je sais surtout que sous sa présidence tous les recours en grâce ont été rejetés.

L'article de *The Angolite* précisait qu'en 1984, alors qu'il briguait un siège au Congrès de l'État, Marsellus s'était vu proposer un marché par un politicien de haut rang de l'administration Edwards – ne pas se présenter aux élections, en échange de sa nomination à un poste administratif de premier plan. Je l'interroge à ce sujet.

« Il était clair, m'explique Marsellus, qu'accepter la présidence de la Commission impliquait quelque chose en retour de ma part. » Ce quelque chose était la *loyauté*. Il avait donc promis de se montrer « un coéquipier fiable ».

Je lui demande s'il est vrai, comme je l'ai entendu dire, qu'au temps de sa présidence, il a demandé à assister à une exécution.

« Oui, une fois, répond-il. Celle de Tim Baldwin (le 10 septembre 1984). Je voulais voir à quoi ressemblait ce que nous réclamions, nous les membres de la Commission. Et aussi parce que j'avais des doutes, quant à sa culpabilité. »

C'est Bill Quigley qui a défendu Tim Baldwin devant la Commission des Grâces et il a soulevé plusieurs points tendant à prouver son innocence. Je m'en souviens parfaitement, j'étais présente à l'audition. Je revois encore Bill en train d'écrire ses arguments en majuscules noires sur de grands tableaux blancs (Bill est prof en même temps qu'avocat) et déclarer, après chaque point exposé : « Aucun tribunal, aucun jury avant vous n'a eu connaissance de ce fait. »

Inculpé pour avoir matraqué à mort la marraine de son enfant, une vieille dame de quatre-vingt-cinq ans du nom de Mary James Peters, alors qu'il cambriolait son appartement, Baldwin avait toujours protesté de son innocence et même proposé de plaider coupable en échange d'une peine de prison à perpétuité.

Deux témoignages cruciaux, mais contradictoires, étaient au centre de l'affaire. L'un était l'alibi de Baldwin, qui prétendait se trouver à l'heure dite dans un motel à quelque distance de là et n'avoir, de ce fait, pas eu le temps nécessaire pour effectuer le trajet. L'autre était la déposition de sa petite amie et coïnculpée, Marilyn Hampton, qui le désignait comme le meurtrier. Elle avait écopé de la perpétuité pour complicité.

« Je penchais pour le témoignage de Baldwin, et non pour celui de sa copine, dit Marsellus, mais le procureur a soutenu qu'il avait envoyé un enquêteur faire le parcours du motel au lieu du crime et que Baldwin avait parfaitement eu le temps de couvrir la distance et de commettre le meurtre. La version du procureur ne me satisfaisait pas. J'en ai vu, de ces trucs que font les procureurs, et plus d'une fois ! Mais il y avait cette *loyauté* dont je vous ai parlé, à laquelle je m'étais engagé, et je vous ai dit ce qu'elle exigeait de moi. Et je l'ai laissée, cette loyauté, passer avant mes convictions morales les plus intimes. Nous avons suspendu l'audition pour délibérer. Je n'arrivais pas à me convaincre de la culpabilité de Baldwin, ni de la nécessité de l'exécuter. De la pièce où nous nous trouvions, j'ai appelé le gouverneur. C'est Bill Roberts, son conseiller pour les questions juridiques, qui a pris la communication. Je lui ai exposé la situation. J'étais énervé, j'en pleurais. J'ai dit que si notre boulot était d'accorder la miséricorde, le cas Baldwin était l'occasion ou jamais de le faire. Roberts m'a rétorqué que le gouverneur ne voulait pas avoir à résoudre ce genre de problème. Que je ne l'ignorais pas et que je devais m'en charger.

– M'en charger ? j'ai répété.

« Exactement. C'est ça la *loyauté*, le *sens de l'équipe*.

« Et Roberts a ajouté : " Pourquoi penses-tu que tu as été nommé, Howard ? C'est précisément pour ça que tu es président de la Commission. Si cette tâche est trop lourde pour toi, il faudra qu'on te remplace. "

« Il n'a pas dit ça par méchanceté ou pour me menacer. Non, c'était juste pour me rappeler ce à quoi je m'étais engagé en acceptant cette fonction – la *loyauté*. »

Pour m'assurer que j'ai bien compris, je demande à Marsellus :

« Ce que vous voulez dire, c'est que si la Commission des Grâces recommande une sentence, le gouverneur a une excuse derrière laquelle s'abriter. Il peut prétendre qu'il ne fait que suivre les avis qui lui ont été donnés. Ainsi, il ne risque pas de perdre des suffrages. C'est bien cela ?

– Exactement », répond-il.

Après sa conversation avec Roberts, Marsellus a compris ce qui lui restait à faire et la Commission a voté d'entériner la peine capitale.

Marsellus poursuit son récit. Quelques jours après l'audition de Baldwin, C. Paul Phelps, le chef du Département des Peines, est venu le trouver dans son bureau afin « de régler le marché » passé entre le gouverneur et l'amie de Baldwin : à savoir, réduire la peine de celle-ci au temps déjà purgé. Marsellus devrait veiller à ce que son cas soit « expédié » par la Commission.

« Le résultat, conclut Marsellus, c'est que Baldwin a été exécuté et son amie relaxée. Elle est en liberté, maintenant. Vous pouvez vérifier *. Mais écoutez ça. C'est Phelps qui me l'a raconté. Il faut que vous compreniez qu'après l'audition, la presse s'était mise à harceler le gouverneur à propos de l'éventuelle innocence de Baldwin et à demander si oui ou non il allait être exécuté. Sous la pression des médias, Edwards a décidé de vérifier en personne la déposition de Marilyn Hampton.

« Il s'est donc rendu en hélicoptère à la prison pour femmes de Saint-Gabriel. Quand il l'a rencontrée, elle

* J'ai vérifié. Marilyn Hampton, la compagne de Baldwin, condamnée le 18 octobre 1978 à la prison à perpétuité pour complicité de meurtre avec préméditation, a été libérée le 9 juin 1986.

était accompagnée de son avocat qui a dit au gouverneur de revenir le lendemain parce que sa cliente avait besoin de temps pour conférer avec lui.

« Vous comprenez, bien sûr, que l'avocat voulait obtenir une remise de peine en échange du témoignage de sa cliente. Donc, le gouverneur est rentré en hélico à sa résidence et est revenu le lendemain pour entendre Marilyn Hampton. Phelps a assisté aux deux entretiens. La seconde fois, la fille a répété ce qu'elle avait dit au procès – que c'était Baldwin qui avait commis le meurtre. C'est tout ce que le gouverneur voulait entendre. Que le type sur le point d'être exécuté était bien le coupable. Il voulait par-dessus tout ne rien avoir sur la conscience. En fait, Edwards devait bien se douter que la fille, selon toute vraisemblance, mentait pour obtenir sa relaxe. Parce que avoir le gouverneur qui se déplace pour vous voir et lui signifier : “ Revenez demain, on en recausera ”, c'est un peu suspect quand il ne s'agit que de répéter une déposition déjà faite sous serment et en public au procès. Cela ne mérite pas que l'on passe toute une nuit à méditer sa réponse. »

Je dis à Marsellus que j'ai évoqué un jour le cas Baldwin avec le gouverneur et qu'il m'a affirmé être convaincu de sa culpabilité.

Il prend la mouche. « C'est impossible. Impossible. Edwards savait. Il savait parfaitement de quoi il retournait. Il a dit ça pour sauver la face, mais c'est lui qui a passé le marché avec la fille. Des marchés comme cela, il y en avait tout le temps. »

Il m'en explique le fonctionnement.

Quand la Commission se réunissait, certains dossiers portaient la mention *A expédier.* Cela signifiait qu'un marché avait été passé. « Le prix variait, dit Marsellus. Parfois, quelques milliers de dollars ; d'autres fois, cela pouvait atteindre les 100 000 et plus ».

Je demande qui touchait cet argent.

« Les avocats, les législateurs, n'importe qui. Seul le gouverneur peut accorder la grâce. Qui, à votre avis, a touché de l'argent ? »

Voilà, plus précisément, comment les choses se passaient.

« Prenez une mère qui veut faire sortir son fils de prison. Elle va trouver un avocat (lequel se trouve aussi être un législateur) et lui demande combien la grâce va lui coûter. Il dit, par exemple, 20 000 dollars. Puis, l'avocat met sa casquette de législateur et se rend chez le gouverneur. Il lui soumet le recours en grâce. Le gouverneur, en échange, lui demande de s'engager à faire passer tel ou tel décret dont il a besoin. Et voilà. L'avocat a sa grâce et le gouverneur son décret. C'est ça, le marché.

« A mon échelon, il en allait ainsi : avant l'audition, je recevais un mot du bureau du gouverneur qui m'informait du marché. « Le gouverneur veut celui-ci ou celui-là. » C'est comme ça qu'on me disait. Puis, à l'audition, le législateur, qui portait maintenant sa casquette d'avocat de sorte qu'on ne pouvait l'accuser de conflit d'intérêts, présentait le cas de son client. Mais tout avait déjà été décidé avec le gouverneur. »

Il pouvait arriver que, pour des crimes particulièrement atroces, des membres de la Commission hésitent à recommander la grâce. Dans ce cas, c'était à lui, Marsellus, de les prendre à part et de leur expliquer que le gouverneur s'était déjà engagé à l'accorder. Leur montrer que leur tâche à eux se bornait à la recommander.

« En rentrant de l'exécution de Baldwin, sur cette route toute noire et sinueuse, continue Marsellus, je ne pouvais empêcher mes mains de trembler, je pleurais à chaudes larmes, je n'arrêtais pas de dire à ma femme : " Mais quelle idée j'ai eue d'abandonner l'enseignement ! Comment ai-je pu me laisser entraîner à participer à cette monstruosité ! " »

Et pourtant, il reconnaît s'être laissé reprendre par la *loyauté*. S'il voulait garder ses fonctions, il fallait qu'il continue à se montrer un « coéquipier fiable. »

J'ai de la peine pour Marsellus. Il a été emporté par un courant auquel il n'a pas su résister. Cela a dû être atroce pour lui de connaître les dessous des marchés et de continuer à siéger d'une audition à l'autre, à regarder sans ciller ces gens sur le point de mourir et à rejeter leur grâce. Je lui demande ce qu'il ressent maintenant à ce souvenir.

Il pleure. Les mots s'étranglent dans sa gorge. Je pense à l'apôtre Pierre, dont la légende rapporte qu'il pleura jusqu'à la fin de ses jours pour avoir renié Jésus. Il a tant pleuré, dit-on, que les larmes creusèrent des sillons dans ses joues.

« Dès le premier jour, j'ai fait des magouilles politiques douteuses sur le plan moral, avoue Marsellus. L'administration tout entière était corrompue, du haut en bas, et j'ai choisi la *loyauté* au dépens de mon intégrité. »

Il se souvient encore du cas d'Earnest Knighton : « Un autre dont j'ai pensé qu'il ne devait pas mourir. Il avait tiré sur un magasinier, lors d'un cambriolage. Tiré *dans le bras* et la balle est entrée dans le cœur. Le magasinier est mort. Tirer dans le bras, ce n'est quand même pas un meurtre avec préméditation ! »

J'interviens :

« Sauf que Knighton était noir et le magasinier blanc. Et Knighton a été condamné par un jury composé exclusivement de Blancs. »

Marsellus et les autres membres de la Commission des Grâces ont recommandé la peine capitale pour Knighton, comme ils l'ont fait pour les six autres condamnés à mort qui ont comparu devant eux. J'imagine que les visages de ces hommes ne cesseront de hanter leur mémoire. Howard Marsellus dit :

« J'ai fait cela. J'ai siégé devant ces hommes et je les ai déclarés, comme ça, coupables ou innocents. Mais qui étais-je pour les juger ? Cette pensée m'obsède sans répit. Je souffre. Je souffre tant d'avoir fait ce que j'ai fait. »

## CHAPITRE IX

Ce que me raconte Liz Scott, à propos de son interview à paraître dans le *New Orleans Magazine*, m'est très déplaisant à entendre. Les Harvey sont, paraît-il, fous de rage contre moi. « Ils pensaient que le fait de les rencontrer vous avait fait voir les choses comme eux. Ils ont l'impression que vous les avez utilisés et que vous êtes venue les voir dans la seule intention d'avoir des armes contre eux à l'audition du recours en grâce. Ils vous surnomment, vous et les autres religieuses adversaires de la peine de mort, “ les bonnes sœurs larme à l'œil ”. »

Évidemment, c'était beaucoup demander aux Harvey que d'admettre que je peux m'employer à les réconforter comme le ferait une amie, sans cesser pour autant de militer contre l'exécution de l'assassin de leur fille. Pourtant, je ne bats pas en retraite sur le plan intellectuel. Je suis toujours aussi convaincue que l'exécution de Robert Willie est une trahison des droits de l'homme, mais il n'empêche que je me sens coupable d'avoir ajouté à leur peine. « On ne peut pas gagner sur tous les fronts », me réconforte Liz, en bonne amie qu'elle est.

Je repasse dans mon esprit ma visite aux Harvey. J'entends encore Vernon, au moment de partir, me dire que nous sommes, lui et moi, comme deux joueurs de baseball d'équipes adverses, mais qui se respectent. J'ai cru alors qu'il comprenait que nous gardions chacun nos opinions respectives. Mais le comprenait-il ? Sur quoi les Harvey ont-ils pu se fonder pour s'imaginer qu'ils m'avaient fait changer d'avis ? N'ai-je pas été suffisamment explicite ? Les ai-je quittés sur une fausse impression ? Les aurais-je trahis ? Et maintenant, que puis-je faire pour eux ? La meilleure chose, me dis-je, est certainement de ne plus les revoir.

Peu de temps après l'audition, le juge arrête la date de l'exécution. Le 28 décembre. Le fait d'en connaître le jour m'en fait toucher du doigt la réalité. Pour Pat, j'ai espéré jusqu'à la dernière minute qu'un report serait annoncé. Je ne croyais pas à sa mort. Pour Robert, je sais que c'en est fini des procédures, de la Commission des Grâces et certainement du gouverneur. Le savoir ne me rend pas les choses plus faciles, en revanche cela les simplifie. Robert ne sera pas écartelé entre vie et trépas, à se demander si le téléphone va retentir au Quartier de la Mort pour l'informer d'un report de sentence. Non. Il n'y a plus pour lui que la mort à présent. Et son attente.

Je lui rends visite toutes les semaines. Je suis aussi allée voir sa mère, Elizabeth, et sa tante Hazel. Cette dernière manifeste un grand désespoir. Quel triste destin attend son neveu ! Il a vécu avec elle, à une époque, il était bien instable. Son cousin et lui avaient souvent maille à partir avec la loi (l'épais dossier intitulé « Minorité » est là pour le prouver). Elizabeth, quant à elle, supporte l'épreuve vaillamment bien qu'elle pleure souvent en parlant de son fils. Elle a décidé d'emmener ses trois autres fils avec elle, lors de sa prochaine visite à Robert.

Les habitants de Mandeville, la petite bourgade de l'autre côté du lac Pontchartrain où elle vit avec ses enfants et son mari qu'elle appelle « Junior », ne lui cachent pas leurs sentiments. « Les gens parlent, vous savez. Quand j'entre dans un magasin, je sens tous les yeux qui se braquent sur moi. Tout le monde me connaît. » Récemment, à l'épicerie, deux femmes se disaient qu'elles n'en pouvaient plus d'attendre que « ce monstre de Robert Willie soit enfin exécuté. » Elle les a entendues et s'est enfuie en larmes. Ses enfants, son mari, ses proches, tous la soutiennent. Cela me réconforte de l'apprendre.

C'est la première fois que je revois Robert depuis l'audition. Il n'a pas changé : il marche toujours de son pas élastique et arbore son bonnet tricoté.

« Je savais bien qu'on était 3 à 0. Y avait pas de raisons que je croie que je ferais mieux que Sonnier, Baldwin ou Knighton. Mais je devais quand même avoir un petit espoir. »

Il dit cela, comme si de rien n'était. Comme s'il acceptait son destin. Il poursuit :

« A propos de Tim Baldwin, le directeur, il l'aimait bien, ce type. Ça a dû lui faire quelque chose qu'on l'exécute. Chaque fois que Blackburn venait au Couloir, il s'arrêtait toujours à sa cellule pour parler avec. C'était un mec sympa, Baldwin. Jamais en train d'emmerder le monde. Alors que ma cellule, Blackburn, il passe toujours devant sans s'arrêter et si jamais il me parle, il me regarde pas dans les yeux. Je vois bien qu'il m'aime pas. Il a peur de ce que je pourrais faire. » Il secoue la tête et fixe ses poignets. Attachés à un carcan noir autour de la ceinture et retenus très près du corps. Je n'ai vu cette entrave que sur des détenus conduits hors de l'établissement, je ne l'ai jamais vue portée par quelqu'un au parloir. « Un maton a dû cafter à Blackburn que je voulais faire le mur. Je parie que je sais qui c'est. Un mec qu'est attaché pas trop serré, lui, et qu'est toujours à lécher le cul du pouvoir. C'est vrai que j'ai parlé de me faire la belle si je pouvais. Qui c'est qu'a pas envie ? Mais avec moi, c'est sûr que Blackburn, il veut pas prendre de risques. » Il secoue son carcan.

On perçoit comme un léger regret dans sa voix quand il mentionne le directeur, surtout quand il évoque son intérêt pour Baldwin. Blackburn a une bonne tête. Il doit représenter une bonne image de père, pour autant que la chose soit possible. Visiblement, Robert aurait bien aimé gagner sa confiance. C'est compréhensible. Il n'a jamais eu de père, le sien a passé à Angola vingt-sept de ses cinquante-trois ans. Par la suite, je ne serai pas surprise d'apprendre qu'il a envoyé une carte de vœux au directeur pour Noël, avec ces mots : « J'espère que vous et votre famille aurez un joyeux Noël et une bonne année. »

Ces réflexions à propos de Robert me font me souvenir de mon père. Savoir que votre papa est fier de vous est l'un des sentiments les plus précieux pour un enfant. Moi, j'étais la petite élève de mon papa, son interlocuteur en public, sa « jolie petite fille », son scribe qui tenait le journal de bord quand la famille partait en voyage. Il prenait toujours un ton particulier pour me présenter à ses amis et à ses collègues : « Et voici ma petite fille, Helen. » Devant les gens que je ne connaissais pas, je gardais le silence, serrée tout contre lui, ma main agrippée à la sienne, mes yeux ne s'aventurant pas au-delà de ses grandes chaussures. Noires et bien cirées. Il ne portait jamais de chaussures marron. Mais après, rescapée saine et sauve d'une rencontre avec « des inconnus grands comme des tours », je serrais encore plus fort sa main et le noyais sous mes questions. Un enfant peut décrocher la lune quand son père lui procure un tel sentiment de sécurité.

Mais Robert Willie... ? Est-ce vrai, comme le prétend Vernon, que son propre père estime qu'il mérite la chaise ? Et dit qu'il tirerait bien lui-même sur la manette ?

Je regarde Robert à travers le grillage. Je me rappelle le rapport de police dans son dossier « Minorité », où il demande à aller en prison plutôt que de rentrer chez lui.

Robert poursuit, désignant le carcan :

« Au début, j'étais vraiment fumasse que quelqu'un soit allé moucharder. J'étais pas 100 % sûr de qui c'était. Alors, j'étais furieux contre tout le monde et je suis resté tout un temps sans plus parler à personne. Mais la vie est trop courte pour qu'on garde rancune, hein, alors maintenant, je cause à tout le monde. Sans exception. »

Il aimerait bien voir le match de foot avant d'être transferé au Quartier de la Mort, parce qu'il a parié deux glaces sur l'équipe de Miami. Il espère aussi qu'on le laissera emporter sa radio, il ne peut pas passer un jour sans musique. Son style de vie a bien changé depuis qu'il est au Couloir : à présent, il est au lit à dix heures et demie, juste après les infos.

« Le mec de la cellule à côté, il veut que je regarde la télé, mais moi, je lui fais : " Non, mec, je me pieute. " Il rit doucement. « Ils m'appellent " vieux pépé ". »

Parce qu'il est aussi très propre et maniaque. Toujours à réclamer de l'eau de Javel et de la lessive pour laver sa cellule. Il a dépensé près de vingt dollars en dentifrice, shampooing, savon et désodorant. L'été, quand la chaleur devient très forte, il se déshabille et se verse de l'eau sur le corps. Ensuite, il sèche le sol de sa cellule à la serpillière. « Y a que le tissu. Le manche, il est scié. »

« Y a des mecs qui se lavent pas. Moi je leur dis : “ Y a pas de panneau qui dit que la douche, elle marche pas, mec. C’est pas comme si que tu devrais te fendre de deux balles ! ” C’est que j’ai le nez sensible, moi, et je leur dis : “ Hé, mec, tu empiètes sur mon intimité ! ” »

Je lui demande s’il a eu des échos de sa plainte sur les conditions de détention au Couloir. Il m’apprend que le Département des Peines a fait des améliorations – une télé supplémentaire dans chaque section ; de nouveaux produits à la cantine – beurre de cacahuètes, gelée, poivrons ; autorisation de posséder deux boîtes en plastique avec couvercle pour garder de la nourriture, ainsi qu’une radio ou un magnétophone, un miroir et de quoi dessiner.

« Probable que la plainte leur a fichu la trouille. Ça a suffit pour qu’on nous refile déjà deux-trois bricoles. Mais pour les changements qui veulent dire quelque chose, va falloir taper plus fort sur le clou. Surtout, va falloir un autre mec, parce que moi, je serai plus là. »

Il tournicote une cigarette entre les doigts. Il a bien des difficultés à en tirer des bouffées, ses poignets entravés très court l’obligent à se pencher deux fois plus que d’habitude.

« Le mec qui va prendre la suite, il aura plus qu’à finir le boulot », conclut-il.

Je lui dis que j’ai eu sa mère au téléphone. Il me confie qu’il s’inquiète pour elle. Lui, « ça va, il est prêt. » Mais il a peur de flancher si elle vient au Quartier de la Mort et qu’il la voit « chialer ou s’écrouler. »

C’était aussi la plus grande crainte de Pat que la présence de sa mère lui fasse perdre ses moyens. J’objecte :

« Vous n’avez pas besoin d’avoir continuellement l’air d’un dur à cuire. Les vrais hommes pleurent aussi, vous savez. »

Il émet un rire, un petit rire nerveux, je comprends qu’il m’écoute. J’en profite.

« Il y aussi une autre mère qui souffre, Robert. Elizabeth Harvey. Elle était très proche de sa fille. Elles se parlaient tous les jours au téléphone. Elles sortaient faire des courses ensemble. Pour accepter la mort de Faith, elle a dû demander à son frère de venir à la morgue, ouvrir le sac, dégager la tête et examiner la mâchoire. Elle vivra tous les jours de sa vie en sachant que sa fille est morte toute seule, d’une mort abominable... Et Faith ? Vous n'avez jamais imaginé ses tourments, vous n'avez jamais essayé de vous représenter sa douleur, physiquement, sur votre propre corps ? Je vous dis cela parce que je suis votre amie. Je m'intéresse à vous et je ne peux pas supporter l'idée de vous voir aller à la mort sans reconnaître le rôle que vous avez tenu dans celle de Faith.

– Je suis désolé pour elle, vraiment. J'espère que ma mort apaisera les Harvey. Je dis ça pour de vrai. Peut-être que ça les aidera à trouver un peu de paix, qu'ils seront soulagés. »

Il parle doucement, tenant la tête baissée. Je lui redis alors ce que j'ai dit à Pat : que ses dernières paroles peuvent être des mots de haine ou bien des mots d'amour. Ce qu'il peut faire de mieux pour les Harvey, c'est leur souhaiter de trouver l'apaisement.

Le gardien vient annoncer qu'il est l'heure.

Au moment de quitter le Couloir, on m'informe que le major Kendall Coody veut me voir. Le major ? C'est lui qui dirige le Couloir de la Mort, qui supervise les gardiens tout comme les détenus. C'est un homme important. Je m'arme de courage. Il doit vouloir savoir si Robert pense sérieusement à s'enfuir ou n'aurait pas l'intention de « se finir au cyanure », je suppose.

A peine suis-je entrée dans son bureau qu'il me demande d'en bien fermer la porte.

« Comment va Willie ?

– Ça va, dis-je. Il en donne l'impression, en tous cas. »

Comme il est assis, je ne peux pas juger de sa taille. Il doit approcher la cinquantaine. Il a un visage carré, le teint clair et une grosse moustache brune. Ses cheveux sombres sont soigneusement peignés, à l'exception d'une mèche qui lui tombe sur le front. Il a des yeux brun clair et porte des lunettes. Il semble perturbé.

« Je ne sais pas combien de temps je vais pouvoir endurer tout cela. Je suis déjà passé par cinq exécutions. Je ne dors plus, je ne mange plus. J'en ai des cauchemars. Je ne minimise pas les crimes de ces gens. Je sais qu'ils ont fait des choses abominables. Je ne les excuse pas. Mais je leur parle quand je fais mes rondes. Je leur parle et je vois bien que la plupart d'entre eux ne sont que des gamins dans des corps d'adultes, des gosses qui n'ont pas eu la chance de grandir. »

Il parle à tous les détenus du Couloir presque quotidiennement. C'est un grand risque dans son métier que de connaître trop intimement les condamnés, de découvrir le petit garçon en eux. Terrain dangereux pour qui a fonction de superviser leur exécution. Je ne suis pas sans le savoir. Je tiens d'un surveillant qu'une des premières règles qu'on inculque aux gardiens d'Angola est d'éviter les *rapports personnels* avec les détenus.

Coody m'apprend qu'il fait partie de la « brigade technique » qui mène les condamnés à la chaise. Autrement dit, il voit tout de l'étape finale, à la différence des gardiens qui travaillent, eux, un jour sur deux au Couloir, servent la nourriture, surveillent les douches ou distribuent le courrier, sans jamais approcher de la chambre verte avec sa chaise de bois. Il est, quant à lui, déjà entré cinq fois dans la salle d'exécution. La nuit. Et le lendemain matin, il a dû reprendre son service, comme tous les autres jours. Il n'a jamais eu à serrer les sangles lui-même, mais il a mené les condamnés à la chaise. Et, l'exécution achevée, il lui est arrivé de vider leur cellule et de ramasser leurs effets personnels – vêtements, objets de toilette ou livres laissés derrière eux.

« Il est dans les deux heures du matin, quand je rentre chez moi, après une exécution. Je suis incapable de me mettre au lit, je passe la nuit, piqué sur une chaise, sans réussir à oublier ce que je viens d'accomplir. Je n'arrive pas à accepter que les condamnés soient mis à mort comme cela. Ma conscience s'y refuse. »

A la différence du gouverneur, du chef du Département des Peines, du directeur de l'établissement, ou de la majorité des gardiens d'Angola, le major Coody ne sait pas se convaincre qu'il ne fait que son métier. Sa position n'a rien d'enviable. Je sens mon cœur s'élancer vers lui. Je lui dis combien le fait de voir mourir Pat m'a bouleversée, moi aussi, et ne lui cache pas que son incapacité à se protéger en rationalisant les choses pourrait bien signifier qu'il doit changer de métier. Du moins, telle est mon impression.

Notre entretien ne dure pas longtemps.

« Je vous respecte, Major Coody. Je prierai pour que vous suiviez la voie que vous dictent votre cœur et votre conscience », lui dis-je en guise d'adieu. Il plonge ses yeux dans les miens et me tend la main.

Je ne le reverrai pas.

Je ne tomberai pas sur lui dans les semaines qui vont suivre et je ne le remarquerai pas parmi les gardiens de la « brigade technique » qui mèneront Robert à la chaise. Deux mois après l'exécution, j'apprendrai qu'il a été transféré dans une autre partie de l'établissement. Puis, on me dira qu'il a pris sa retraite anticipée et, finalement, j'entendrai dire qu'il est mort d'une crise cardiaque.

J'espère qu'avant de mourir, il aura eu la chance de participer au débat public sur la peine de mort. J'aurais aimé le voir prendre à partie un procureur ou ceux qui exposent des arguments bien propres et logiques pour justifier les exécutions. Je l'imagine leur disant : *Aussi bonnes que soient vos explications sur le bien-fondé de la peine capitale, quand vous assistez à une exécution, quand vous voyez tout de vos propres yeux, que vous êtes impliqués personnellement dans le processus, vous vous sentez sali, car ce que vous êtes en train de faire, c'est de tuer un homme sans défense. Et cela, c'est aussi mal que le mal qu'il a fait.*

Novembre s'est transformé en décembre. Les aiguilles rousses des cyprès s'éparpillent sur le sol et tout prend un aspect hivernal, maigre et décharné. Robert me demande de lui apporter une grosse boîte de cartes de Noël. Il veut envoyer ses vœux à tous les gens qu'il connaît.

Je lui dis que je comprendrai son désir d'intimité s'il préfère être seul ou uniquement avec sa famille, quand il sera au Quartier de la Mort. Je ne veux pas m'imposer. Après tout, je ne le connais que depuis deux mois.

« Si, soyez là, si ça vous coûte pas trop, m'dame. Je vais avoir besoin de quelqu'un qui me parle et qui reste avec moi jusqu'au bout. Je crois pas à l'idée d'être pote avec les gardiens qui vont aider à me tuer. Je sais qu'y a des condamnés qui se font des petites parlotes intimes avec les gardiens du Quartier de la Mort, comme s'y seraient copains, quoi. C'est pas mon genre. Ces types, je leur parle que si je suis obligé. J'ai pas besoin qu'ils me fassent des fleurs. Pas question. »

Un aumônier est venu le voir et mon nom a été mentionné dans la conversation. « Le père Penton, y me fait : " la sœur Prejean, elle libère les émotions chez les détenus ”. “ Libère les émotions ”, c'est comme ça qu'il a dit. Et il insiste. Si je préférerais pas que ça soit lui qui serait avec moi, au Quartier de la Mort. Et moi, je lui fais : “ Ecoute, mec, ta paie, c'est les gens d'ici qui te la versent. Tu bosses pour eux et t'es pour la peine de mort. Alors ton aide, tu te la gardes, mec ”. »

Me rappellant ma conversation avec Penton pendant qu'on rasait le crâne à Pat, où il n'avait rien trouvé d'autre à me dire que de « me préparer au choc », je réponds : « C'est difficile de résister à tout un système bien rodé quand c'est de lui que dépend votre salaire.

– Comme de mordre la main qui vous nourrit, quoi », renchérit Robert.

Quelle chance j'ai, de faire un travail que j'aime et d'être libre d'agir en accord avec mes convictions morales !

Robert me souffle qu'au début, il avait peur de mourir. A présent, son angoisse est passée. Il regardera la mort droit dans les yeux, l'heure venue. Son exécution est prévue cinq jours avant son anniversaire. Il n'aura jamais ses vingt-sept ans. Il dit : « Je peux pas me plaindre, j'ai une une vie drôlement remplie – les femmes, la drogue, la route, le rock, l'école, le foot. La totale, quoi, ou presque. » Il se sent prêt. Au point que des détenus lui ont dit qu'ils espéraient être comme lui quand viendrait leur tour.

Il s'est mis à donner des interviews, en veux-tu, en voilà. Apparemment, il aime ça. Il a dit à un reporter de NBC qu'il prendrait bien le bourreau entre quatre z'yeux pour lui dire : « Dis voir, mec, tu devrais pas tuer des types pour quatre cents dollars, quoi ». Il se demande s'il ne devrait pas lui serrer la main. Pour montrer qu'il n'a pas peur. « Nan, se ravise-t-il, je crois pas que j'aimerais lui serrer la pogne. »

Quand la presse régionale sous-entend que son milieu familial aurait laissé à désirer, il monte sur ses grands chevaux. Elle était « très bien », sa famille, « elle a rien à se reprocher ! » Il clame qu'il admire Castro et Hitler, des « chefs, et qu'ont fait avancer les choses », tout en admettant que « il a pu y aller un peu fort, le Hitler, à des moments. Mais il se gourrait pas tant, quand il disait que les Aryens, c'est la race supérieure. » D'ailleurs, Robert a adhéré à la Fraternité aryenne, un groupuscule partisan de la suprématie blanche, quand il était au pénitencier fédéral de Marion.

Pour ce qui est du gouvernement américain, il déclare : « La confiance que j'ai dedans, c'est plus j'en suis loin et mieux j'me porte. Ces gens là, ils devraient pas avoir le droit d'exécuter les autres. Ils sont trop corrompus eux-mêmes, mec. » A son avis, c'est « dégueulasse » ce que fait le gouvernement avec la CIA quand il s'efforce d'assassiner ses ennemis politiques, comme Castro à Cuba, Allende au Chili, ou les sandinistes au Nicaragua, en se cachant derrière les Contras.

A un journaliste qui lui demande ce qu'il ferait de sa vie si c'était à refaire, il répond qu'il s'enrôlerait dans une organisation terroriste. Pour faire sauter des bâtiments du gouvernement. « Pas les gens, rien que les bâtiments. » Et aussi, il dévaliserait les banques. Comme c'est le gouvernement qui les assure, ça lui coûterait un paquet de fric. « Le pognon, c'est la seule langue qu'ils parlent. »

A la question de savoir s'il a peur de mourir, il répond fermement : « La chaise me fait pas peur, mec. J'ai pas lu des masses de bouquins sur le sujet, mais je sais que l'électricité, ça te grille le cul. J'y vais sans faire d'histoires. La tête haute. J'ai ma fierté. Je suis pas un type qu'esquive, moi ! » Et de se vanter d'être sorti « du plus dur QHS du pays », avec la « réputation fermement établie d'homme et de condamné dignes de ce nom. » A son avis, « 99 % des " mectons " d'Angola, ils y tiendraient pas huit jours, à Marion ». Cela, il en est convaincu.

Il se définit ainsi : « Je suis un hors-la-loi. J'ai été un hors-la-loi presque toute ma vie. Et si c'était à refaire, je serais un hors-la-loi. »

La veille de Noël, Robert est transféré au Quartier de la Mort. Je sais qu'il a dit : « Le plus tôt sera le mieux », expliquant que là-bas, il pourrait « se concentrer et réfléchir. »

Je me rends à Baton Rouge pour passer les fêtes en famille comme tous les ans. Je téléphone à Blackburn, le directeur de la prison, et lui demande l'autorisation de souhaiter un joyeux Noël à Robert. Refusé ! J'ai donné le numéro de ma mère à Robert et lui ai dit de me téléphoner le jour de Noël, mais je passe la journée à faire des trajets entre chez elle et chez ma sœur et je rate son appel.

Le lendemain, je vais le voir à Angola. C'est la première fois que je retourne au Quartier de la Mort depuis l'exécution de Pat. Je me surprends à compter sur mes doigts les jours qui restent avant celle de Robert : mercredi 26 décembre, jeudi 27décembre, vendredi 28 décembre. Deux jours en fait, car ce sera dans la nuit de jeudi à vendredi. Robert ne verra que dix minutes du vendredi. On viendra le chercher à minuit.

C'est Vernon Harvey qui a proposé cette date, Faith ayant été assassinée un 28, en mai. Le juge ne s'y est pas opposé. Le calendrier catholique célèbre ce jour-là la fête des Saints-Innocents en souvenir des nouveau-nés massacrés par Hérode. Si Vernon le sait, il doit considérer cette date comme d'autant mieux choisie. Il a dit à la presse qu'il comptait s'asseoir au premier rang, pour voir l'exécution.

A mesure que j'approche d'Angola, je sens la peur s'insinuer en moi, progressivement, et se transformer bientôt en un ouragan, avec des rafales qui balaient tout sur leur passage, des répits terrifiants de calme et l'eau qui monte tout autour, inexorablement. *Jésus, aide-le, soutiens-moi !* Les prières les plus élémentaires me viennent aux lèvres.

Et Robert le hors-la-loi ? Est-il aussi coriace que le laissent supposer ses interviews ? A l'heure qu'il est, l'homme le plus endurci que j'aie rencontré de ma vie est enfermé dans une cellule verte et silencieuse, à quelques pas de « Gerty-la-mort », comme les condamnés appellent entre eux la chaise électrique. Je me remémore un poème que Robert m'a envoyé. L'auteur en est un de ses compagnons à Marion, Dave le Fou :

> La Gerty-la-mort, elle attend un Rebelle.
> C'est Robert Lee Willie qu'il s'appelle.
> Elle vient hanter ses nuits, elle veut le rendre fou,
> Mais Robert Lee Willie est cent pour cent rebelle
> Et son esprit toujours restera au plus haut.
> Quand bien même vous lui feriez la peau,
> Dans nos cœurs à jamais il vivra, éternel.

J'arrive enfin au portail de l'établissement. On est mercredi, jour de visite. Garé devant l'Accueil, le car de la prison attend les visiteurs pour les conduire aux différents camps. Une fourgonnette blanche a été envoyée à mon intention. Direction le cube de béton vert, avec son générateur à l'extérieur et ses géraniums rouges en pots, à l'entrée. Je connais le chemin.

Je serai seule à visiter Robert aujourd'hui. Il a demandé à sa mère de ne pas venir avant demain, convaincu que venir deux jours de suite au Quartier de la Mort serait au-dessus de ses forces. D'autant que la journée de demain sera suffisamment pénible. Elizabeth doit venir avec ses fils, les demi-frères de Robert – Mickey, dix-huit ans, Tim, seize et Todd, onze. Espérons que leur présence allégera l'atmosphère !

En arrivant au bâtiment, je remarque aussitôt des changements : supprimés les géraniums rouges, volatilisé le garde au fusil à la porte, et surtout plus de gardien armé à l'intérieur. Cinq personnes ont été exécutées à ce jour. On a dû finir par se rendre compte que toutes ces précautions étaient quelque peu superflues. Un homme avec des chaînes aux pieds et aux mains, escorté d'une dizaine de gardes, n'a pas grande chance de s'évaporer dans la nature.

Je devrais me sentir capable d'affronter l'événement, répétition de ce que j'ai vécu avec Pat, il y a six mois. Mais je suis aussi désemparée que le jeune garçon du film *After the First* qui accompagne pour la première fois son père à la chasse et ne peut se décider à tirer le chevreuil, le voyant si beau, immobile dans la lumière de l'aube, la tête dressée au-dessus des fourrés. Il finira par l'abattre et son père lui dira : « Après le premier, tu verras, c'est plus facile. »

Pour moi, c'est toujours aussi dur. Le seul fait de poser à nouveau le pied sur ce carrelage rutilant me pétrifie.

J'ai emporté ma Bible. Un gardien en inspecte soigneusement les pages avant de me passer au détecteur. Je vide les poches de mon tailleur bleu.

Une voix s'élève : « Vous ne m'aurez pas, cette fois-ci. J'ai un repas tout prêt. »

Le capitaine Rabelais. Je ne l'ai pas revu depuis l'exécution de Pat. Je suis contente de le retrouver. Je l'aime bien. J'évite cependant les bavardages amicaux. Même si le généreux soleil qui entre par la porte anesthésie ma perception de l'événement à venir, je n'oublie pas que ce lieu est le Quartier de la Mort, que nous sommes mercredi, lendemain de Noël, et que le capitaine Rabelais fait partie des gens qui vont tuer Robert. Je me dirige vers la porte que je connais si bien. Métallique, blanche et percée d'un trou grillagé. J'y ai passé avec Pat les dernières heures de sa vie. A présent, c'est Robert qui est de l'autre coté. Assis devant sa cellule, pieds et poings enchaînés. Dorénavant, jusqu'à l'heure de l'exécution, il sera sous la surveillance constante d'un gardien en faction au bout du couloir, après les quatre cellules. « Brigade de surveillance de la mort. »

« Joyeux Noël, Robert !

– Je vous ai appelée hier, chez votre mère.

– J'ai demandé au directeur la permission de vous téléphoner, mais il n'a pas voulu.

– Ça, c'est sûr que c'est pas le Sofitel. Ils passent pas les communications dans les chambres ! » fait-il en riant.

Il porte un jean et une chemise bleue à manches longues au-dessus d'un T-shirt blanc. Il a son bonnet noir en laine sur la tête. Il a pu l'emporter, cela me fait plaisir. Ça lui tiendra chaud quand on lui aura rasé le crâne. Pourra-t-il le garder jusqu'à la chaise ? C'est peu probable. Les gardiens n'ont sûrement pas envie de se compliquer la tâche avec des vêtements inutiles à retirer, au moment de sangler le prisonnier sur la chaise.

Je dirige toute mon énergie vers l'homme, assis de l'autre côté du grillage, avec lequel je vais passer la journée. Manifestement, il est heureux de me voir. Je prends une profonde inspiration et demande :

« Vous avez pu dormir ?

– Oui. Marrant, c'est beaucoup plus calme qu'au Couloir, ici. C'est drôle. J'ai dit la vérité sur ce qui s'est passé et y a pas ! Comme dit la Bible, la vérité, ça libère. Je croyais que ça faisait mal, la vérité, mais je me sens libre maintenant. Innocent presque. De savoir... De savoir la vérité. »

De fil en aiguille, il en vient à me demander un service.

« Dites, peut-être que vous pourrez pas ou que c'est trop cher, mais si vous pourriez, ça me ferait drôlement plaisir. Je voudrais passer au détecteur de mensonges. Je veux que ma mère, elle sache que j'ai pas tué Faith Hathaway. Je m'en fous si personne d'autre me croit, mais je voudrais que ma mère, elle sache. »

Un test polygraphe ! Impossible d'organiser ça aujourd'hui, il va falloir attendre demain. Et puis, il y a la question d'argent. Cela doit coûter dans les cent cinquante dollars, j'imagine, deux cents, qui sait ? Je pèse mentalement le pour et le contre. Peut-être pourrions-nous mettre sur pied quelque chose. Il se trouve que je connais quelqu'un à Baton Rouge qui pratique ce genre de test. Don Allen Zulke. Un ami de ma famille. Je l'appellerai du bureau du capitaine.

La demande de Robert me conduit à l'interroger sur son affaire. Une divergence entre les dépositions me tracasse. Je l'ai remarquée en lisant les minutes et, à nouveau, en écoutant la plaidoirie de Marion Farmer, à l'audition du recours en grâce. Selon Robert, Vaccaro était assis, la tête de Faith posée sur ses genoux, alors que lui-même était agenouillé aux pieds, quand Vaccaro s'est mis, soudain, à la bourrer de coups de couteau. Et Robert, lui, s'est contenté de tenir les bras de la jeune fille.

Mais pour le faire, il a bien dû se pencher au-dessus d'elle, gênant par conséquent les mouvements de Vaccaro !

De plus, Faith a été retrouvée les bras levés au-dessus de la tête et les genoux pliés, pieds au sol. Or, le médecin légiste a affirmé que les mains et les pieds de la victime étaient écartés au moment de la mort.

« Quand on l'a laissée, elle avait les mains croisées sur le ventre et les jambes tendues, genoux serrés », énonce Robert d'une voix dénuée de toute émotion, sans entrer dans les détails.

Trois possibilités me viennent à l'esprit :

Faith n'était pas morte quand Robert et Vaccaro l'ont abandonnée et elle s'est mise elle-même dans cette position ;

Ou bien une tierce personne a placé ses bras et ses jambes dans cette position à un moment quelconque, antérieur à celui où les photos ont été prises sur le lieu du crime ;

Ou encore Robert ment.

Mais si Robert ment, pourquoi tient-il à passer au détecteur de mensonges ? Et pourquoi le voulait-il déjà, tout de suite après son arrestation ? Pour sa mère ? Aurai-je un jour la réponse à cette question ?

« Bon. Et qu'est-ce que c'est que ces déclarations, comme quoi vous admirez Hitler et que si vous reveniez sur terre, vous voudriez être un terroriste et lancer des bombes sur les gens ?

– Pas sur les gens. Sur les bâtiments du gouvernement, j'ai dit », se défend-il. « J'ai jamais dit que j'aimerais lancer des bombes sur les gens. J'aime pas le gouvernement. La CIA se ramène partout, persuadée qu'elle a le droit d'assassiner tous ceux qu'elle a envie qui sont pas d'accord avec son idéologie. Pareil pour la peine de mort. Y a jamais de riches au Couloir. Ils peuvent acheter les officiels, eux. Parce qu'ici dans notre bon vieux pays, c'est le dollar tout-puissant qui décide de la justice que t'as. »

Je lui objecte que, tout en partageant son opinion sur certains points, je ne pense pas que répondre par la violence soit la meilleure solution. Mieux vaut adresser des pétitions au Congrès, comme nos religieuses des missions d'Amérique latine nous pressent de le faire, protester contre le soutien des États-Unis aux militaires d'Amérique centrale et engager le gouvernement à ne pas traiter de terroristes des gens qui luttent pour leur liberté. Je sais que c'est la vérité. Je suis allée au Nicaragua en 1983, j'y ai rencontré bien des gens dont les proches ont été tués par les Contras, enfants, femmes, professeurs, personnel soignant.

J'insiste : « Cela changerait quoi que ce soit, de faire sauter des bâtiments ? C'est vraiment une idée de macho !

– Ça attirerait l'attention, c'est déjà ça. Et puis, ça leur ferait dépenser un max de pognon. Et le pognon, y a que ça qu'ils pigent. »

Je rétorque que si le gouvernement accomplit des actes que nous condamnons, c'est à nous, les citoyens, de le tenir pour responsable et d'exiger qu'il cesse. Nous sommes en démocratie et la difficulté de la démocratie, c'est de trouver des alternatives aux solutions radicales.

« Les abattre est simpliste. Aussi simpliste que vous tuer. Qu'est-ce que votre exécution va prouver d'autre, si ce n'est que l'État de Louisiane peut être aussi violent que vous ? Et qu'est-ce que c'est que ces boniments, comme quoi vous admirez Hitler ? Les gens qui lisent ça dans les journaux doivent vous prendre pour un fou. Vous leur rendez très facile de dire « bon débarras ! » quand vous serez exécuté. Ça n'arrange pas votre cas. Ni celui de personne au Couloir.

– Hitler, c'était un chef. Il a fait bouger les choses. C'était un être supérieur dans un sens et peut-être un fou dans un autre, parce c'est vrai qu'il a un peu exagéré. Mais les gens qui agissent, je les admire, moi. Et Hitler, y a pas. Pour agir, il a agi, faut reconnaître. »

A dire de telles énormités, il va m'entendre ! Et puisque nous avons toute la journée devant nous, je ne mâche pas mes mots. Il ressort de notre discussion qu'il doit tout à la Fraternité aryenne de Marion. Une véritable famille pour lui.

« Vous voyez cette svastika et ce crâne, fait-il en relevant sa manche, c'est les signes de la Fraternité. Y a un mec que j'ai connu à Terre Haute qu'a écrit une lettre pour moi à la Fraternité, avant que j'arrive. Dès que j'ai été là, ils se sont occupés de moi. Ils m'ont refilé des sèches, de la dope, jusqu'à la chemise qu'ils avaient sur le dos. Tout ce qu'ils avaient, ils voulaient le partager. C'est ce qu'y avait de mieux, le partage. T'appartenais au groupe, mec. Le jour que j'ai mis la main sur une centaine de Valium, je les ai partagés avec les frères. Après, quand ils avaient des trucs, les frères, ils les partageaient avec moi. C'était un pour tous et tous pour un. Quand t'es accepté dans la Fraternité, c'est pour la vie. T'en sors pas jusqu'à ta mort. C'est ça que ça veut dire, le crâne.

– Qu'est-ce qui serait arrivé si vous aviez gardé les Valium pour vous seul ?

– Ils m'auraient fait la peau.

– Sympa, votre famille.

– Exactement. C'est vrai ! A Marion, c'est surtout des Blancs qu'y a. Y a pas tellement de Noirs et pour rien vous cacher, c'est nous qu'on fait la loi, les Aryens. C'est rare qu'y ait des bagarres ou des morts, ou même des histoires de pédés. »

Construit en 1963 pour remplacer Alcatraz, Marion, à ce que Robert m'explique, est l'établissement de haute sécurité le plus sévère du pays. Les détenus y ont le crâne rasé et portent des uniformes de l'armée et des godillots. « Pas de la tarte, comme taule ! Ça m'a appris la vie, ça m'a préparé pour ici. Là-bas, y a des programmes de réhabilitation vachement mieux qu'ici, dans un sens c'est plus facile de purger sa peine. Ici, c'est dur. A Terre Haute, où j'étais avant Marion, je me faisais un dollar de l'heure avec mon travail, alors qu'ici je touche que deux *cents*. A Marion, on pouvait suivre des cours et faire des sports de groupe. On pouvait choisir celui qu'on voulait. Moi, c'est le foot que j'aimais bien. Ici, au Couloir, on a pas le droit de faire des sports d'équipe. C'est une de nos revendications, justement. »

Il parle de Marion comme d'un refuge et des membres de la Fraternité aryenne comme de véritables frères.

Une fois, tout un groupe de détenus de sa section a été envoyé au « mitard » avec lui. A cause de lui. Pour une patate froide sur son plateau de déjeuner, que le garde a refusé de réchauffer au micro-ondes. Il l'a jetée par les barreaux dans le couloir et son plateau aussi. Les autres détenus l'ont imité. Ils ne se sont pas contentés du plateau. Savon, papier-cul, bouquins, tout y est passé. Certains ont même mis le feu à leurs cellules. Et tout le monde braillait en signe de « soutien ». Il rit à ce souvenir. Tous ces types qui se lancent dans la bagarre comme un seul homme pour protester contre le fait que sa patate était froide, ça lui fait chaud au cœur. « J'ai dû faire dans les trente-huit jours au cachot. Et le cachot là-bas, il est pas aussi sympa qu'ici. T'es nu comme un ver et t'as une bouffe dégueulasse. Et quand je dis dégueulasse, je dis vraiment dégueulasse. On te passe au jet tous les trois jours et t'as intérêt à te laver illico parce que t'as que quelques secondes. Et aussi, t'as qu'un bouquin à lire, genre Signe de piste. »

Apparemment, il en a vu de toutes les couleurs et a de bonnes histoires à raconter. C'est un coriace, ça, c'est sûr. Il tire une longue bouffée de sa cigarette et me parle encore de Marion. Le capitaine Rabelais vient m'apporter du café. J'en bois une tasse quand Robert en descend trois. Ce café, ces cigarettes, ces bavardages ininterrompus me rappellent Pat et nos conversations incessantes pour écarter la peur. *Il va mourir. Il va mourir. Il n'y a pas d'issue. Laisse-toi porter, laisse le courant te diriger, sans résister. Et surtout garde l'esprit clair. Pas de compromission sous prétexte qu'il va mourir.*

Sous l'effet de quelque puissance mystérieuse, Robert est parfaitement calme. Il prend manifestement grand plaisir à la conversation et semble en symbiose avec la réalité de l'instant. Alors que je dois, moi, opérer constamment un rétablissement intérieur pour ne pas oublier l'imminence de sa mort.

Le capitaine Rabelais nous apporte un plateau bien fourni à chacun. « Mangez, mangez, demoiselle, il y en a encore tant qu'on en veut », m'encourage-t-il allègrement. Je raconte à Robert mon évanouissement, responsable de cette modification du règlement. Il mange de bon cœur, disant que c'est bien meilleur qu'au Couloir. J'avale moi-même tout mon pâté de viande, mes fanes de moutarde et la moitié de l'énorme morceau de pain au maïs qui m'a été servi.

Robert poursuit ses récits. En octobre dernier, à Marion, il y a eu une véritable « révolution » après que deux gardes et un détenus ont été tués. Et il a fallu faire intervenir l'équipe de choc, un gros contingent de gardiens. « Ils ont pris tous les membres de la Fraternité les uns après les autres et ils les ont tabassés que je vous dis pas. Ils deviennent sacrément vaches quand y a un garde qu'est tué. » Je me souviens avoir lu parmi ses papiers la lettre d'un détenu de Marion à un journal où il relatait sa version des faits : passage à tabac et quarantaine, à laquelle même les avocats avaient été astreints. De nombreux loisirs sportifs et culturels avaient été supprimés.

Il se tait. Il reste un moment en silence et me prie de l'excuser. « Faut que j'aille *à la boîte* ». J'en profite pour aller au bureau du capitaine passer quelques coups de fil relatifs au test polygraphe. Par chance, je joins Don Alan Zulke dès mon second appel. Il pourra venir le faire passer demain. Il me signale toutefois que ce test établit, en fait, le stress émotionel du sujet. S'il doit avoir lieu au Quartier de la Mort et de surcroît le jour même de l'exécution, il y a de fortes chances pour que les résultats n'en soient pas probants. Je pèse le pour et le contre. D'un côté, il y a le coût – dans les deux cents dollars – énorme pour moi qui arrive à peine à économiser de quoi payer mes notes de téléphone –, et le risque d'un résultat erroné. De l'autre côté, il y a un homme sur le point de mourir, qui veut prouver à sa mère qu'il a dit la vérité. J'hésite. Je finis par donner mon accord. Nous envisageons diverses possibilités d'organiser la séance, toutes sujettes à l'approbation du directeur. Néanmoins, je prie Zulke de venir le plus tôt possible dans la matinée et lui donne l'itinéraire pour venir à la prison.

A peine ai-je raccroché qu'une odeur de cigare vient chatouiller mes narines, c'est Blackburn justement. Le directeur de l'établissement. L'exécution de Robert sera la troisième qu'il supervise. Cela commence-t-il à lui « peser », comme au major Coody ? Dans combien de temps devra-t-il affronter une conversation avec lui ?

« Comment va-t-il, sœur Pri-djin ? », me demande-t-il, prononçant mon nom comme les gens qui ignorent le français.

« Remarquablement bien, bizarrement. »

Je regrette aussitôt ma réponse. Je ne veux en rien contribuer à graisser les rouages de cette exécution. Cet acte, je veux l'ébranler, l'ébrécher, le cisailler de toutes les manières, contrairement à Blackburn qui cherche, lui, à s'assurer que les choses se passeront ce soir aussi « aisément » que les autres fois. Qu'une scène à la Riley ne risque pas de se produire.

Leandress Riley était un Noir, gazé à San-Quentin, le 20 février 1953. De très petite taille, il pesait à peine quarante kilos. Mais surtout, il était terrorisé. Les gardiens avaient dû le transporter, hurlant et se débattant, jusqu'à la chambre à gaz et, avec des difficultés inimaginables, avaient réussi à l'asseoir dans la chaise métallique. Les boulons du sas avaient été serrés, mais on n'avait pas encore jeté le cyanure dans le récipient d'acide quand Riley, parvenu à se dégager des sangles, s'élança dans une sarabande effrénée tout autour de la salle et se mit à cogner des deux poings contre la vitre derrière laquelle se tenaient les témoins et la presse, horrifiés. Il avait fallu interrompre la procédure, ouvrir le sas, attraper Riley et le sangler à nouveau sur la chaise. Et cela, par trois fois ! Et pas un instant, Riley n'avait cessé de hurler de terreur, n'interrompant ses cris qu'après avoir inhalé le gaz [1]. La plupart des gardiens qui faisaient partie de « l'équipe tactique » lors de l'exécution de Riley ne purent jamais participer à une autre exécution.

S'il y a un « rebelle » parmi les condamnés à mort d'Angola, c'est bien Robert Lee Willie. Et Blackburn, qui n'est pas sans le savoir, tient à se barder de signes rassurants, à se convaincre que les choses se passeront « dans la sérénité ». Qu'il ne compte pas sur moi pour lui faciliter la tâche !

Je lui transmets la requête de Robert et l'informe des possibilités déjà envisagées, s'il veut bien les approuver. Il donne son accord. A condition que le test ait lieu suffisamment tôt le matin.

De parler au directeur a réveillé mon angoisse. La peur recommence à me tenailler l'estomac. Je ne l'avais pas ressentie de toute la matinée en bavardant avec Robert, j'en étais presque arrivée à oublier le lieu où je me trouvais. Mais à présent, je le reconnais trop bien. Je tente de couper court à notre conversation.

« Il faut que j'aille retrouver Robert. »

Blackburn me retient : « Robert m'a envoyé une carte de vœux très gentille, vraiment, je l'ai remercié. Vous savez, ce n'est pas moi qui ai choisi la veille de Noël pour le transférer ici. J'avais décidé de le laisser avec ses camarades du Couloir jusqu'après les fêtes. C'est lui qui a insisté. »

Je retrouve Robert debout à côté de la chaise en train de se dégourdir les jambes, je reste debout moi aussi.

« J'aurais dû rien dire sur Hitler, ni que je voulais être un terroriste. C'était bête. » Blackburn lui a fait savoir l'autre jour que ses interviews à la presse étaient terminées. « Également, proteste-t-il, j'ai le droit d'en faire encore, si je veux. Mais ça m'a coupé l'envie. Quand même, c'est pas une raison. Le directeur, y devrait pas faire preuve d'autorité comme ça. »

Je lui apprends que Blackburn a donné son accord pour le test pour demain matin.

« Vous alors ! Ça, c'est du boulot ! »

Le test, apparemment, lui tient très fort au cœur. Pour lui éviter toute déception, je répète les réserves de Zulke quant à la fiabilité du résultat et lui explique que dans sa situation il peut fort bien être stressé sans en avoir conscience.

« Je me demande ce que ça aurait donné, si on m'avait laissé le passer quand j'ai été arrêté, comme j'avais demandé. Je m'en fiche qu'on pouvait pas se servir des résultats, au procès. Les doutes, c'est tout ce que je voulais. Si le procureur avait eu un doute, probable qu'il m'aurait proposé un arrangement. »

Blackburn vient annoncer que mon temps de visite est écoulé. Robert jette un coup d'œil à sa montre, visiblement contrarié. Il regarde le directeur et se contente de regimber en haussant les épaules. J'interviens, sachant qu'aucun réglement spécial ne s'applique aux visites des derniers jours.

« Encore un instant, monsieur le Directeur. Je voudrais prier avec Robert. »

Blackburn se retire. Clin d'œil de Robert et sourire entendu : « Ça, c'était le genre de truc qu'il pouvait pas vous refuser. Il est pas ministre du culte ou quelque chose comme ça, lui, dans son Église ? »

Comme il l'a expliqué à un reporter, Robert croit en Jésus. Il a un conseiller spirituel, c'est exact, mais se défend d'avoir quoi que ce soit de commun avec les « fanatiques de la religion ». Et il n'est pas non plus « comme ces hypocrites de la prison qui se servent de la religion dans leurs intérêts personnels. » Non, lui, comme il l'a déjà dit, n'est qu'un « type ordinaire que ça empêche pas de jurer beaucoup. » Sa déclaration m'avait fait rire. Il est vraiment unique, ce type !

Je pose ma main sur le grillage contre la sienne et récite une prière. Il courbe la tête, me présentant le sommet de son bonnet de Hors-la-loi, Frère aryen, Dur-à-Cuire, Rebelle, Kidnappeur, Violeur, Assassin, ce bonnet noir de tricot qu'il m'offrira ici même avant de partir pour la chaise. Je termine la prière en suppliant Dieu de lui accorder les vertus qui lui sont nécessaires pour accepter la mort et l'affronter – pitié, courage, repentir pour la douleur qu'il a causée . Je prie aussi pour les Harvey qui seront là et le regarderont mourir.

Il dit : « Amen. Merci, m'dame, pour cette bonne prière. Je sais pas si je peux être tout ce qu'elle dit, la prière, mais je vais essayer. »

Je le quitte en évoquant le Dieu auquel je crois. Il ne saurait être un dieu de sang assoiffé de torture et de mort, mais un dieu d'amour et de compassion. Je lui signale un passage de l'Évangile selon saint Jean, où Jésus parle de vivre et de mourir librement. A lire ce soir, s'il le veut, avant de s'endormir pour sa dernière nuit sur la terre :

> C'est pour cela que le Père m'aime, parce que je donne ma vie, pour la reprendre.
> Personne ne me l'enlève; mais je la donne de moi-même.
>
> (Jean, 10, 17-18)

« Non pas qu'on ait raison de vous ôter la vie, dis-je. C'est mal. Cela doit être dénoncé et battu en brèche. Ce que je veux dire, c'est que vous avez à l'intérieur de vous la liberté de choisir de mourir soit dans l'amour, soit dans la haine. » Je lui dis aussi qu'il ne m'est pas indifférent. Que sa vie a de la valeur à mes yeux et que je resterai auprès de lui jusqu'à la fin.

Je sors du Quartier de la Mort, je retrouve dehors le pâle soleil de décembre. Je reviendrai demain. Robert m'a demandé d'être là à deux heures, en même temps que sa mère et ses frères. J'appréhende ce moment. J'appréhende d'assister à la douleur familiale, d'être témoin du chagrin de Todd qui n'a jamais que onze ans. Et dans un lieu comme celui-là !

Mais demain est un autre jour. Je m'interdis d'y penser. Seuls comptent aujourd'hui la route sinueuse parmi les collines de Tunica, l'autoroute 66 et Baton Rouge où Mary-Ann et ses cinq enfants revenus de leur collège passer Noël en famille m'attendent pour dîner.

Noël...

Robert a envoyé ses cartes de Noël depuis le Quartier de la Mort.

Ses vœux me sont parvenus, une comptine de Noël, dont je fredonne les paroles, tout en conduisant :

> Dieu fasse, joyeux gentilshommes,
> Que rien ne vienne vous troubler
> Nous choisirons pour exécuter
> Un jour de juin ou bien Noël...

Je pense au débat sur la peine de mort, engagé parmi « les gens d'Église ». En général, nous nous assenons des citations de la Bible sans considération aucune pour le contexte culturel ou littéraire des passages évoqués. « Football biblique », comme le décrit Will D. Campbell, un écrivain du Sud qui est aussi ministre baptiste.

Tout au long de la Bible, dans l'Ancien Testament comme dans le Nouveau, la mort est présentée comme le châtiment approprié pour le meurtre et l'on serait en peine de trouver un passage qui conteste cela. Même la mise en garde de Jésus à propos de la femme adultère – « Que celui d'entre vous qui est sans péché lui jette le premier une pierre » (Jean 8, 7) – doit être interprétée à la lumière de la loi de Moïse qui prescrivait la mort en châtiment. Cette citation est en réalité un « piège », destiné à montrer la sagesse de Jésus face à ses adversaires. Ce n'est nullement un jugement moral, à l'encontre de la peine capitale.

De même, le passage de l'Exode, « œil pour œil », que les partisans de la peine de mort aiment tant à citer, est rarement reproduit dans son contexte original. Lequel enjoint clairement de limiter les représailles, comme il est dit au verset 22 :

> Si des hommes, en se battant,
> bousculent une femme enceinte et que celle-ci avorte,
> mais sans autre accident, le
> coupable paiera l'indemnité imposée par
> le maître de la femme, il paiera selon la
> décision des arbitres. Mais s'il y a accident,
> tu donneras vie pour vie, œil pour œil, dent pour dent,
> pied pour pied, brûlure
> pour brûlure, meurtrissure pour meurtrissure, plaie
> pour plaie.
>
> (Exode, 21, 22-25)

Cet exemple – hautement patriarcal, la femme étant considérée comme la propriété négociable de son maître – stipule clairement que la peine doit correspondre à la gravité de l'offense. Si l'enfant est perdu et la mère saine et sauve, le châtiment est moins important que si tous deux périssent. Limitez vos représailles, n'exigez rien de plus qu'un œil pour un œil, une vie pour une vie, exhorte le passage – injonction salutaire en ces temps où il n'était pas rare que des communautés entières soient décimées en représailles d'une offense faite à l'encontre d'un seul individu.

Ce passage, comme maints autres de l'Ancien Testament, n'en indique pas moins que le meurtre doit être puni de mort.

Rappelons-nous que la loi de Moïse a été promulguée au sein d'une société semi-nomade qui ignorait prisons et lieux de détention institutionnalisés, où il était nécessaire de punir les délinquants de façon rapide, efficace et sévère, si l'on voulait permettre à cette société encore fragile de se développer.

Outre les meurtres, notons aussi les nombreux autres crimes passibles de mort dans la Bible, liste en aucun cas exhaustive :

• mépris des parents (Exode 2, 15, 17 ; Lévitique 24, 17)
• profanation d'un lieu sacré (Exode 19, 12-13 ; Livre des Nombres, 51 ; 18, 7)
• sorcellerie (Exode 22, 18 ; Lévitique 20, 27)
• bestialité (Exode 22, 19 ; Lévitique 20, 15-16)

• offrandes aux dieux païens (Exode 22, 20 ; Deutéronome 13, 1-9)
• profanation du sabbat (Exode 31, 14)
• adultère (Lévitique 20, 10 ; Deutéronome 22, 22-24)
• inceste (Lévitique 20, 11-13)
• homosexualité (Lévitique 20, 13)
• prostitution (Lévitique 21, 19 ; Deutéronome 22, 13-21)

Aucun individu doué de sens commun ne prétendrait vouloir appliquer de nos jours la peine capitale aux délits mentionnés ci-dessus. Et, curieusement, les tenants de la théorie « œil pour œil » ne sont pas les derniers à invoquer l'évolution de la société en trois mille ans pour montrer combien un tel châtiment est archaïque et exagéré dans les cas mentionnés ci-dessus.

Il va de soi qu'au cours de nos séances de « football biblique », les nuances ont tendance à disparaître et j'en viens de plus en plus souvent à m'en tenir éloignée. Je tente, pour ma part, d'articuler mes croyances personnelles selon la morale léguée par Jésus à l'humanité – la compassion, le désarmement de l'ennemi plutôt que son humiliation ou sa mort, la solidarité envers les pauvres et ceux qui souffrent.

Qu'est-il advenu de cet élan d'amour et de compassion que Jésus a institué dans l'Histoire ?

Que sont devenus ces premiers chrétiens, que leur totale adhésion à l'enseignement de Jésus poussait à mourir dans les arènes plutôt que de payer tribut à des empereurs terrestres ? Qui refusaient de servir dans les rangs des armées ? Quel événement tragique a-t-il pu les transformer à ce point ?

Elaine Pagels, dans son livre *Adam, Ève et le Serpent,* dit qu'il remonte à l'année 313 de notre ère, quand l'empereur Constantin embrassa la religion chrétienne. Je la cite : « Autrefois soumis aux arrestations, à la torture et aux exécutions, les évêques chrétiens bénéficiaient à présent d'exemptions d'impôts ou se voyaient offrir des dons par le Trésor impérial. Ils acquirent des positions prestigieuses, voire influentes à la cour. Les églises obtinrent une richesse nouvelle, le pouvoir et la prééminence [2]. »

Malheureusement, le fait d'exercer le pouvoir aux côtés des Romains – avec leurs traditions de respect indéfectible pour l'action militaire – détrôna bientôt chez les chrétiens le précepte moral de persuasion hérité du Christ qu'ils avaient suivi jusque là.

Au ve siècle, montre encore Elaine Pagels, saint Augustin devait fournir à l'Église et aux gouvernements la base théologique rationnelle qui leur était nécessaire pour justifier l'utilisation de la violence. Il sut convaincre les autorités ecclésiastiques que le péché originel avait à ce point annihilé chez les hommes la capacité à faire des choix moraux qu'il était nécessaire et justifié que l'Église et l'État se chargent de diriger leur vie. L'esprit de l'homme étant « tordu », il convenait de le « redresser par le glaive ». Ainsi, « l'innocent serait-il protégé ». Saint-Augustin légitimait de la sorte aux yeux des chrétiens la pratique des gouvernements séculiers de recourrir à la violence et à des moyens de coercition pouvant aller jusqu'à la mort, pour contrôler des sujets.

Notre siècle a été illuminé par deux flammes d'espérance, Mohandas K. Gandhi et Martin Luther King. Tous deux ont montré, comme l'avait enseigné Jésus, que compassion et tolérance, même à l'égard de ses ennemis, agissent sur la société. Comme l'a dit Gandhi : « Si chacun prenait un œil pour un œil, le monde entier serait aveugle. » Gandhi ne voulait prendre l'œil de personne, il voulait uniquement forcer les Anglais à quitter l'Inde.

Derrière la force morale des campagnes de justice sociale menées par Gandhi et par King, Susan Jacoby voit une même forme sublimée d'agression :

> Les concepts de non-violence et de non-agression sont souvent considérés comme interchangeables, King et Gandhi les ont souvent utilisés l'un à la place de l'autre. La non-violence, – de Gandhi en Inde et de King dans le Sud des États-Unis – peut raisonnablement être considérée comme une forme hautement disciplinée d'agression. Si l'on prend l'agression dans son sens premier d'attaque, comme l'indique le dictionnaire, alors la résistance non violente est certainement l'attaque la plus osée jamais menée à l'encontre d'un pouvoir que l'on cherche à renverser. Ce fut le cas pour ces deux hommes, qui considéraient l'amour comme une force motrice, face à l'oppression. Leurs écrits abondent en citations qui le prouvent. Et si Gandhi et King n'utilisaient pas le terme de force dans son sens militaire, ils considéraient assurément la non-violence

> comme une arme tactique autant que comme un précepte moral. Chez Gandhi, le concept de *Satyagraha* était, à l'origine, l'attachement à la vérité. Gandhi l'appelait également force d'amour, ou force d'âme, expliquant qu'il avait découvert très tôt que la recherche de la vérité interdisait d'infliger la violence à son adversaire. Il fallait, au contraire, arracher celui-ci à son erreur par la patience et la miséricorde... La patience suppose que l'on fait don de sa souffrance personnelle. Et c'est ainsi que la doctrine en est venue à signifier la lutte pour la vérité, en s'infligeant à soi-même la douleur et non en la faisant subir à son adversaire.
> King a été encore plus explicite. La désobéissance civile, a-t-il expliqué bien souvent, a pour objectif d'inciter les partisans de l'intégration à agir publiquement, contribuant par là à faire prendre conscience au monde que des gens sont en butte au racisme. King et Gandhi n'ont pas réussi parce qu'ils ont changé les cœurs et les esprits des shérifs du Sud ou des administrateurs de l'Empire britannique, mais parce qu'ils ont su « rendre le prix à payer pour maintenir l'oppression trop élevé pour leurs adversaires ». (C'est moi qui souligne.)

Appliquant cette observation à l'abolition de la peine de mort, j'en conclus que, pour y parvenir chez nous, nous devons convaincre nos compatriotes que le gouvernement n'a ni les moyens financiers ni les moyens moraux – et c'est le plus important – de continuer à pratiquer les exécutions.

Permettre que le gouvernement tue nos concitoyens sape les valeurs mêmes sur lesquelles les Pères Fondateurs ont choisi de bâtir le pays : à savoir, l'inviolabilité de la dignité de la personne humaine.

Il ne fait aucun doute pour moi que la peine de mort sera un jour abolie. Ce jour viendra plus vite si les gens qui, comme moi, connaissent la vérité sur les exécutions, font ce qu'ils ont à faire et éduquent le public. S'ils ne le font pas, ce jour viendra quand même, mais plus lentement. Parce que, au bout du compte, ce n'est pas le vice, la méchanceté ou la mauvaise volonté qui poussent nos concitoyens à soutenir les exécutions, c'est tout simplement l'ignorance dans laquelle ils sont tenus. J'en suis convaincue. Cette ignorance n'est pas fortuite, car c'est précisément le secret qui entoure les exécutions qui rend possible de les perpétuer. Si, au contraire, les exécutions étaient faites en public, la torture et la violence dont elles sont pétries en seraient démasquées et la honte nous obligerait à les faire cesser. J'en suis intimement persuadée. Nous, qui aimons tant à nous poser aux yeux du monde en défenseurs de la démocratie, quel ne serait pas notre embarras, face à la cruauté des foules accourues pour voir un homme mourir ! Nous serions humiliés que des touristes étrangers viennent du Japon, de Russie, d'Amérique latine ou d'Europe pour nous regarder tuer nos propres citoyens.

Pour le moment, je roule en direction de Baton Rouge. Je viens à peine de quitter le Quartier de la Mort où, demain, un homme sera tué. J'assisterai à l'exécution, impuissante à l'empêcher. Et cet homicide de demain, inutile et insensé, sera suivi de bien d'autres.

Cette idée me bouleverse.

*Une bonne nuit de sommeil, voilà ce qu'il me faut.*

J'inspire longuement à plusieurs reprises. J'entre dans la ville de Baton Rouge.

Je n'ai pas à organiser les funérailles ni l'enterrement de Robert. Sa famille s'en chargera. Demain soir, sœur Kathleen et sœur Lory viendront manifester devant le portail de la prison au moment de l'exécution. D'autres religieuses les accompagneront. Les « bonnes sœurs larme à l'œil », comme les appelle Vernon Harvey. Je prévois, quant à moi, d'être à deux heures au Quartier de la Mort et de rentrer en voiture après l'exécution. En conduisant moi-même, si j'en ai la force. Si j'en suis incapable, je passerai le volant à une religieuse.

Je reçois un appel de Jason DeParle. Reporter au *Times-Picayune,* il est ouvert aux questions de justice sociale et vient aux dîners de Bill et Debbie Quigley chaque fois que son emploi du temps le lui permet. En tant qu'ami, il tient à me réconforter et me prévient de la parution de son article : « L'assassin Robert Willie va à la chaise sans abdiquer sa fierté. » Il m'explique, sur un ton d'excuse, qu'il a eu bien du mal à l'écrire, cet article, car tout au long de l'interview, Robert n'a fait que donner de lui-même une image de macho pur et dur, dénué de tout repentir. Par honnêteté de journaliste, Jason s'est vu obligé de le représenter ainsi et il en est gêné, sachant que je suis le conseiller spirituel de Robert, et connaissant le mal que je me donne pour « travailler » avec lui. Il m'annonce aussi que son journal l'a chargé de couvrir l'exécution et l'enterrement.

Les Quigley m'appellent également, ainsi que Millard, Tom Dybdahl et d'autres amis ou collègues. On m'annonce que Pèlerinage pour la vie, association contre la peine de mort à l'échelle des États-Unis, mènera des veillées de prière à La Nouvelle-Orléans et à Baton Rouge, devant la résidence du gouverneur.

Grâce à mon cocktail somnifère et lait chaud, déjà utilisé la veille de l'exécution de Pat, je passe une bonne nuit. Je me réveille reposée et prête. Mon impuissance et mon désarroi d'hier se sont dissipés. Nous sommes le 27 décembre, fête de saint Jean l'Évangéliste, qui a rapporté les paroles de Jésus : « Vous connaîtrez la vérité et la vérité vous libérera. »

A deux heures, j'arrive à la prison. L'Accueil scintille sous le soleil. Involontairement me revient à l'esprit un jeu auquel je jouais, étant enfant : savoir si l'objet que je regarde en cet instant aura la même apparence la prochaine fois que je le verrai. Au moment de quitter la maison pour partir en vacances, je fixais un buisson du jardin, ou bien la poignée de porte de la cuisine, et, au retour des vacances, je les regardais de nouveau, en essayant de me rappeler comment ils étaient auparavant. Méthode enfantine de circonscrire le temps, j'imagine, d'en éprouver physiquement le passage. Quand je reverrai l'Accueil, l'exécution aura été accomplie. Le bâtiment aura-t-il la même apparence ? Robert Lee Willie, lui, ne sera plus.

Le véhicule de la prison est déjà là, qui m'attend

En entrant au Quartier de la Mort, j'aperçois près de la porte métallique la famille de Robert. J'ai déjà rencontré ses trois demi-frères, le jour où je suis allée voir sa mère, Elizabeth. Ce sont de beaux garçons, plein de santé.

Mickey et Todd sont assis devant, Elizabeth et Tim un peu en retrait. C'est Mickey, l'aîné, âgé de dix-huit ans, qui fait les frais de la conversation. Il blague avec Robert, l'accuse d'avoir essayé de lui piquer sa copine, la dernière fois qu'ils se sont téléphoné. « Elle ne t'a parlé qu'une minute et ça a suffit pour qu'elle te tombe dans les bras. Il a fallu que je lui arrache l'appareil. »

J'approche une chaise. Je jette un œil à ma montre. 14 heures 10. Le règlement autorise la famille à rester jusqu'à 17 heures 45.

Les aînés passent un moment à échanger des souvenirs d'ordre sentimental et Robert interroge Todd. A-t-il aussi une petite amie ? Todd n'est encore qu'un petit garçon à la tête toute ronde. Ses oreilles, ses joues et sa nuque s'empourprent à cette question. Non, il n'a pas de temps à consacrer aux filles. Il est trop pris par la pêche et le camping. Il décrit l'équipement qu'il a reçu pour Noël, la tente et le reste. Tim le pousse à raconter à Robert la nuit qu'il a passée dans le jardin. Tout le monde s'esclaffe à ce souvenir. Elizabeth tente de désamorcer la moquerie : « J'ai eu peur. Je l'ai fait rentrer. Je suis même sortie le chercher. »

Robert demande ce qui s'est passé. Fatigué de rester piqué sur sa chaise, Todd vient se mettre debout tout contre la porte et, pianotant des doigts sur le grillage, raconte comment, avec un copain, ils ont réussi à monter la tente tout seuls et ont fait cuire leur repas. Ils sont restés dehors jusqu'après minuit. Mais là, ils ont entendu un bruit d'animal. Qui faisait un de ces rafuts ! Il devait être juste à côté. « Et c'était pas un chat ou un chien, tu peux me croire, c'était une bête sauvage, c'est sûr ! »

L'histoire semble beaucoup amuser Robert. Il n'a probablement jamais bavardé comme cela avec ses frères, avec Todd surtout qui n'avait que sept ans en 1980, quand il a été arrêté.

Est-ce la peur, ou bien que sa mère soit sortie le chercher, qui l'a fait rentrer ? demande Robert avec insistance. Mickey donne une tape à Todd. « Accouche, dis-lui la vérité, quoi ! » Le garçon reste à se balancer d'un pied sur l'autre. Ce n'est encore qu'un enfant.

Son aventure me rappelle mes nuits dehors, dans le jardin, quand j'avais son âge. On étendait des draps sur des cordes à linge pour faire une tente, on bavardait et on chantait des chansons de scouts. Puis, inévitablement, vers minuit, d'étranges « bêtes sauvages » nous forçaient à rentrer.

Parfois, un silence se fait entre deux histoires. Ou bien c'est un gardien qui va Camp F, et l'on sent le froid lorsque la porte vitrée s'ouvre. Elizabeth dit que des gens lui ont posé des questions à propos de l'enterrement, mais elle s'est contentée de répondre : « Il n'est pas encore mort. » Est-ce dû à l'irréalité du lieu, au soleil qui brille très fort, à ses quatre garçons qui se racontent des blagues, heureux, apparemment, d'être tous ensemble, je ne saurais le dire, mais Elizabeth arrive à se maîtriser et fume, debout à côté de sa chaise, sans pleurer ni s'effondrer. Robert doit se sentir soulagé de la voir si forte. Sans sa mort au programme, on dirait une charmante réunion de famille.

Blackburn s'avance. La famille va devoir partir. Il est 15 heures à ma montre. Une petite heure s'est écoulée. Je jette un regard à Robert. Il n'ignore pas que le règlement autorise les familles à rester jusqu'à 17 heures 45. Nous en avons discuté. Il s'étonne : « Déjà ? C'est pas un peu tôt ? »

Le directeur insiste : « Maintenant. »

Robert pourrait protester qu'on écourte de trois heures sa visite le dernier jour de sa vie, il sait que je le soutiendrais. Mais curieusement, il ne se fâche pas. Il ne doit pas avoir envie de se colleter avec le directeur, par crainte de peiner sa mère.

Il se lève. Il dit qu'il a réuni ses affaires. Dans deux taies d'oreiller qu'il aimerait que sa famille remporte aujourd'hui même. Pour être sûr que ses frères les aient, au lieu de laisser à la prison le soin de les envoyer plus tard. Le gardien de faction va chercher les balluchons. Il ordonne à Robert de reculer à l'autre bout du couloir pendant qu'il ouvrira la porte. Il remet les deux taies au capitaine Rabelais.

« C'est tout ce que j'ai. Mick, tu feras le partage. Allez, vous allez pas chialer, hein ! Sauf mes godillots. Je veux aller à la chaise dans mes godillots de Marion. Et pleurez pas, hein ! Je veux pas voir de chialette Je vous dis pas au-revoir, je vous le dirai au téléphone. »

Je demande à Blackburn si la famille peut embrasser Robert. Il secoue la tête. « Question de sécurité. »

« Allez, salut, mec. Courage », dit Mickey. Il arrive presque à prononcer la phrase sur un ton ferme, sa voix s'éraille juste un peu sur le dernier mot. Tim s'éloigne, traînant Todd, le visage ruisselant de larmes. Suivie de Mickey, Elizabeth se dirige vers le vestibule en se tamponnant les yeux avec un Kleenex. « On t'aime, Robert.

– Pas de chialette, hein ? Je vous appelle ce soir. Je vous appelle. »

La remise des taies d'oreiller génère une légère confusion, un bon devant être signé avant qu'on ne laisse sortir les affaires. Sur un ton de colère contenue, Mickey laisse échapper : « Ils pourraient être un peu organisés, quand même ! »

La voix de Robert se fait entendre de derrière la porte : « Qu'est-ce qui se passe ?

– Des papiers qu'on doit signer », répond Mickey.

Robert part d'un rire méprisant.

« Ceux-là, je vous jure ! Sûr qu'on est pas à Marion, ici, pouvez me croire ! »

Près d'un quart d'heure est nécessaire pour établir la liste et la faire parapher. Tim et Todd sortent sur le parking. Passant le bras autour de ses épaules, j'accompagne Elizabeth jusqu'à la sortie. « Ne vous inquiétez pas, je vais rester avec lui. Il a du ressort, une très grande force intérieure.

– Oh, je sais. Il est bien plus fort que nous tous. »

J'observe par la porte vitrée Elizabeth et ses fils prendre place dans la fourgonnette de la prison. Les portes claquent, le moteur démarre, le véhicule s'éloigne. Un des garçons me fait un signe d'adieu par la fenêtre. Je vois Mickey serrer sa mère contre lui. Elle tient sa tête enfouie dans ses mains.

Coup d'œil à ma montre. 16 heures 15. De nouveau un étau de glace me comprime le ventre – solitude et connaissance *exacte* de quoi sera faite chaque heure de cette soirée.

Je me rappelle un passage du Psaume 51, le Miserere, que nous récitions toujours au moment de passer à table, après l'examen de conscience, et que nous disions aussi quand une religieuse de notre communauté était sur le point de mourir. *Prends pitié de moi, Seigneur, dans ta bonté. Dans la grandeur de ta miséricorde, pardonne mes offenses... Ne me rejette pas hors de ta présence et n'éloigne pas de moi ton Saint Esprit...*

Non, c'est faux. Comment saurais-je avec *exactitude* ce qu'apportera cette nuit ? Le protocole, oui, j'en connais les détails. Mais les réactions de Robert Lee Willie ? Sera-t-il pris de rage, se débattra-t-il sur toute la longueur du trajet jusqu'à la chaise ? Et si sa dure carapace explosait et qu'il se mette à sangloter ? Ou bien qu'il s'évanouisse ?

Je m'en retourne vers la porte de fer.

Robert s'y tient debout, tout contre, et tire lentement sur sa cigarette. Son blindage est-il toujours intact ? Je l'ignore. J'ignore ce qu'il va faire maintenant, j'ignore ce qu'il va dire. Il se contrôle encore, ça, je le vois. Il est toujours maître de lui. Est-il soulagé que la visite soit terminée ? Sa mère a réussi à ne presque pas pleurer, l'entrevue s'est déroulée sans trop émotion. Ce doit être pour cela qu'il ne s'est pas rebellé quand Blackburn a ordonné à la famille de partir, bien avant l'heure prévue. Peut-être, dans le peu de temps qui lui reste, préfère-t-il ne penser sur lui-même. Après tout, c'est ce qu'il a toujours fait depuis sa plus tendre enfance.

« Je vais y aller avec mes godillots. Et si c'est pas trop compliqué pour vous, m'dame, c'est sûr que j'aimerais bien être enterré avec. »

L'atmosphère est encore lourde du lent départ de sa famille. Je retire les quatre chaises vides devant la porte de fer. Il n'y a plus que la mienne, à présent. Dehors, la nuit est en train de tomber. A l'intérieur, on a allumé les néons. *Donne-moi un cœur pur, ô Seigneur, et qu'un esprit neuf et fort renaisse en moi !*

Robert m'interroge sur le test passé ce matin. Zulke a emporté les résultats à Baton Rouge pour les étudier à son bureau. Comme le règlement de la prison ne l'autorisait pas à téléphoner à Robert, c'est à moi qu'il les a communiqués.

« Ce n'est pas concluant. D'après Zulke, vos réponses indiquent un grand stress. »

La nouvelle laisse Robert abasourdi. « Ça alors ! Il est sûr, le mec ? Absolument sûr ? A cent pour cent ? Et moi qu'avais l'impression d'être tout à fait à l'aise quand j'ai donné les réponses. Je me sentais pas du tout stressé. Ça alors, j'aurais pas crû que j'aurais raté cet examen !

– Zulke ne dit pas que vous avez raté, il dit que vos réponses indiquent que vous êtes en état de grand stress. Dans des circonstances normales, ça pourrait signifier que vous mentez, mais étant donné le lieu et les circonstances, à quelques heures de mourir, c'est parfaitement normal. Qui ne le serait pas ? Tout ce que Zulke a dit, c'est que l'examen montrait que vous étiez stressé. Il s'y attendait. Il faudrait que vous soyez un robot ou complètement fou pour ne pas éprouver d'angoisse ! »

Je ne sais comment réagir face à l'ahurissement de Robert. Qu'il ait pu penser qu'il ne subissait pas de stress, ici, au Quartier de la Mort, le jour même de son exécution, me désarçonne. Je lui dis que les mères ont un moyen bien à elle de savoir la vérité sur leurs enfants. Jamais la sienne ne ferait dépendre sa confiance en lui des résultats d'un test semi-scientifique.

« Je peux pas croire que le test a pas dit la vérité, enfin ! » s'écrie-t-il. Je n'ai pas besoin de me rappeler la grossièreté dont font état ses rapports de discipline, pour deviner qu'il se retient de toutes ses forces pour ne pas jurer comme un charretier. Depuis que nous nous fréquentons, j'ai eu le temps de me convaincre que l'exclamation « Enfin ! » ne fait pas partie de ses tics de langage. Il lui faut du temps pour avaler sa déception. Comme rien de ce que je pourrais dire ne saurait l'aider, je décide de changer de sujet. Ce moment n'est pas pire qu'un autre pour aborder la question des « négros, espingoins, chinetoques » et autres qualificatifs qu'il affectionne. Je l'interroge sur la Fraternité aryenne. Ne trouve-t-il pas un peu ironique, après tous les crimes qu'il a commis, de revendiquer la suprématie sur quiconque ?

« D'accord, laissez tomber les " espingoins " et les " chinetoques. " Je les ai fourrés dans le même panier pour faire bon poids. C'est les " négros " que je veux dire. Je me suis jamais bien entendu avec. Avec mon cousin, on allait en vélo jusque dans leurs quartiers pour leur lancer des pierres. Y avait Junior qu'arrêtait pas de nous dire qu'ils allaient venir nous casser la gueule. Et ça a pas loupé. Ils ont attendu le moment et, un jour, ils nous ont piqué nos bécanes et les ont complètement bousillées. »

Il ne dit à propos des Noirs que des banalités ressassées : qu'ils sont paresseux, enchantés de vivre au crochet des fonds de soutien, font des ribambelles d'enfants sans se marier, sont tous des délinquants, et que le reste de la population ne paie des impôts « rien que pour qu'ils continuent. Ça fait un bail qu'y a plus d'esclavage, mais eux, ils continuent de brandir leur vie d'avant comme excuse. Je peux pas supporter qu'on fasse tout pour être des victimes. »

Je tente de lui expliquer que notre nation, économiquement parlant, s'est fondée dans une certaine mesure sur le travail des esclaves noirs pour en arriver au stade actuel. Même l'Émancipation n'a libéré les Noirs qu'à demi. Immédiatement, on a tout fait pour les tenir loin de la compétition. Dans la société agricole de l'époque, peu d'entre eux avaient de quoi acheter un lopin de terre. Quant aux Noirs d'aujourd'hui, ceux que je connais à Saint-Thomas, ce sont des gens dignes et qui travaillent dur. Qu'il étudie de plus près la politique de Reagan et il verra la perversité du racisme. Il verra si ce sont véritablement les Noirs indigents qui « bouffent » nos impôts. L'économie pratiquée actuellement consiste à taxer les travailleurs et exempter les riches, à soutenir les magnats de l'immobilier et laisser les villes à l'abandon. Pour ne rien dire de la partialité manifestée par tous à l'égard des Noirs dans la misère. Lui-même, a-t-il déjà été l'objet de préjugés ?

Oui, me répond-il. Mais pas au début de sa vie, seulement après avoir été en prison. Les gens de la rue « parlent mal des gens en taule. Pour eux, on n'est que des monstres, des bêtes qu'ont rien pour les racheter. » Il rit avec amertume. « Ce qu'y disent de nous ? Qu'on est irrécupérables. C'est bien comme ça, qu'y disent, hein ? »

N'empêche, il ne supporte pas que les gens se fassent passer pour des victimes. Il aime les battants. « Et ça vaut aussi pour les détenus. Faut pas croire, y en a ici aussi, des pleurnichards. Qui lèveront pas le petit doigt pour leurs droits. Ceux-là, ils ont que ce qu'ils méritent, si vous voulez que je vous dise. Je trouve que c'était vachement bien quand Martin Luther King, il était à la tête de son peuple et qu'ils ont tous marché dans les rues, jusqu'à la capitale du pays, pour botter le cul aux Blancs. Ça m'a bien fait plaisir. Pour une fois, ils étaient pas à se traîner par terre en pleurnichant « racisme... racisme... ». Dommage qu'ils aient pas continué, ça m'aurait plu, à moi. »

L'arrivée du capitaine Rabelais, suivi de Blackburn, met fin à notre débat. On apporte le dîner de Robert. 18 heures. Déjà.

*Son dernier repas.*

Robert se frotte les mains avec un grand sourire, en découvrant le plateau. Voilà un repas qu'il va prendre plaisir à déguster. Je lui lance pour blaguer : « Je croyais que vous ne vouliez pas accepter de fleurs de ces gens ? »

Ce principe s'applique à tout, sauf aux beignets de crevettes, rétorque-t-il. Les beignets de crevettes, il adore !

Un gardien dépose sur trois chaises devant lui trois plateaux avec des beignets de crevettes, d'huîtres et poisson, le tout accompagné de frites et de salade. Pat avait mangé à l'intérieur de sa cellule et on lui avait retiré ses menottes. Robert, lui, reste près de la porte, poignets menottés mais détachés du carcan, de sorte qu'il peut remuer les bras.

Le capitaine Rabelais me remet également un plateau. La vue du ragoût de viande et du maïs me donne un haut-le-cœur. 18 heures. Dehors, il fait nuit depuis un bon moment. L'électricité est allumée dans tout le Quartier de la Mort. On n'éteindra les lumières qu'une fois la « tâche » accomplie. « On saura alors l'heure qu'il est », comme dit un Noir de mes amis.

Je bois une gorgée de thé glacé. Robert, enfermé dans un monde à lui, saisit une crevette frite entre ses doigts, la hume avec délices et la porte à sa bouche. Difficile d'imaginer que ce repas est le dernier qu'il prend. Il mange, il mange et parle, et mange encore. Se dégage de lui une sorte de paix, comme s'il avait découvert un espace serein, un instant de grâce à l'intérieur du moment présent, une lagune paisible au milieu des rapides blancs d'écume qui tourbillonnent et se fracassent tout près de lui.

Il tient probablement d'une longue expérience que la vie est faite d'ondes et non de particules, que rien n'y est véritablement solide, que tout s'écoule comme un flot. A moins que sa fière attitude de macho ne l'ait immunisé. *La chaise électrique me fait pas peur, mec!* Que Dieu m'aide à quitter la vie avec autant de détachement, quand mon heure sera venue! Comment aimer passionnément la vie tout en ne s'y cramponnant pas est un paradoxe qu'Ignace de Loyola, Thérèse d'Avila, saint Jean de la Croix, saint François d'Assise et bien d'autres encore ont tenté d'éclaircir.

Robert dit : « Je me sens un peu... comme si j'avais pris de la dope, mais pas pareil, quand même. Je sais que je vais dans un monde meilleur. »

Je me laisse entraîner dans son espace de paix et peu à peu je me détends moi aussi. Je sens ma gorge se décrisper. Je suis capable d'avaler une gorgée de mon thé et même une bouchée de ragoût.

La conversation roule maintenant sur sa famille.

Il parle de Junior, le mari de sa mère, qui a toujours

essayé d'être un père pour lui. Mais Robert était un adolescent difficile. Il prenait de la drogue et n'acceptait d'ordres de personne.

« Quand on a eu la maison où on vit maintenant et que j'ai eu une chambre pour moi tout seul, Junior m'a dit que je pouvais la décorer comme je voulais. Alors, j'y suis allé carrément du marteau pour accrocher mon drapeau sudiste au mur et y a le Junior qui ouvre la porte et qui me fait : " Tout, sauf des clous dans le mur ! " » Il sourit à ce souvenir. « Junior, il était accro à l'idée qu'on travaille pour avoir ce qu'on veut et pas qu'on attende de tout recevoir sur un plateau. » Quand il a eu treize ans, Junior lui a acheté une tondeuse, pour qu'il se fasse de l'argent de poche. « Y me payait un dollar quand je tondais la pelouse. Ça me faisait vingt-cinq *cents* pour jouer dans l'équipe de foot et soixante-quinze que je pouvais dépenser. »

Mais Robert n'a jamais pu garder un petit boulot longtemps. Il travaillait, gagnait de l'argent et s'arrêtait pour tout dépenser. Il a conduit des camions, travaillé sur des péniches et fait pousser de la marijuana pour en vendre.

Comment faisait-il pour ne pas se faire prendre ? Il m'explique qu'il s'était fait un carré dans les bois, près de Covington. « Faut bien t'assurer que t'as des repères pour retrouver l'endroit, mais qu'y sont pas assez visibles pour que les autres les trouvent, les flics ou les dealers. Les dealers surtout, qui risquent de te piquer ta récolte sous le nez. La drogue, c'est bien. On peut se faire pas mal de fric avec, mais c'est dangereux. »

Après que son cousin et lui eurent tué le dealer, il a décidé de prendre des boulots réguliers. Il s'est engagé sur un train de péniches. Le remorqueur halait quarante-huit barges de Grand Isle en Louisiane à Cairo, dans l'Illinois. C'est impressionnant de passer d'un pont à l'autre, la nuit, pour aller allumer les fanals quand ça roule et que ça tangue sous les pieds, malgré les câbles passés dans des anneaux de fer pour stabiliser les péniches et les retenir ensemble.

« Un jour, un mec et moi, on a dû aller jusqu'à la barge de tête. Quand on a eu allumé le fanal, on s'est fumé un joint à l'avant pour se calmer avant de refaire le chemin en sens inverse. Les fleuves, c'est vachement mystérieux, la nuit. Y a les fanals qui font des petites taches dans l'eau et l'eau qui tourbillonne sous toi. T'as l'impression que c'est l'aventure, que t'es vachement loin de tout, quand t'es sur un long fleuve comme ça et que tu sais qu'il traverse des villes et des villages et plein de régions différentes pour aller se jeter dans la mer. »

Le travail consistait aussi à vérifier l'état du grain. Il fallait cogner fort sur le haillon avant d'ouvrir. Pour faire peur aux rats. Il y en avait des « gros comme des chiens ou des chats » cachés à l'intérieur.

Il saisit une huître. « La dernière. Z'auriez dû voir ce qu'on nous donnait, sur les péniches. Des steaks juteux, cuits comme tu voulais. Tous les jours, si t'avais envie. Et quand tu rentrais de quart, la nuit, des gâteaux, des cakes et des litres de lait qu'il fallait que tu les jettes par-dessus bord, si tu les finissais pas. Mais moi, j'aime pas gâcher la nourriture, alors qu' y a des gens qui crèvent de faim dans le monde. J'ai toujours été comme ça, moi. Je fais attention à pas gâcher la nourriture. »

C'était un travail extrêmement dangereux. « Tu risques de tomber entre les péniches et de te faire écraser ou choper par un câble, s'il cède et qu'il s'enroule autour de toi. » Un type s'est fait prendre, une fois. Sous ses yeux.

« Pile à la ceinture. Ça l'a coupé en deux comme avec un couteau. Y a tout son bas du corps qu'est tombé à la baille. Il a juste eu le temps de regarder partir ses jambes et il est mort. Le choc, probablement. De voir que la moitié de son corps se tirait toute seule. »

Ses récits me rappellent les histoires que mes cousins Jimmy et Wayne nous racontaient quand nous jouions aux cartes, à Grand Isle. Ils en avaient vu, des accidents de travail, sur les plates-formes pétrolières où ils travaillaient, en pleine mer. Ils nous décrivaient leurs descentes en scaphandre le long du puits de forage. L'eau était très claire et des poissons énormes, de cent kilos ou plus, venaient tourner autour d'eux. Comme je les enviais d'être des garçons et d'avoir des métiers aventureux qui nous étaient interdits, à nous les filles !

« Ça alors, j'arrive pas à croire que j'ai raté l'examen au détecteur. » Robert secoue la tête, les doigts crispés sur une frite. « C'est con que je l'aie pas passé plus tôt. Avant d'être ici. »

Il me demande de lui décrire en détail les procédures

par lesquelles il va passer une fois qu'on lui aura rasé le crâne. Il ne veut pas être surpris. Il veut être prêt.

Sa question me désarçonne. Il m'avait entraînée bien loin d'Angola avec ses histoires de péniches et de fleuve et voilà qu'il me fait atterrir brutalement au beau milieu de la prison ! Le dernier repas qu'il prendra de toute sa vie s'est achevé. 19 heures. Il lui reste cinq heures à vivre.

Je ne lui cache aucun détail. On va lui raser les cheveux et couper la jambe gauche de son pantalon à hauteur du genou. On lui fera mettre un T-shirt propre et une couche. Puis il y aura le trajet jusqu'à la chaise. Là, il pourra dire ses dernières paroles. Et on l'attachera sur la chaise. Je décris les sangles, celle qu'on lui passera autour de la mâchoire, sans oublier la cagoule qu'on lui mettra sur la tête.

A mesure que j'avance dans la description, je sens une terreur de glace m'envahir. Dans quelques heures, les mots que je viens de prononcer seront devenus la réalité.

Il y a quelques semaines, Robert a pensé que ce serait une bonne chose que la télévision filme son exécution. Mais les lois de la Louisiane l'interdisent et il a dû se soumettre. Il laisse tomber : « Je parie que si les gens voyaient ce qu'ils font quand ils exécutent, y en a plein qui changeraient d'avis. »

Il se demande s'il doit serrer la main à Blackburn. Il hésite et finit par opter pour la négative. « J'ai pas envie d'y dire quelque chose dans le genre : " C'est bon, j'sais que vous faites juste votre boulot ". »

Son discours d'adieu le tracasse. Il tient à dire que la peine de mort est mauvaise, mais il a aussi d'autres idées et ne sait pas comment les formuler. Que dirais-je, moi, à sa place, au microphone, en sachant que ce sont mes dernières paroles. Saurais-je seulement ce que je dis ? Pat a trouvé des phrases toutes simples, ordinaires dans un sens. Ce qui les rendait extraordinaires, c'était de savoir que c'étaient les dernières.

Robert me dit qu'il a appelé son amie du Texas, celle qu'il a aimée, pour lui annoncer son exécution. Il lui a proposé de venir le voir au Quartier de la Mort, si elle voulait. Mais elle a eu peur des ragots. Il a compris. Il lui a dit qu'il ne voulait pas faire pression sur elle et l'a remerciée pour les bons moments passés ensemble.

Nous parlons aussi de l'anneau qu'il porte à l'oreille gauche. « Ça veut dire que je suis pas un pédé. » Je me moque de lui : « Ah, ah, le cow-boy macho de la pub Marlboro.

– Vous savez, j'en fais pas tout un binz, de prouver ma virilité. Mais c'est la femme d'un pote qu'a voulu me percer l'oreille. » Il sourit. « Elle m'a proposé de mettre la tête sur ses genoux et là, j'ai pas voulu laisser passer l'occase. »

Le temps file à toute vitesse. Il est près de 21 heures 30. Robert se prépare à téléphoner à sa famille. Je l'exhorte à ne pas se retenir de pleurer. Les larmes sont un signe d'humanité et de force, elles ne sont pas un aveu de faiblesse. Jésus a pleuré à la mort d'un ami et il a pleuré avant d'affronter son calvaire.

« Les machos, c'est bon pour la pub.

– Quand je parlerai à Maman, je me laisserai aller. »

Je fais les cent pas dans le vestibule tandis qu'il téléphone.

Les préparatifs de dernière minute ont commencé. Le père Penton va prévenir Robert de son arrivée, au cas où il aurait besoin de ses services. La secrétaire installe sa machine à écrire dans la salle où se trouve le distributeur de café. Des directeurs adjoints sont là, munis de leurs talkie-walkies. La presse n'est pas encore admise, les témoins non plus. Ils seront conduits ici vers 23 heures. Après cinq exécutions, la procédure est bien rodée.

Je m'en retourne à la porte de fer. Le téléphone est raccroché. J'entends Robert se moucher. Il sort de sa cellule. Je vois qu'il a pleuré.

« Je me suis laissé aller. J'ai dit à ma mère et à Junior que je les aimais et j'ai parlé aux trois garçons.

– Vous êtes un vrai homme, Robert.

– J'avais pas envie de raccrocher. Je leur ai dit que je les rappellerais juste avant d'y aller, si je peux. »

Je lui demande s'il veut prier avec moi. Il acquiesce d'un hochement de tête. Je suis en train de lui lire les paroles de Jésus : « Vous connaîtrez la vérité et la vérité vous libérera », quand Slick arrive avec sa trousse à raser.

« Cette dignité qui est la vôtre, Robert, personne ne peut vous la retirer », lui dis-je, avant de gagner le vestibule.

Je recommence à déambuler lentement, de long en large, comme je l'ai fait le soir de l'exécution de Pat, à nouveau immergée dans un cercle de lumière et de force, apaisée. J'adresse une prière à Pat. Qu'il soutienne Robert et que Dieu vienne en aide à Elizabeth et à Vernon Harvey !

Retournée près de la porte, je découvre Robert occupé à caresser son crâne rasé.

« Y m'ont même enlevé les sourcils ! »

Pour la première fois, je le vois sans sa chemise à manches longues. Ses bras sont couverts de tatouages, svastika, tête de mort, prénoms féminins. Une femme nue sur un bras. Les yeux baissés, évitant mon regard, il avoue avec embarras : « Vous allez me prendre pour un sale type, avec tous ces tatouages. »

Je me contente de lui demander si c'est douloureux de se faire tatouer. L'important, c'est de faire faire ça par quelqu'un qui s'y connaît, pour éviter les infections. C'est un type de Marion qui les lui a faits. Il me confie qu'il en a d'autres sur le torse, un squelette avec la faux, et dans le dos, une femme.

A présent, notre conversation roule comme un torrent puissant, bouillonnant dans tous les sens, sans direction précise.

« Faut que je vous dise... ». Et de m'expliquer qu'il a craint le pire en apprenant qu'une bonne sœur allait le visiter. « Ça m'a foutu les jetons. Je me suis dit : “ Ça y est, elle va me faire la morale pour que je me repente. ” Mais après que je vous ai vue la première fois, j'ai compris que je pouvais vous parler comme à une amie. J'ai même écrit à ma mère que j'avais rencontré une femme vraiment chouette. »

Je lui dis à mon tour ma crainte d'avoir affaire à un psychopathe quand Millard m'a raconté son crime.

« Ben maintenant, vous êtes convaincue. » Il émet son petit rire bas. « C'est vrai que j'ai été fou de suivre Joe Vaccaro. »

Il est un peu plus de 23 heures. La porte d'entrée s'ouvre de plus en plus souvent. Les témoins et la presse sont en train d'arriver. Elizabeth et Vernon Harvey doivent être là.

« Bon. Je vais appeler la famille encore une fois. Mais bougez pas. Partez pas retrouver tous ces gens ! » Le gardien de faction vient lui passer l'écouteur.

L'opérateur va dire : « Un appel en PCV de Robert Willie, de l'établissement pénitenciaire. Vous acceptez de payer la communication ? » Et chez lui, quelqu'un répondra : « Oui ». Ce sera le dernier appel. La dernière fois qu'ils entendront sa voix. Le petit Todd va-t-il supporter le choc ? Et Mickey ? Et Tim ? Ils savent qu'une fois l'appareil raccroché, le téléphone ne sonnera plus. En seront-ils soulagés ? Non qu'ils désirent la mort de leur frère, mais à chaque appel, leur cœur doit battre la chamade, une angoisse terrifiante doit s'emparer d'eux.

23 heures 30. Une escouade de gardiens fait rentrer Robert à l'intérieur de sa cellule. On va lui mettre les couches. Bruits de voix étouffées. Vidange des toilettes.

*Donne-moi un cœur pur, ô Seigneur, et qu'un esprit neuf et fort renaisse en moi... Tu n'aimes pas les sacrifices... Un cœur humble et contrit, ô Dieu, tu ne le repousseras pas...*

Robert est revenu auprès de la porte. Il demande à un gardien de me faire passer son bonnet de laine noir. « Y doit pas être propre propre. Faudra le laver ! »

Je le remercie. Lui me remercie de lui avoir enseigné Dieu. « Je sais que Dieu, il connaît la vérité. Je sais que je vais être OK. Et vous savez quoi ? Quand je serai dans la chaise, je vous ferai un signe. Comme ça, vous verrez que je suis OK.

– Vous n'aurez qu'à me regarder. Me regarder, ça suffira. »

Il est convaincu qu'il va dans un monde meilleur. « Je suis pas inquiet du tout », insiste-t-il, bien qu'il soit secoué de frissons. Le gardien vient lui mettre sa chemise en jean sur les épaules.

Minuit.

La même scène se reproduit. A la seule différence que c'est Blackburn, et non plus Maggio, qui vient ouvrir la porte, accompagné de « l'équipe technique. »

« C'est l'heure, Willie. »

Il est déjà debout. Prêt.

Je recule. Les gardiens l'entourent pour canaliser sa sortie. Tout en marchant, je lis à haute voix l'Évangile selon saint Jean. M'entend-il seulement ? Entend-il autre chose qu'un magma de paroles indistinctes ? S'il en est capable dans un tel moment, entend-il Jésus lui conseiller de « déposer sa vie afin de la reprendre » ? Sans cesser de lire, je lève les yeux de ma Bible. Je vois qu'il avance de son pas légèrement élastique sur la pointe des pieds, de sa démarche habituelle.

Nous atteignons la salle d'exécution. Un gardien me conduit dans la salle des témoins. Vernon et Elizabeth Harvey sont au premier rang. Tendus, silencieux, le regard droit devant eux. La chaise de chêne sombre brille sous la lumière crue, la grande pendule du mur indique 12 heures 07.

Robert prononce ses dernières paroles.

« Je veux juste dire, monsieur et madame Harvey, que je souhaite que ma mort vous soulage. C'est mal de tuer. C'est à cause de ça que vous avez obtenu qu'on me tue. Mais ça fait pas de différence si c'est des gens, des pays ou des gouvernements qui tuent. C'est toujours mal de tuer. »

Il s'assied dans la chaise. Les gardiens entreprennent de lui passer les sangles. Autour des bras, autour des jambes. Il les observe tandis qu'ils officient. Ils installent la barrette de métal sur sa tête. Ils apposent l'électrode sur son mollet gauche. Ils en sont à serrer la courroie de mâchoire. Dans un instant, ce sera la cagoule. Robert relève les yeux. Il scrute la pièce où nous sommes, s'imprègne de ce monde que dans un instant il aura quitté. Me trouve. Me fait un clin d'œil. On boucle la mentonnière, on baisse le masque, on le tue.

Cette fois, je ne ferme pas les yeux.

J'observe intensément tout ce qui se passe.

# CHAPITRE X

Je franchis le portail de la prison dans la lumière aveuglante des projecteurs de la télévision.

Entouré de reporters, Vernon Harvey est en train de se servir un verre, un sourire épanoui aux lèvres. Son seul regret, c'est que les victimes n'aient pas la satisfaction de voir mourir leur assassin. Willie est mort trop vite, les tourments de Faith lui ont été épargnés. Tant pis. Qu'il grille en enfer pour toute l'éternité ! Et à un journaliste qui lui demande s'il est content, Vernon répond sans détour : « Venez danser que je vous le prouve ! »

Elizabeth déclare que c'est l'absence de repentir de Willie qui l'a déterminée à assister à l'exécution. Savoir qu'il ne pourra plus tuer personne lui fait bien plaisir.

La petite Lizabeth, quant à elle, affirme qu'elle vit son « plus beau Noël depuis des années. Ça va leur montrer, aux criminels, que s'ils tuent des gens, ils passeront sur la chaise. » N'étant pas admise à assister à l'événement en raison de son jeune âge (14 ans), elle a passé la soirée devant le portail dans la fourgonnette de ses parents, à fabriquer des affiches en faveur de la peine de mort avec des amis et des partisans. Une photo d'elle embrassant sa mère après l'exécution paraîtra en double page dans *Life Magazine.*

Un journaliste m'interroge. Je lui retourne sa question : « Qu'avons-nous obtenu en tuant Robert Willie, si ce n'est d'avoir aujourd'hui deux morts au lieu d'un, de nouvelles funérailles et une autre mère qui va enterrer son enfant ? »

Willie a-t-il manifesté quelque repentir ? demande-t-il encore. Je répète les dernières paroles de Robert – son souhait de voir sa mort soulager les Harvey.

L'espace d'un instant, Vernon et moi échangeons un regard, tous deux éblouis par les projecteurs. Happé par ses amis, il disparaît parmi des banderoles : « Juste Vengeance ! Pensez aux victimes ! Mort aux assassins de Louisiane ! »

Je raccompagne les religieuses jusqu'à leurs voitures, garées sur le parking.

*Quand le courant est passé, son corps n'a pas tressauté tant il était maintenu serré sur la chaise. Il s'est seulement un peu soulevé, son torse s'est légèrement projeté en avant et ses mains se sont crispées sur les accoudoirs. Il n'a pas eu de mouvements brusques. Le courant est passé par trois fois. Je ne pouvais pas voir son visage. J'ai prié à haute voix : « Seigneur, pardonnez-nous. Pardonnez à tous ceux qui ont pris part à cette exécution. »*

Robert n'est pas allé à la chaise dans ses godillots de Marion. Il portait des chaussons blancs, en tissu-éponge.

Le lendemain matin, en me réveillant chez ma mère, la demande de Robert me revient aussitôt à l'esprit : ne pas le pleurer, mais aller de temps en temps écluser une bière sur sa tombe.

Le téléphone sonne. Mickey, son demi-frère, me prévient que les obsèques auront lieu au funérarium Brown-McGeehee, à Covington, et que Robert sera inhumé au cimetière de Folson, près des siens. Puis, c'est le bureau du directeur de la prison – les godillots de Robert sont à ma disposition. Des amis appellent également, ainsi que des relations qui ont assisté à la veillée devant la résidence du gouverneur. Leurs prières se sont mêlées aux exclamations des joyeux fêtards qui venaient admirer le sapin de Noël de douze mètres sur la pelouse.

Dans l'après-midi, j'éprouve le besoin urgent de faire quelque chose de *normal*. En jean et vieux sweatshirt, je viens de commencer à laver ma voiture quand la chaîne de télévision ABC m'appelle de New York pour me proposer de passer au journal de ce soir. Tout en me séchant les mains à mon pantalon, je regarde ma montre. J'hésite. Si je veux arriver à temps à la station

WBRZ, l'antenne d'ABC à Baton Rouge, je vais devoir me changer à toute allure. Le manque de temps serait un bon prétexte pour refuser. D'autant que si j'accepte, il va falloir que je me concentre, c'est-à-dire que je quitte l'espace de sérénité où je me suis réfugiée. Je n'en ai pas envie. Je suis fatiguée. J'aimerais mieux finir de laver la voiture. Mais ABC est une chaîne *nationale* et l'émission de Peter Jennings, *ABC Evening News,* l'occasion ou jamais d'exprimer en direct mes opinions. De plus, je me suis fait une loi d'accepter toutes les invitations à débattre de la peine de mort. J'accepte, donc. Je passe un tailleur à toute vitesse, je mets des talons hauts et fonce à la télévision.

A peine suis-je arrivée qu'un technicien me remet un écouteur et, tout en se hâtant de fixer un micro à mon col, me conseille de ne pas regarder le moniteur quand je parlerai, car l'image étant décalée d'une seconde par rapport au son, cela risquerait de me troubler. Ça y est. Me voilà connectée à New York. Avant de passer à l'antenne, Peter Jennings s'exerce à dire mon nom. « Pray-jaune », s'escrime-t-il, voulant le prononcer à la française. Il me prévient qu'il tient à présenter les deux points de vue adverses et qu'il passera en premier une interview des Harvey. Le fait que les proches des victimes aient été autorisés à assister à l'exécution est suffisamment rare pour qu'il veuille en parler.

Le reportage débute sur des images tournées devant le portail de la prison, juste après l'exécution. Sur fond de banderole « Have " Faith " in the Justice System » *, Vernon Harvey exprime le vœu que tous les proches des victimes connaissent la chance qui est la sienne aujourd'hui. Puis, on passe sur Lizabeth qui affirme qu'il est normal que ses parents fassent mourir Robert Lee Willie puisqu'il a fait mourir sa sœur. Vient ensuite Blackburn, au moment où il déclare Robert Lee Willie mort. A zéro heure quinze minutes très précisément. Puis, l'on entend les dernières paroles de l'assassin. On repasse enfin sur Vernon qui estime la mort de Willie trop douce et trop rapide et déplore qu'il n'ait pas souffert autant que Faith.

L'interview proprement dite peut commencer.

* « Ayez " foi " en la justice ». Allusion évidente au prénom de la jeune fille assassinée. *(N.d.T.)*

Qu'est-ce que je pense du fait que les parents de la victime soient autorisés à assister à l'exécution ?

Je commence par exposer la position des autorités de Louisiane – à savoir que si un public restreint est admis aux exécutions, c'est bien la moindre des choses que les parents de la victime soient du nombre. Puis j'explique que je ne partage pas cette vision des choses, cette pratique, tendant à renforcer l'aspect « vengeance personnelle » selon moi.

« Vous pensez que les gens assistent aux exécutions dans un esprit de vengeance ? » insiste Peter Jennings.

Je réponds par l'affirmative. Leur désir de vengeance découle du chagrin immense d'avoir perdu un proche. L'on ne peut éprouver pour ceux qui restent qu'une infinie compassion.

Serait-il souhaitable, à mon avis, que les exécutions soient ouvertes au public ? me demande Jennings. A nouveau, j'acquiesce. Mais à condition qu'elles le soient pour tout le monde. Qu'elles soient totalement libres d'accès. Le fait de voir démasquée dans toute sa nudité la violence commise inciterait certainement le public à exiger l'abolition de la peine de mort, du moins telle est mon opinion. Les exécutions sont une chose horrible, monstrueuse, et M. Harvey se trompe quand il prétend que Robert n'a pas souffert. Il a souffert chaque fois qu'il regardait sa montre, sachant que dans quelques jours, dans quelques heures, il serait mis à mort.

Jennings me remercie et se tourne vers George Will, le commentateur politique, pour lui demander s'il pense, lui aussi, que les exécutions devraient être publiques.

George Will déclare que, si les Américains sont favorables à la peine de mort, ce n'est pas parce qu'elle est dissuasive, mais parce qu'elle satisfait leur conviction morale que c'est le seul châtiment approprié pour punir l'auteur d'une action monstrueuse. Comme le meurtre, par exemple. Quant à l'esprit de vengeance qui s'exprime lors d'une exécution, loin d'être une chose honteuse, il estime que c'est un sentiment noble.

Jennings revient à la question de départ : George Will pense-t-il que le fait d'autoriser le public à assister aux exécutions aboutirait à l'abolition de la peine de mort ?

C'est discutable, répond celui-ci. Certains partisans de la peine de mort, convaincus de son effet dissuasif, voudraient eux aussi qu'on les montre à la télévision pour en souligner l'horreur. Il pense, quant à lui, qu'une telle pratique n'aboutirait qu'à endurcir encore la société. Il est d'avis que la peine de mort peut être appliquée en privé et remplir néanmoins sa fonction primordiale – qui est de venger la communauté dans son ensemble, et pas seulement les proches. C'est ce qui a eu lieu hier soir, en Louisiane.

Et voilà. C'est dans la boîte ! Pour les infos d'ABC, la question est réglée.

Je relève les yeux. J'aperçois un petit groupe de collaborateurs de WBRZ, venus assister à la transmission. Ce doit être un événement pour une chaîne régionale, que de passer à l'antenne dans un programme national. Tout en retirant le fil passé dans la manche de ma veste, le technicien me fait remarquer que pour une émission nationale en *prime time*, on m'a laissé la parole un bon bout de temps. D'habitude, on ne donne pas plus de quarante-cinq secondes, une minute grand maximum. Surtout quand c'est du direct. Je n'en retiens quant à moi que la déclaration de George Will : que la vengeance n'est pas honteuse, mais noble.

*Noble !*

Mais alors, pourquoi un acte noble devrait-il être accompli en privé ? Et comment, s'il est noble, pourrait-il « endurcir » la société ?

Will n'est pas le seul à considérer que les exécutions doivent être menées devant un public restreint. C'est également l'avis de Walter Berns qui, comme il l'expose dans son livre *Pour la défense du châtiment suprême : la moralité de la peine de mort face au crime*[1], craint que l'accès généralisé aux exécutions n'aboutisse à un « endurcissement » de la société, à un éventuel retour aux lynchages, certains esprits faibles pouvant se laisser entraîner. Des catégories de la population, les enfants par exemple, ne devraient pas être admises à assister aux exécutions. Quant à les programmer à la télévision, Berns y est opposé. Non seulement parce que n'importe qui pourrait les regarder, mais aussi parce que la télévision « a tendance à transformer les événement les plus dignes en spectacle racoleur » (c'est moi qui souligne).

Mais ce ne sont pas les caméras de télévision qui font que les exécutions sont affreuses ! Ni la composition de l'assistance ou son comportement. Les exécutions sont affreuses parce que c'est affreux de tuer un être humain avec préméditation ! Parce que la torture est affreuse ! Qu'on le gaze, qu'on le pende, qu'on le fusille, qu'on l'électrocute ou qu'on lui injecte un produit mortel, c'est toujours aussi affreux de tuer un individu qui a pieds et poings liés. Et dissimuler l'horreur, ou ratiociner sur le fait, ne fait qu'engourdir notre esprit et l'empêcher d'appréhender ce qui se passe réellement. C'est cela qui endurcit. Rien d'autre !

Quand Ross Maggio, le directeur de la prison, a annoncé la mort de Pat au microphone, ses yeux ont croisé les miens. Je me souviens parfaitement qu'il a détourné le regard. Instinctivement. Il ne venait pas d'accomplir un haut fait. Il venait de contribuer à mettre à mort un homme.

Camus prétend que si l'on exécute en secret, c'est précisément parce que c'est honteux. Selon lui, les gouvernements qui veulent voir les exécutions se perpétuer savent très bien qu'ils doivent les tenir secrètes. Dans la pratique, tout d'abord, mais pas uniquement. Dans la symbolique aussi. En recourant à ses « ruses de langage » pour qualifier l'acte :

• On le dit *noble,* sous prétexte que c'est le gouvernement qui l'accomplit, alors qu'il s'exerce comme une vengeance de gangsters ;
• On dit que ce n'est pas une torture ou un meurtre, sous prétexte qu'il *respecte la dignité humaine* du condamné ;
• On dit qu'il est *humain*, si l'on choisit, pour l'accomplir, la méthode de l'injection chimique.

Ces euphémismes, Ronald Reagan en personne y a eu recours pour promouvoir les exécutions par injections létales, quand il était gouverneur de Californie. « En tant qu'ancien fermier et éleveur, je sais ce que ça fait, d'abattre un cheval. Maintenant, il suffit d'appeler le vétérinaire et il endort l'animal. C'est tout. »

Selon ce raisonnement, l'injection serait plus *humaine* que les méthodes pratiquées jadis en des temps, ô combien peu reculés, où l'on pouvait : empoisonner, lapider, décapiter, crucifier, brûler vif, jeter du haut d'une falaise, verser du plomb fondu, faire mourir de faim, découper en morceaux, enterrer vivant, empaler, noyer, écarteler, écraser sous d'énormes poids, faire bouillir, jeter dans une fosse aux serpents, donner en pâture à des bêtes sauvages, éviscérer, garrotter (étrangler), fouetter à mort, rouer, étendre sur un chevalet, écorcher vif, pendre *, électrocuter, fusiller, gazer (ces quatres dernières méthodes étant toujours pratiquées dans notre pays [2]).

« La seule chose que le témoin peut voir, au moment de l'injection de pentothal, c'est le condamné ouvrir la bouche pour inspirer ou bâiller. Il ne semble pas qu'il y ait d'autre réaction physique visible », dira en 1990 Richard Peabody, directeur adjoint d'Angola, responsable des exécutions, quand la Louisiane abandonnera l'électrocution pour passer aux injections chimiques. Et de conclure que l'assistance va « s'ennuyer » !

Depuis qu'en 1977, l'Oklahoma a ouvert la voie, la Louisiane est le dix-neuvième État à avoir adopté l'injection chimique. Cette méthode connaît la faveur du public, car elle élimine tout signe apparent de douleur physique, ne laissant que le « désagrément » d'une piqûre intraveineuse. Il n'en demeure pas moins que toute souffrance n'est pas effacée pour autant. Du moment que l'on met à mort un être humain conscient, celui-ci subit toujours l'horreur d'être tué contre sa volonté et souffre l'agonie – l'attente de la mort. Comme si cela diminuait votre peur de la mort de savoir que vous n'allez pas être électrocuté, fusillé ou pendu,

* Les États de Washington, du Montana, du Delaware et du New Hampshire, autorisent encore la pendaison. Le mardi 5 janvier 1993, l'État de Washington a pendu Westley Allen Dodd, meurtrier de trois enfants. Une liste d'instructions de douze pages éditée par le Département des Peines spécifie que la corde placée autour du cou du condamné doit avoir une longueur de 9,15 mètres et un diamètre allant de 0,63 cm à 5,71 cm, qu'elle doit être faite en chanvre de Manille, bouillie (de manière à en éliminer la rigidité) et lubrifiée à la cire, au savon ou à l'huile afin que le nœud s'ajuste au plus près. Le manuel d'exécution précise également que la distance à laquelle doit être placé le condamné pour assurer une force susceptible de lui rompre les vertèbres doit être calculée en fonction de son poids. Pour Dodd, la distance était de 2,16 m. En outre, une planche munie de sangles doit se trouver à proximité de manière à maintenir le corps dressé, au cas où le condamné s'évanouirait avant l'ouverture de la trappe.

mais sanglé sur une couchette, les bras étendus, à attendre que s'écoule silencieusement un fluide mortel – le pentothal – qui viendra en premier et vous fera perdre conscience, de sorte que vous ne sentirez pas le bromure de pancuronium paralyser votre diaphragme et interrompre votre respiration, non plus que le chlorure de potassium qui passera en dernier et fera cesser les battements de votre cœur.

Pitoyable mascarade ! La mort déguisée en acte médical ! Et la personne qui l'administre va jusqu'à passer de l'alcool sur le bras du « patient » pour éviter l'infection !

Au temps des exécutions publiques, le spectacle n'était pas joli à voir, je l'admets. L'assistance humait l'odeur du sang, elle flairait le drame. Elle arrivait en foule, par milliers quelquefois, hommes, femmes, adolescents, et même des enfants. Certains venus en avance – pour « bien voir » – s'installaient juste à côté de l'échafaud. D'autres cassaient la croûte à l'ombre d'un arbre en attendant l'événement. Les uns se réjouissaient, d'autres maudissaient, d'autres encore gardaient le silence. Mais tous regardaient. Quand un Noir était exécuté, le racisme s'exprimait librement : « Négro de mes fesses, bien fait pour toi ! » Spectacle horrible et fascinant à la fois. Visible. Véridique. Personne ne disait de l'exécution qu'elle était « noble » ou « digne », en ce temps-là, et l'on ne disait pas non plus qu'on « piquait » le condamné, comme on le fait pour un chat ou un chien. C'était un événement cruel. Peu fréquent. C'était, manifestement, un châtiment. C'était la mort. Forcée, violente, préméditée. Le peuple le savait. Et il venait parce que c'était la mort justement, et que la mort, quand elle arrive sous vos yeux, vous ne pouvez faire autrement que la regarder.

Les exécutions publiques étaient considérées comme des spectacles « vulgaires ». Non que l'exécution en soi le fût. C'était le peuple, amassé pour la voir, qui se comportait de manière vulgaire ou indigne.

A l'époque, « l'effet d'endurcissement » était clair et net. Maintenant que les exécutions se pratiquent dans le secret, cet endurcissement, toujours présent, se manifeste de façon beaucoup plus subtile. En voici quelques symptômes :

• Notre absence de réaction, alors que la Cour suprême dissout le Huitième Amendement de la

Constitution qui protégeait les citoyens contre la cruauté et la torture *.

• Le fait que certains reconnaissent ouvertement que la peine de mort s'applique injustement et plus fréquemment aux pauvres, sans pour autant cesser d'y être favorables [3].

• Le fait que certains en soient partisans, quand bien même des innocents seraient exécutés.

Des innocents *seraient* exécutés [4] ?

Une étude sur la peine de mort aux États-Unis menée pendant deux ans par Hugo A. Bedau de la Tufts University et Michael L. Radelet de l'Université de Floride, démontre, preuves à l'appui, qu'au cours de ce siècle, 417 personnes ont été injustement condamnées à mort et 23 d'entre elles exécutés [5].

Il arrive aussi que l'on relâche des condamnés à mort qui l'ont été par erreur. Cela a été le cas, ces dernières années, pour :

• Randall Dale Adams, incarcéré au Couloir de la Mort en 1977 (pour le meurtre d'un officier de police), libéré en mars 1989, au Texas. Les procureurs avaient trafiqué les preuves et fait condamner l'accusé en se fondant sur le faux témoignage du véritable assassin. En 1989, la cour d'appel à l'unanimité invalida la condamnation. Un documentaire célèbre, *La fine ligne bleue*, a été tiré de cette affaire.

• William Jent et Earnest Lee Miller : condamnés à mort en 1976, libérés en 1988, en Floride. Les procureurs avaient dissimulé des preuves qui les disculpaient. En 1988, un juge fédéral ordonna l'ouverture d'un nouveau procès dans les 90 jours. L'accusation proposa alors aux accusés de plaider leur libération en échange d'une reconnaissance de culpabilité pour homicide volontaire.

• James Richardson : condamné à mort en 1968 (pour avoir empoisonné ses enfants), libéré en 1989, en Floride. Suite à de nombreuses plaintes à l'encontre du procureur chargé de l'affaire, le procureur général de

* Serait-ce que les Américains se moquent de leurs libertés civiques ? Deux Américains sur trois ne savent pas que le *Bill of Rights* regroupe les dix premiers amendements de la Constitution. 23 % des Américains croient que le président peut suspendre le *Bill of Rights* en temps de guerre. Et 55 % des Américains sont favorables à la pratique de tests obligatoires généralisés pour dépister l'usage de la drogue.

Miami entreprit le réexamen complet de l'affaire, où fut établie l'innocence du condamné.

• Henry Drake : condamné à mort en 1976, libéré en 1987, en Georgie. En 1985, la cour d'appel du 11° ressort ordonna l'ouverture d'un second procès. Le jury étant incapable de se prononcer, un troisième procès fut ordonné. L'accusé fut à nouveau condamné, à la prison à vie cette fois. Six mois plus tard, son soi-disant complice le disculpait totalement et le bureau des Libertés conditionnelles ordonna sa libération.

• Anthony Silah Brown : condamné à mort en 1983, libéré en 1986, en Floride. Le jury avait demandé la prison à perpétuité. En raison de vices de procédure, un nouveau procès fut ordonné, au cours duquel le principal témoin de l'accusation reconnut s'être parjuré lors de son précédent témoignage. Brown fut acquitté.

Ceux-là sont les chanceux. Un bon avocat, comme Millard Farmer, prend leur affaire en main et se bat comme un lion pour leur obtenir la vie sauve. Ou bien, comme pour Randall Adams, un cinéaste traque inlassablement les preuves et parvient à prouver la malhonnêteté du procureur (*La fine ligne bleue*). Ces vingt dernières années, quarante-six condamnés ont pu quitter le Couloir de la Mort, l'erreur judiciaire ayant été reconnue à temps [6].

D'autres n'ont pas eu cette chance. Ils ont été exécutés.

Comme James Adams, par exemple, un Noir exécuté en Floride en 1984.

Adams avait été inculpé de meurtre avec préméditation sur la personne d'un éleveur blanc et condamné à mort en 1974. Des témoins avaient vu sa voiture à l'heure du crime devant le domicile de la victime. Des bijoux appartenant à l'éleveur avaient été retrouvés dans le coffre du véhicule. Adams jurait de son innocence et soutenait qu'il avait prêté sa voiture à sa petite amie. Mais un témoin certifiait l'avoir vu au volant, quittant le domicile de la victime peu de temps après le crime. Or, ce témoin, roulant en sens opposé au volant d'un très gros poids lourd, ne pouvait pas avoir clairement distingué le conducteur et il fut prouvé par la suite qu'il en voulait à Adams qui aurait eu des relations avec sa femme. Le lendemain du crime, un autre témoin avait déposé qu'il avait entendu une voix de femme chez la victime au moment du crime et vu quelqu'un s'enfuir qui n'était pas Adams, il le certifiait formellement. En outre, preuve capitale, les cheveux, trouvés dans les mains de la victime et provenant selon toute évidence de la tête de l'agresseur, ne correspondaient pas à ceux d'Adams. Mais la plupart de ces preuves disculpant Adams ne furent découvertes qu'un mois avant l'exécution, grâce à un enquêteur perspicace qui avait rouvert le dossier. Et malgré tout, le gouverneur Bob Graham refusa d'accorder à Adams ne serait-ce qu'un report d'exécution, le temps d'élucider ces points.

Que des erreurs judiciaires soient commises ne surprendra personne, même ceux qui ne connaissent rien du système. En revanche, que la justice puisse être sciemment bafouée ou pratiquée de façon approximative a de quoi faire peur

Zèle excessif, faux témoignages, dépositions de coïnculpés chargeant leur complice pour obtenir une peine moins lourde, enquêtes policières bourrées d'erreurs ou inférences politiques caractérisées (comme la décision d'un procureur de requérir la peine de mort pour mieux asseoir sa campagne de réélection) – telles sont les malversations que Radelet et Bedau ont recensées au cours de leur étude.

En Angleterre, la pendaison d'un innocent, Timothy Evans, en 1949, souleva un tollé général et, en 1965, un moratoire fut prononcé qui aboutit à l'abolition définitive de la peine de mort, en 1969.

Dans ses *Réflexions sur la guillotine,* Camus rapporte l'indignation de Victor Hugo, à propos de l'exécution d'un innocent du nom de Lesurques :

> Quand Hugo écrit que pour lui la guillotine s'appelle Lesurques, il ne veut pas dire que tous les condamnés qu'elle décapite sont des Lesurques, mais qu'il suffit d'un Lesurques pour qu'elle soit à jamais déshonorée. (p. 1049)

Mais telle n'est pas l'opinion de Earnest van den Haag, professeur de jurisprudence et de droit public à Fordham University. Écoutez sa réponse quand on lui demande ce qu'il pense de l'étude de Radelet et Bedau : « Toutes les activités humaines, que ce soit la construction d'une maison, la conduite d'une voiture, le golf ou le football, causent la mort d'innocents sans que cela nous empêche pour autant de continuer à les pratiquer. Parce que nous considérons, en gros, qu'on y gagne plus que l'on y perd. (Et les exécutions) présentent un avantage indiscutable pour la justice[7]. »

Une poignée de parents et d'amis se retrouvent au funérarium Brown-McGeehee de Covington pour l'enterrement de Robert Lee Willie. Elizabeth me serre dans ses bras en sanglotant. Pour la consoler, je lui dis le courage qu'a montré son fils avant de mourir. Les trois garçons entourent leur mère, le petit Todd est pendu à son bras. Leur père, Junior, est présent lui aussi.

Je me dirige vers le cercueil. Il est ouvert et je peux contempler la dépouille de Robert Lee Willie. Le voir si calme et paisible, les yeux fermés, les lèvres immobiles, me cause un choc. Il est vêtu d'un jean et d'un T-shirt blanc qui découvre sur son bras des tatouages que je n'avais pas remarqués, un paon et des feuilles de marijuana.

Un reporter tente de s'infiltrer dans la salle et tante Bessie n'hésite pas à le chasser à coups de chaussure. L'événement crée une petite diversion et suscite des rires.

Le directeur du funérarium prie l'assistance de faire ses adieux. Elizabeth s'approche du cercueil. « Oh, Robert, Robert, dit-elle entre ses larmes, mon garçon... Ô Seigneur, pitié ! Mon Robert, comme je t'aimais ! » Comme elle se penche pour l'embrasser, elle s'affaisse évanouie sur le sol. « Maman ! » hurle Todd, en pleurs. Elizabeth est emportée dans une salle voisine où elle restera jusqu'à la fin de la cérémonie.

Dans son homélie, le prêtre de la ville s'adresse plus particulièrement aux jeunes. Il fustige la drogue et demande à Dieu d'épargner au défunt le feu éternel. Je prends la parole à mon tour. Je relate les derniers instant de Robert, je repète ses adieux aux Harvey, son souhait que sa mort les apaise. Je rappelle que Jésus nous enseigne de nous aimer les uns les autres, quelles que soient les tragédies. Le prêtre récite encore une courte prière.

On me souffle à l'oreille que le père de Robert est arrivé. A la fin de l'enterrement, je m'approche de lui. Il se tient près de la tombe fraîchement creusée, en salopette de jean. Je lui prends la main, incapable de prononcer autre chose que « Monsieur Willie ! » Je fonds en larmes.

Elizabeth et les garçons m'invitent chez eux. Nous prenons place autour de la table de la salle à manger et regardons tous ensemble l'album de photos en buvant du café. Elizabeth me donne un portrait de Robert, à six ans. Visage mince avec déjà son léger sourire et cheveux plaqués sur la tête. Elle m'en offre un autre que Robert lui a envoyé de Marion. Il y est en pantalon kaki et T-shirt blanc, une cigarette au coin de la bouche, l'air mauvais. Au dos, il a inscrit : « Salut, maman. Ton fils qui mord à belles dents dans la vie. »

# CHAPITRE XI

Une question me tracasse : sur quelle base établir des relations avec les Harvey, étant donné nos opinions ? En effet, si je consacre tout mon temps à lutter contre la peine de mort, donnant des conférences, animant des séminaires, organisant des manifestations et, surtout, m'occupant une fois de plus d'un condamné du Couloir de la Mort dont je suis le conseiller spirituel [1], les Harvey, eux, militent tout autant dans le camp opposé et chaque nouvelle exécution est pour eux l'occasion de célébrer leur joie devant le portail d'Angola.

Nos activités font de nous des adversaires déclarés. Nos positions étant irréconciliables, quel terrain d'entente pourrions-nous trouver ? A quoi mènerait une confrontation, si ce n'est à un surcroît de chagrin et de repli sur soi pour tout le monde. Non. Mieux vaut nous éviter. Pour eux comme pour moi. Telle est ma conclusion. Et je me dis : « Adieu, les Harvey ! », persuadée de ne plus jamais les revoir.

Erreur. Ceux-ci ne semblent pas avoir la même vision des choses. Je peux m'en convaincre lors d'un week-end d'études à l'Université Loyola en 1986.

Deux ans se sont écoulés depuis l'exécution de Robert Lee Willie. Cette rencontre, parrainée par notre association pour l'abolition de la peine de mort, n'a rien d'exceptionnel et nous ne sommes qu'une centaine de militants dévoués à nous retrouver.

Les partisans de la peine de mort ne viennent jamais à ce genre de séminaires.

Mais les Harvey ne sont pas tout le monde. Et, au

moment d'ouvrir la séance, je les aperçois installés au fond de la salle.

Je passe la journée à les surveiller du coin de l'œil, bien décidée à prévenir toute tentative d'approche de leur part. Victoire ! La séance est levée et ils ne m'ont pas adressé la parole. L'assistance en est à se séparer près de la sortie quand, arrivée moi-même à la porte, je tombe sur Elizabeth que je n'avais pas repérée dans la foule. Elle m'apostrophe : « Vous nous avez évités toute la journée. Vous ne nous faites jamais signe. Venez donc à la maison, un de ces jours ! »

Un peu abasourdie par son invitation, je lui réponds que je m'y rendrai volontiers, s'ils le désirent. Vernon, à côté de sa femme, renchérit. Oui, oui, ils ont vraiment envie de me voir.

*Ils veulent me voir !* Voilà une proposition que je n'osais espérer. Eh bien, j'irai chez eux. Et puisque Vernon aime la tarte aux pommes, si mes souvenirs sont bons, je lui en ferai une. Quand chagrin, conflits ou disparitions vous écrasent, cela soulage de faire des gâteaux. Ils doivent se sentir bien seuls. D'autant que leur engagement dans une association de soutien aux familles de victimes ne doit pas contribuer à effacer leur chagrin.

Quelques semaines plus tard, je prends la route pour Mandeville, de l'autre côté du lac Pontchartrain. Je retrouve la maison des Harvey, les grands arbres qui l'encadrent et la balancelle sur la véranda. Vernon, qui relève d'une opération à la hanche, est ravi de la tarte. Le voyant se jeter sur le gâteau, Elizabeth s'exclame : « Et moi qui te croyais l'ennemi juré de ses positions ! Méfie-toi qu'elle ne te piège par la gourmandise ! ».

Je suis très heureuse de me retrouver en leur compagnie. Assis dans la cuisine, nous devisons gaiement en buvant du café. Ils m'expliquent leur action – accompagner les familles de victimes au tribunal, les prévenir de ce qui les attend, les conseiller et surtout les informer sur leurs droits. « Nous leur apprenons tout ce que nous avons dû découvrir tout seuls, résume Elizabeth. C'est sûr que nous, on n'a eu personne pour nous aider ! » Son impuissance face au système judiciaire, ajoutée à la disparition de sa fille, l'a fait se sentir doublement victime. « Les droits des criminels sont parfaitement protégés, on leur commet des avocats d'office qui ne se contentent pas de leur exposer leurs droits, mais les leur détaillent par le menu. Alors que nous, personne ne nous a jamais rien dit. On ne savait même pas qu'on en avait, des droits. Comme celui de voir le corps et de lire le rapport d'autopsie. On m'a empêchée de voir Faith et après, c'était trop tard. Je sais bien que c'était pour mon bien, mais c'était à moi de décider, pas à eux.

– Ce que les gens ignorent, poursuit Vernon, c'est qu'ils peuvent agir et faire bouger les choses. Comme par exemple, de s'adresser aux députés et aux hommes politiques si la justice locale les envoie promener. »

Elizabeth reprend : « Vous avez plus de chances d'obtenir des renseignements si on vous a volé votre voiture que si votre enfant a été tué. Parce que, dans le premier cas, c'est vous la victime. Alors que dans un crime, la victime, c'est le mort. Pas les gens qui restent derrière. Ceux-là, on les fait dégager. Leurs problèmes, ça compte pour du beurre. Vous pouvez vous pendre au téléphone, on ne vous répond jamais. Ils sont bien trop occupés à poursuivre le criminel pour s'occuper de la famille ! »

Elizabeth exhorte les proches à garder leur calme quand ils demandent des informations au procureur ou au Parquet, d'attendre d'avoir raccroché pour pleurer et hurler tout leur saoul. « Les nerveux ou les émotifs, ils ne veulent pas les écouter. Or, il est essentiel de conserver de bons rapports avec la justice. Je connais une mère, par exemple, qui ne peut rien tirer de la police alors que sa fille obtient tout ce qu'elle veut. »

Vernon considère que certains procureurs n'aiment pas que les proches de la victime assistent au procès. « Ils se sont donné un mal de chien pour monter l'accusation, ils n'ont pas envie que quelqu'un vienne tout fiche en l'air en s'énervant ou en disant en pleine audience quelque chose qui va déboussoler le jury et risquer de leur faire perdre l'affaire.

– Les gens ne se rendent pas compte que leurs dépositions peuvent être désastreuses pour la victime, renchérit Elizabeth. Vous voyez que notre association a du pain sur la planche ! Les trois quarts des gens ignorent complètement qu'il existe des organismes de soutien. Les shérifs et les procureurs sont censés leur en parler, mais ils s'en fichent. Les familles des victimes, ce n'est pas un truc qui leur rapporte des voix aux élections.

Mais on fait des progrès, malgré tout. De plus en plus de gens sont au courant de l'existence de ces organismes. »

Elizabeth et Vernon s'accordent pour dire qu'il y a une chose bien pire encore que d'être considéré comme quantité négligeable par la justice, c'est de se sentir abandonné par son entourage. Le temps passant, même les bons amis de Faith les ont oubliés. Ils sont très peu à prendre encore de leurs nouvelles. Déjà à l'enterrement, ils n'étaient pas venus nombreux.

« Comme si tout le monde cherchait à nier qu'une mort aussi violente peut frapper à votre porte, tente d'expliquer Elizabeth. Admettre ce qui était arrivé à Faith, c'était admettre que la même chose pouvait leur arriver. Et les gens n'ont pas envie de regarder la vérité en face. »

La conversation roule sur le séminaire tenu à Loyola. Vernon avoue, en riant à moitié, y avoir assisté dans l'intention de me surveiller. « J'ai dit à ma femme : " On ferait bien de la tenir à l'œil, cette bonne sœur. Sinon, elle va nous faire abolir la peine de mort sans qu'on s'en soit rendu compte. " »

Nous bavardons sans acrimonie, même quand Vernon y va de ses arguments et que je contre-attaque en brandissant les miens. Puis je leur décris les dernières heures de Robert, sa bataille contre lui-même pour arriver à faire son discours d'adieu. J'insiste sur sa sincérité quand il leur a souhaité de trouver la paix.

Vernon se met à pleurer. Il n'a toujours pas fait son deuil, il est le premier à le reconnaître. La tragédie a beau remonter à six ans, pour lui elle s'est produite hier. Sa rage est privée d'exutoire, maintenant que Robert est mort. Il pourrait le voir passer sur la chaise un millier de fois, son chagrin n'en serait pas plus soulagé. Il a quitté le Quartier de la Mort, la rage satisfaite et le cœur vide. Mais en fait, était-elle satisfaite, sa rage ? On peut se le demander, en le voyant regretter si fort que Robert ne soit plus là pour souffrir encore et encore. Mais hélas, quand il brandit ainsi le poing contre l'assassin, ses doigts se referment sur du vide.

Raison et logique sont impuissantes ici. Sa fureur me fait pitié. Le cœur empli de sa détresse, je pose la main sur son bras. J'espère qu'avec le temps, le souhait de Robert se réalisera, que les Harvey retrouveront l'apaisement. Cette paix, ce n'est pas à la disparition de Robert qu'ils la devront, mais à l'acceptation de la mort de Faith. Seule, cette réconciliation avec eux-mêmes, les libérant du passé, leur permettra d'aborder le présent. De rejoindre les rangs des vivants, de se risquer à aimer encore.

Quelques mois plus tard, je revois les Harvey. A La Nouvelle-Orléans, sur le perron du bâtiment de la Cour suprême de Louisiane. Accompagnés d'un petit nombre de supporters bardés de banderoles, ils sont venus nous accueillir au terme d'une marche de huit jours pour l'abolition de la peine de mort que nous avons menée dans tout l'État. Cela devient une habitude de retrouver les Harvey à la fin de nos campagnes. Cette marche, la plus longue que nous ayons faite – plus de quatre cents kilomètres – a été organisée par Pèlerinage pour la vie. Nous avons utilisé tous les moyens de faire passer nos idées et la presse a largement couvert notre manifestation.

Elizabeth me demande de lui passer mon haut-parleur. Comme tout organisateur, je sais que c'est précisément la chose à ne *jamais* faire, car les médias risquent de passer à l'antenne le moment où c'est justement votre adversaire qui parle. Ce qui vous ferait perdre une chance durement gagnée de répercuter votre message.

Mais l'adversaire, ici, est Elizabeth Harvey.

Je lui donne mon haut-parleur.

Les caméras de télévision zooment sur elle.

Elle annonce que le Congrès s'apprête à réduire les fonds de soutien accordés aux familles des victimes et nous exhorte à cosigner la protestation de son association. Sa demande est accueillie par des applaudissements chaleureux.

Deux semaines plus tard, un petit groupe de l'association Pèlerinage dont je suis, adresse une pétition dans ce sens au Congrès. J'en envoie la photocopie aux Harvey, accompagnée d'un petit mot personnel.

Notre rencontre suivante, autrement douloureuse, a lieu en août 1987, devant la prison d'Angola. J'y suis venue en compagnie d'autres religieuses apporter mon réconfort à sœur Ruth Rault, dont le neveu, Sterling, doit être exécuté ce soir [2]. Je lui ai promis de l'attendre à la sortie.

Durant tout le trajet, j'ai prié le Ciel que les Harvey ne soient pas là. Mais ils y sont, bien sûr. Confortablement installés sur des chaises pliantes près du portail, dans la lumière orangée des projecteurs, accompagnés de leur fille Lizabeth ainsi que d'un couple d'amis. Et entourés de leurs pancartes, disposées sur des chaises.

Je me dirige vers eux. Je sens aussitôt que l'atmosphère est tendue.

« Comment allez-vous ? » leur demandé-je avec un signe de tête poli à l'intention du couple assis à leurs côtés. Vernon m'interpelle : « Hé, regardez donc ma nouvelle affiche ! » Il n'est pas peu fier de son œuvre. Je dois admettre qu'il y a de quoi.

Elle se compose de deux panneaux dont le premier proclame, en grandes majuscules noires, « MM. les assassins, vous avez droit à un avocat », et le second « Vous avez le droit de vous taire », sur fond de tombe surmontée des initiales R.I.P. *.

« Ah, ah, il va se taire pour l'éternité, maintenant », me lance-t-il, goguenard.

Les autres pancartes, je les ai déjà vues pour la plupart. L'une conseille : « Parlez-leur de Jésus, mais passez-les à la chaise ! »

Je demande à Vernon des nouvelles de sa santé, sachant qu'il vient de subir une opération.

« On fait aller », me répond-il.

Une centaine de mètres plus loin, des religieuses se sont regroupées en cercle, des bougies à la main. Des bribes de leur prière nous parviennent, qui ne peuvent que blesser les familles des victimes. Le couple à côté des Harvey a perdu sa fille, assassinée voilà plusieurs années. Le meurtrier a été condamné à la prison à perpétuité et leur amertume est grande. A chaque exécution, ils n'hésitent pas à parcourir plus de cent cinquante kilomètres pour venir à Angola associer leurs forces à celles des Harvey. La femme m'apostrophe :

« Vous avez lu le passage de la Bible où Dieu dit : " œil pour œil " ? Et l'autre : " Que celui qui a fait périr par l'épée, périsse par l'épée " ? Ça vous dit quelque chose ? »

Je réponds par l'affirmative, je connais bien cette citation.

* R.I.P. : abréviation latine pour « *Requiescat in pace* ». « Qu'il repose en paix ». *(N.d.T.)*

« Vous savez ce qu'il est dit dans l'Epître aux Romains, poursuit-elle, au chapitre 13 ?
– Sur l'obéissance à l'autorité civile ?
– Oui. » Sa voix se brise.« Vous n'avez pas perdu d'enfant. Vous ne pouvez pas comprendre ! » Elle refuse de me parler davantage, de la Bible ou de quoi que ce soit. « Allez-vous-en ! » me jette-t-elle encore. « Votre présence m'exaspère. Laissez-nous donc tranquilles ! »

Je lui présente mes condoléances pour sa fille et m'en vais rejoindre les religieuses. J'entends Elizabeth la raisonner dans mon dos, dire que je suis « quelqu'un de bien qui n'essaie pas de les changer ». Vernon aussi ajoute quelque chose. Je ne les entends plus. J'ai atteint le cercle de prières, je joins ma voix aux autres. Je regarde l'heure à ma montre. Je n'entends plus les prières, je n'entends plus rien. Ce qui se passe en cet instant précis, à l'intérieur du Quartier de la Mort, je le connais trop bien.

Le meurtre a été accompli.

Le gardien au portail vient en annoncer l'heure. Des journalistes nous posent quelques questions et tout le monde finit par se retirer. Sauf les Harvey, déjà en voiture, et moi, au milieu du parking, qui attends la sortie d'une journaliste anglaise avec qui j'ai convenu de rentrer à La Nouvelle-Orléans, car elle veut profiter du trajet pour m'interviewer.

La fourgonnette des Harvey vient s'arrêter près de moi.

« Excusez notre amie. Elle devait être à bout de nerfs, j'imagine », me dit Vernon.

Je réponds que ce n'est rien, que je ne lui en veux pas, je comprends qu'elle souffre. Je les remercie, Elizabeth et lui, de m'avoir défendue. Nous restons à bavarder un moment. Vernon me nargue, gentiment moqueur. Encore une manche de perdue, ce soir, dirait-on ! Et ce n'est pas demain que la peine de mort sera abolie en Lousiane. Ah, ah, il va y veiller ! Je lui rétorque que sa chaise électrique finira bien par être reléguée au fin fond d'un musée.

« Vous pouvez toujours courir ! » répond-il du tac au tac, avant d'ajouter une plaisanterie qui nous fait tous éclater de rire, même Lizabeth, assise à l'arrière, qui lui donne une petite tape sur le crâne.

Brusquement, Vernon me lance : « Dites donc, il serait peut-être temps que vous veniez faire un tour à notre association, vous ne croyez pas ? Pour voir par quoi passent ces malheureux. »

J'ai déjà songé à assister à une réunion de Parents d'enfants assassinés, le groupe qu'ils ont monté, Elizabeth et lui, mais j'ai toujours remis la chose à plus tard, craignant par ma présence d'exaspérer l'assistance, comme la femme de ce soir. Je sais que bien des gens m'en veulent d'être contre la peine de mort. A leurs yeux, ma compassion pour l'assassin est synonyme de trahison. S'ils attendent de moi une chose, c'est uniquement que j'approuve aussi sa mort. Et cela, je ne peux le faire. A quoi bon, dans ce cas, les bouleverser davantage ? me suis-je toujours dit, consciente malgré tout que mes bonnes raisons me servent surtout à justifier mon désir d'évacuer les questions qu'ils soulèvent et d'éviter une confrontation que je crains par-dessus tout. J'ai peur de la colère des victimes autant que de leur rejet, c'est vrai. Et de plus, je me sens bien impuissante à les secourir. Quel soulagement pourrais-je leur apporter ? Je me sens terriblement partagée : d'un côté je suis contre la peine de mort, de l'autre j'ai pitié des victimes. Que dois-je faire ? Que faut-il faire ? Je n'ai jamais éprouvé de sentiments aussi contradictoires.

La proposition de Vernon ébranle fortement l'état d'ambivalence dans lequel je me trouve et qui me paralyse. Puisqu'il m'invite, je vais aller à la réunion. Qui sait ? En écoutant ces gens, peut-être découvrirai-je comment leur montrer que leur détresse ne me laisse pas indifférente ?

La fourgonnette démarre. Je reste toute seule sur le parking, à attendre la journaliste sous l'œil scrutateur d'un gardien. Il connaît les Harvey, il sait qui je suis. Il n'ignore rien de nos convictions repectives et nous avoir vus rire comme des amis le laisse perplexe.

Immobile devant la porte, les yeux fixés sur la poignée, je prends une profonde inspiration. Je demande son aide à Dieu et pénètre dans la pièce. Parents d'enfants assassinés tient réunion. Je repère les Harvey de l'autre côté de la salle et me dirige vers eux.

« Une dame qui fait du chemin, qui commence à voir le bout du tunnel », déclare Vernon en guise de présentation.

Je détaille l'assistance. Des Blancs uniquement. Classe moyenne. Cela n'a rien de surprenant. Ce sont toujours des Blancs qui manifestent contre nous pendant nos campagnes.

Je suis tendue. Pour me sentir plus en sécurité, j'ai pris place entre Vernon et Elizabeth, espérant que cela m'aiderait à étouffer le sentiment de culpabilité qui m'écrase. Cela fait quatre ans que j'aurais dû venir.

Cette réunion a pour but d'aider les gens à ne pas refouler leur chagrin. Et, Seigneur, ils ouvrent grand les vannes !

> Il est parti avec des copains. Et les derniers mots que je lui ai dits, ça a été de prendre sa veste.
>
> Ma petite fille de douze ans a été poignardée au fond du jardin par le meilleur ami de son frère. Il avait dormi chez nous, la veille, et on était tous allés à la messe, le matin. J'ai toujours sa tenue de ski dans l'armoire. Je ne peux pas arriver à m'en défaire.
>
> Il a fallu plus d'une semaine pour retrouver le corps de notre enfant. On nous a traités comme si c'était nous les assassins. Chaque fois qu'on téléphonait pour avoir des informations, on nous envoyait balader. Pas moyen de savoir la date du procès. On nous cachait tout.
>
> Notre fille a été tuée devant chez elle par son ex-mari, sous les yeux de ses enfants. Pan ! Pan ! Pan ! Il l'a tuée et il s'est tué après. Sur la pelouse. Juste devant la maison !
>
> Quand notre fils a été assassiné, nos amis nous ont entourés, au début. Mais maintenant, ils nous fuient. Ils ne savent pas quoi faire. Dès qu'on parle de sa mort, ils changent de sujet. Ils doivent trouver qu'il est temps que j'oublie et me remette à vivre. Les gens ne se rendent pas compte de ce par quoi vous passez, quand une mort comme ça vous tombe dessus !
>
> Je suis allé avec ma femme au bureau du shérif pour déposer une demande d'indemnisation. Un inspecteur a vaguement farfouillé dans son tiroir et m'a dit : « Jamais entendu parler de ces fonds. Vous devriez écrire à Ann Landers. Elle s'y connaît. »
>
> Je me sépare de mon mari. Nous n'avons pas la même manière de pleurer notre fils. Lui, il veut se

débarrasser de toutes ses affaires. Il veut recommencer une nouvelle vie. Mais moi, je n'ai pas fini mon deuil. « Jusqu'à ce que la mort nous sépare » veut dire bien autre chose, pour moi, maintenant.

Le meurtrier de ma fille va probablement être mis en liberté conditionnelle dans quelques mois. Il n'a fait que six ans de prison. J'en suis malade, de savoir qu'il va être libre alors qu'elle est morte et enterrée. Ce n'est rien, six ans ! Ce n'est pas juste. Mon mari et moi, on a décidé d'aller à l'audition.

J'ai perdu mon métier. Je n'arrive pas à me ressaisir. Je passe mon temps à regarder par la fenêtre sans pouvoir me concentrer. On m'a congédiée la semaine dernière.

Vernon parle de Faith. Très vite, sa voix se brise et il ne peut plus dire un mot. Un silence écrasant tombe sur la salle.

La réunion terminée, Vernon et Elizabeth me raccompagnent à ma voiture. Je les remercie de m'avoir invitée à venir. Ils ne disent pas grand-chose. Ce n'est pas nécessaire.

*Bien tardivement je t'aurai aimé...*

Cette phrase, tirée des *Confessions* de saint Augustin, me trotte dans la tête, tandis que j'introduis ma clef dans la serrure pour ouvrir la portière. Bon. Je vais aider aussi les familles des victimes, c'est décidé. Comment ? Je ne le sais pas encore. Mais je vais le faire. J'aiderai tous ceux que je pourrai.

Une douzaine de personnes étaient présentes ce soir à la réunion. L'animateur a déploré que l'assistance soit si peu nombreuse. Pas moi. Tant de tragédie s'exprimait déjà, autour de la table ! Il y avait du courage aussi. Et parfois, une note d'humour. Les gens ont parlé et pleuré, ils se sont encouragés et soutenus mutuellement : « Non, vous n'êtes pas folle. Moi aussi, j'ai eu des sautes d'humeur comme celles que vous décrivez... Ne vous laissez pas convaincre par cet homme d'Église d'oublier si vous ne vous sentez pas prêt à le faire... Vous n'êtes pas le seul à vous sentir coupable. Moi aussi, ça m'est arrivé. Ça m'arrive encore, de temps en temps. Mais je sais mieux comment m'en débrouiller... »

Cette réunion me fait découvrir bien des choses. Tout

d'abord, que tant de gens se sentent victimes de la justice ; l'insensibilité du procureur et du Parquet semble être le lot de chacun. Puis, que tous se plaignent d'être abandonnés par leurs amis et leurs proches : le taux de divorce chez les parents d'enfant assassiné est effarant – 70 %. Je découvre, et c'est une autre surprise, que dans la plupart des cas évoqués ce soir, la victime a été assassinée par quelqu'un qu'elle connaissait. Enfin, si certains des participants de ce soir se prononcent, sans équivoque, pour la peine de mort, ce n'est pas le cas de tous. J'apprends aussi que la période la plus dure est celle qui va de quatre à sept mois après le meurtre, quand le choc premier et l'ahurissement cèdent la place à la rage et au sentiment d'impuissance. Pour beaucoup, le mot « anniversaire » a pris un sens nouveau. Je comprends pourquoi les familles ressassent sans arrêt les détails horribles du meurtre – c'est pour mieux les assimiler et surmonter l'effarement qui les terrasse.

*Pleurant et se morfondant dans cette vallée de larmes...*

Les mots de la prière me reviennent à l'esprit tandis que je rentre chez moi. Pour la douzaine de personnes présentes ce soir, ils sont des milliers d'autres à continuer d'ignorer l'existence de groupes de soutien et à vivre, traumatisés, dans la plus grande solitude. Dans notre pays, les victimes forment une vallée ô combien large et profonde ! Et qui ne cesse de s'étendre [3]. Face à un si vaste océan de douleur, que peut un seul individu ?

Je décide qu'il vaut mieux tenter d'aider dix personnes qui souffrent, ou neuf, ou juste une seule, plutôt que ne rien faire, noyé sous le nombre. Ou écrire une thèse sur le problème du mal.

Au prochain conseil d'administration de Pèlerinage pour la vie, je soumets l'idée de mettre en place un programme de soutien aux familles des victimes à La Nouvelle-Orléans. Tout le monde adhère à ma proposition. Commençons par trouver un local adéquat. Là où le taux d'homicides est le plus élevé. C'est-à-dire en ville.

Mandatée par le conseil d'administration pour réunir financement et aides en nature, je démarche divers organismes. Je m'adresse tout d'abord aux Églises – pour la mise de fonds initiale, puis je demande à Hope House de nous fournir un local et presse les mennonites de nous envoyer un bénévole [4]. Ce faisant, j'apprends que les associations caritatives locales, ce qui est le cas de notre groupe, peuvent bénéficier de fonds fédéraux. En effet, le Congrès a passé en 1984 la loi « Victims of Crime Act », à la suite de laquelle un fonds d'aide, le « Crime Victims' Fund », a été institué à l'intention, notamment, des associations locales. Au niveau des États, l'administration de ce fonds est confiée aux forces de l'ordre, auprès de qui doivent être déposées les demandes d'attribution. Les dossiers ne peuvent être soumis que par une association, les particuliers n'étant pas autorisés à bénéficier de ces allocations. En revanche, ils peuvent toucher de leur Etat des indemnisations. Si, en 1975, dix États seulement offraient une aide financière aux victimes, presque tous, à l'heure actuelle, pratiquent un système d'indemnisation sous une forme ou sous une autre – services médicaux ou psychologiques, conseil juridique, récupération de salaire, remboursement des obsèques, etc.

Mais comme Elizabeth et Vernon l'ont appris à leurs dépens, les responsables locaux des forces de l'ordre, censés administrer ces fonds et informer le public de leur existence, déploient bien peu d'énergie ou d'enthousiasme à remplir leurs fonctions. Le conseil du shérif d'écrire à Ann Landers en est un criant exemple. La plupart des shérifs s'attachent à punir les délinquants et laissent de côté le secours aux victimes.

Peut-être, un jour, saurons-nous intégrer au code pénal certains principes du code civil. C'est ce que propose Howard Zehr dans son livre *Changer d'orientation : Une nouvelle approche du crime et de la justice*. Le code civil, comme il le souligne, définit les torts subis comme des blessures et fait en sorte que la victime obtienne réparation et indemnisation [5]. Zehr ne dit pas que réparation et indemnisation ne sont pas de mise, il pose la question de savoir si tout doit continuer de tourner autour de ce *seul* principe. Selon un sondage mené par Amnesty International dans quatre États *, les Américains semblent être favorables à un système pénal qui combine à la fois châtiment du coupable et réparation aux victimes. Le rapport montre aussi que pour les homicides sans préméditation (comme les délits de

* Géorgie, Nouveau-Mexique, New York et Virginie. Au Nouveau-Mexique, l'option proposée était de trente ans de détention ferme, au lieu de vingt-cinq, avant que la liberté surveillée puisse être accordée.

coups et blessures ayant entraîné la mort), le taux des partisans de la peine de mort chute à 50 % quand leur est proposée à la place une peine de prison incompressible de 25 ans, jointe à une réparation financière aux familles, directement prélevée sur salaire.

Étant donné que, dans le système actuel, les condamnés touchent des clopinettes pour leur travail, il est évident que l'indemnisation financière des victimes ne s'applique pas. Mais rien ne dit qu'une autre forme de réparation ne soit pas trouvée dans l'avenir.

La vérité est qu'il est indispensable de réformer notre système pénal.

En premier lieu, nous devons reconnaître que la voie suivie actuellement est contre-productive. La criminalité continue d'augmenter en dépit des exécutions – dont on connaît le coût exorbitant . Entre 1988 et 1992, le taux d'homicides à l'échelle de la nation a augmenté de 14 %. Bien que châtiant sévèrement les criminels, la peine de mort ne remplit pas son objectif premier – qui est de lutter contre la criminalité et de rendre la sécurité à nos villes et à nos campagnes –, elle ne fait qu'en donner l'impression et en réalité, détourne les moyens financiers alloués à ce but. Prenons l'exemple du Texas. Cet État qui compte le plus grand nombre d'exécutions par an et où plus de trois cents condamnés végètent au Couloir de la Mort, connaît malgré cela l'un des taux d'homicides les plus élevés du pays. Chaque affaire où la peine de mort est requise coûte environ 2,3 millions de dollars à l'État. Ces dépenses, monstrueusement disproportionnées, obligent à faire des réductions drastiques dans des budgets cruciaux destinés à la prévention de la criminalité. Conséquence : au Texas, les prisonniers ne purgent que 20 % de leur peine. Et les cas de récidive sont nombreux.

A l'inverse, la ville de New York, située dans un État où la peine de mort n'existe pas *, a réussi à réduire son taux de criminalité de 11 % au cours des quatre premiers mois de 1992. De nombreux spécialistes estiment que c'est dû à la mise en place d'une politique d'îlotage des quartiers. En 1990, New Yok comptait 750 agents de police îlotiers. Ils sont aujourd'hui 3 000.

De même, à La Nouvelle-Orléans. L'année 1992 s'est

* Ces dernières années, l'État de New York a réinstauré la peine de mort. *(N.d.T.)*

achevée sur une diminution de 21 % du taux d'homicides, mettant un terme à trois années consécutives de taux record de criminalité. Déclin que la police attribue volontiers à l'instauration de deux programmes fédéraux de lutte contre la drogue et à l'augmentation du nombre de patrouilles policières dans les quartiers chauds. Comme le déclare le sergent Marlon Defillo, porte-parole de la police : « Nous parvenons maintenant à saisir davantage d'armes à feu dans les rues avant qu'elles n'aient servi à commettre un crime. »

A combien de salaires d'agents de police se monte le prix d'une exécution ? La question mérite d'être posée.

J'entreprends donc de monter un groupe de soutien aux victimes. Consciente d'avoir bien des choses à apprendre, j'adresse des demandes d'information à toutes sortes d'associations de par le pays et contacte celles qui me paraissent le plus efficaces.

Comment les gens brisés par la disparition d'un proche s'y prennent-ils pour se remettre de leur chagrin ? Qu'est-ce qui les aide à poursuivre leur vie ? Qu'est-ce qui les freine dans leurs tentatives ? Voilà les questions que je pose.

Janet Yassen, coordinatrice de l'Association pour les Victimes de Violence à Cambridge, dans le Massachusetts, m'apprend qu'il faut au moins un an à la plupart des gens pour se remettre de la disparition de leur proche et surmonter leur douleur et leur rage, avant de commencer à accepter la tragédie qui les a frappés. Et même alors, le sentiment de rage ne disparaît jamais complètement, croit-elle. C'est seulement son « volume » qui diminue. Peu à peu. Le temps passant, les victimes redeviennent capables d'éprouver des émotions, d'apprécier la beauté, l'amitié, de retrouver leur ambition professionnelle et de reprendre confiance. La guérison est extrêmement lente et, surtout, il est impossible de sauter des étapes. Même des années après, des circonstances, comme la date anniversaire du crime ou la lecture dans le journal d'un événement similaire, peuvent brusquement faire resurgir la rage et la douleur.

En août 1988, notre groupe de soutien aux victimes de La Nouvelle-Orléans est finalement fondé. Des Églises nous ont fourni les fonds initaux, Hope House nous a prêté un bureau et les mennonites nous ont envoyé une bénévole, Dianne Kidner, pour démarrer le travail.

Il y a quatre ans, je mettais en place une association d'aide juridique à l'intention des détenus du Couloir de la Mort. Aujourd'hui, j'accomplis enfin quelque chose pour les victimes.

Je commence par emmener Dianne chez les Harvey. Elle voudrait connaître leur point de vue sur les besoins des victimes et entendre leurs suggestions. Lorsque je leur ai téléphoné pour prendre rendez-vous, Elizabeth a suggéré que nous nous retrouvions pour déjeuner. Repas à la fortune du pot. J'apporte donc des haricots rouges et Dianne un gâteau. Elizabeth a préparé une salade de pommes de terre et Vernon fait griller des steaks hachés sur le barbecue.

Tout en sirotant un bourbon devant le grill, Vernon me parle de ses divers métiers – il est dans le bâtiment maintenant – et me raconte ses souvenirs dans la marine. Pendant la seconde guerre mondiale, son navire a été touché par une torpille et il a été repêché en pleine mer, inconscient. Le croyant mort, on était sur le point de l'enfermer dans un sac mortuaire quand on s'est aperçu qu'il était encore vivant. Il l'a échappé belle !

Cette histoire ravive en lui le souvenir de Faith et de sa mort horrible. Je ne sais que lui dire. Le silence tombe, troublé uniquement par le crépitement des steaks sur la flamme. Crépitement qui me rappelle, à moi, ce que Robert disait de la chaise électrique : « Tout ce que je sais, c'est que ça te grille le cul. »

Durant le repas, la conversation roule sur l'action de Dianne. Elle tient par-dessus tout à ce que son association donne de la force aux gens et refuse que le mot « victime » figure dans l'appellation. Elle nous propose « Survivre ». Les Harvey applaudissent son choix.

Un jour de juillet 1989, je reçois un appel d'Elizabeth Harvey. Vernon vient de subir une opération du cœur. Il récupère mal et parle de tout abandonner. Elizabeth est inquiète et me demande d'aller le voir. Elle insiste avec force : « Si quelqu'un peut lui redonner l'envie de se battre, c'est bien vous. »

Je me rends le jour même au Veterans' Hospital de

La Nouvelle-Orléans. Elizabeth semble aussi épuisée que Vernon. Après toute une journée de travail au grand magasin où elle est caissière, elle fait quotidiennement l'aller-retour d'une rive à l'autre du lac Ponchartrain.

« Ces saligauds de docteurs m'avaient bien caché que ça faisait aussi mal ! » se plaint Vernon, à peine suis-je arrivée auprès de la civière sur laquelle il est étendu dans le couloir, attendant qu'on l'emmène à la radio. « Si j'avais su, je ne les aurais pas laissés me charcuter ! » Il me montre la longue cicatrice rouge qui lui barre le thorax.

Elizabeth me raconte qu'ils ont récemment passé trois jours au tribunal, pour soutenir un couple originaire de l'Ohio dont la fille a été assassinée à Mandeville, près du parc national. « Ils étaient venus tout seuls, sans personne pour les assister et sans rien connaître des procédures judiciaires de Louisiane ou d'ailleurs. Il a fallu que Vernon et moi leur expliquions tout de A à Z pour les préparer à ce qu'ils allaient devoir supporter. »

Vernon s'agite sur la civière. « On peut attendre des heures dans ce foutu hôpital, ils n'en ont rien à fiche ! Tiens, c'est ça qu'on aurait dû faire à Willie. Le sangler sur la chaise, compter jusqu'à dix et, au moment de dire neuf, le tirer de là et le ramener en cellule, un petit jour ou deux. Et seulement après le remettre sur la chaise. Ça a été bien trop facile pour lui. Il est mort beaucoup trop vite. »

Ça, c'est pour le criminel, mais pour la prévention de la criminalité, il propose un moyen beaucoup plus efficace : « Filmer ces salauds au moment où ils passent sur le grill et programmer ça à la télé à une heure de grande écoute. C'est ça qu'il faudrait faire. Les montrer en train de crever sur la chaise. A huit heures du soir, disons. Voir si ça ne leur changerait pas les idées, à ceux qui veulent tuer leur prochain. »

Je lui oppose mon argument favori, à savoir : l'exécution prouve simplement que l'État est capable de tuer aussi bien que tout le monde. Autrement dit, cela montre au public que la solution pour régler ses problèmes avec son voisin, c'est de le tuer.

« Vous vous fichez de moi ? » s'écrie Vernon. Et nous voilà repartis tous les deux dans notre joute habituelle !

J'affirme qu'il y a deux catégories de gens : ceux qui réfléchissent et ceux qui tuent tout de suite, et que ce ne sont pas les mêmes.

« C'est parce qu'on n'en tue pas assez, me coupe Vernon. Il n'y a qu'à faire des exécutions plus souvent. Et qu'elles soient plus douloureuses. Et surtout, ne pas permettre les exceptions.

– Mais le coût des procès, la race, la politique et l'appréciation laissée au procureur empêcheront toujours la peine de mort d'être juste et de s'appliquer également à tout le monde. Même la géographie joue un rôle. Il y a des États où la peine existe et d'autres pas. »

Les joues de Vernon ont repris des couleurs, au grand soulagement d'Elizabeth.

Un infirmier vient le chercher pour l'emmener à la radio. Et tandis qu'on le pousse sur sa civière, il me lance encore : « Ce qu'il faut, c'est faire au meurtrier ce qu'il a fait à sa victime. Willie aurait dû recevoir dix-sept coups de couteau. C'est ça qu'on aurait dû lui faire ! »

Preuve que mes arguments ont porté !

Je lui souhaite bon courage et lui promets de lui apporter une tarte aux pommes à ma prochaine visite.

Un soir de janvier 1991, je me retrouve à nouveau en train de contempler une poignée de porte. Ce n'est pas la même que précédemment. Pourtant, comme l'autre fois, j'inspire profondément avant de la tourner. De l'autre côté, se trouvent les membres du groupe Survivre, fondé par Dianne Kidner et que dirige maintenant Mary Riley, bénévole mennonite elle aussi. Durant ses deux années passées auprès des familles de victimes, Dianne avait surtout secouru les gens au coup par coup. Maintenant, Mary est là pour donner à l'organisation une orientation nouvelle – apprendre aux victimes à trouver en elles-mêmes les forces nécessaires pour affronter la vie. Tous les lundis soirs, le groupe tient séance à la faculté de droit de l'Université Loyola.

Survivre compte à présent une quarantaine de membres, des femmes noires en majorité, accablées par la disparition d'un être cher – enfant, époux, parent. Pour la plupart il s'agit d'un fils.Toutes les victimes ont été abattues par balle. Pan, pan, pan, pan, pan, pan,

pan ! Si tous ces coups de feu étaient tirés ensemble, on pourrait croire que c'est la guerre. Et c'est bien de cela qu'il s'agit, en vérité. C'est d'ailleurs sous le titre « Pour La Nouvelle-Orléans, Saddam Hussein n'est pas la seule horreur de l'année » que le *Louisiane Weekly*, hebdomadaire publié par des Noirs, a imprimé sur une page entière les noms des 323 personnes assassinées dans la seule ville de La Nouvelle-Orléans, au cours de l'année 1991. En indiquant la race de chacun. Les Noirs étaient au nombre de 284.

Comme le Dr. Frank Minyard, médecin légiste de la paroisse d'Orleans, l'a dit récemment : « Entre le Sida, la drogue, les homicides, la police et les prisons... on peut parler de génocide. En l'an 2 000, nous aurons perdu toute une génération. Il n'y aura plus de Noirs de sexe masculin dans la tranche d'âge des 30 – 40 ans. »

Je me sens prête à entendre ce qui sera dit ce soir. Prête n'est pas le terme exact. « Blindée » serait plus juste, car il n'est de semaine que je n'entende des histoires de coups de feu et de meurtres à la cité Saint-Thomas, chaque fois que je vais à Hope House assister aux réunions du bureau de notre association.

J'ouvre la porte.

J'écoute les récits. Ils évoquent pour moi la dernière des plaies d'Égypte dont parle le livre de l'Exode – le massacre des fils aînés des Égyptiens, quand l'Ange de la Vengeance épargna les enfants des Juifs, les distinguant à leur fronton de porte, badigeonné de sang d'agneau... Aucun des gens réunis ce soir n'a su imiter leur exemple, certains ont même été visités à plusieurs reprises par l'Ange de la Vengeance.

> Comment me présenter ? Comme une mère de six enfants ou une mère de quatre ? Je sais pas. Je vais dire six, quand même. Pourtant, j'ai eu deux fils assassinés. Abattus tous les deux. A cinq mois d'intervalle. J'en veux à Dieu. Je comprends pas. Parce que je fais vraiment tout comme il faut. Je vais à l'église tous les dimanches, j'ai construit un foyer solide pour mes gosses... Je pensais que ça nous protégerait.

> Mon fils a été enlevé et abattu de douze balles. Juste avant de témoigner pour un meurtre lié à la drogue. Il avait vu deux types en train d'en tuer un autre. On avait reçu des menaces. J'ai téléphoné au procureur pour réclamer protection et j'ai envoyé mon autre fils à

la campagne, chez des parents, parce que lui aussi était menacé.

Oh, ils me connaissent, à l'hôtel de ville, vous parlez qu'ils me connaissent ! J'y vais tout le temps avec ma pancarte. Je le sais bien, que c'est la police qui a monté le coup et tué mon fils, et je ne le cache pas. Parce qu'il sortait avec une Blanche qui était la fille d'un flic. Mais moi, j'y vais avec ma pancarte. Et j'irai jusqu'à mon dernier jour.

Mon fils a été tué par sa copine. Elle venait de se procurer une arme. Elle lui a tiré dans l'œil, le droit. J'avais deux boulots, mais maintenant, je vais être obligée d'en laisser tomber un. Parce que j'ai une fille et il faut que je la surveille. J'ai si peur.

Je n'ai qu'une envie, c'est de ne plus jamais me lever de mon lit. Il faut que je tienne jusque après Noël, l'anniversaire de mon fils... C'est le troisième fils que je perds. Le premier, c'était de la mort subite du nourrisson, le deuxième, ça a été d'hépatite, à l'âge de trois ans, et maintenant, c'est celui de vingt-quatre qui s'est fait tirer dessus. Et il est mort.

J'ai dû arrêter mes cours d'infirmière. C'est la deuxième fois. J'ai les nerfs malades.

Je m'attends tout le temps à ce qu'il cogne à la porte. Sept coups, c'était son signal à lui. Je disais : « Qui c'est ? » et lui, il me répondait : « C'est moi, Bébé. » Ils ont raconté des bobards dans le journal. Que c'était un meurtre pour de la drogue, comme il y en a tant. Ils ne savent pas qui a descendu mon garçon et le tueur, il court toujours.

Mon père a été abattu de sang-froid. Il avait quatre-vingt-trois ans. Je crois que c'est parce qu'il parlait de la criminalité dans le quartier.

Mon fils se droguait. Crack et cocaïne. Comme il était en conditionnelle, j'ai appelé son moniteur. Pour qu'il le fasse arrêter par les flics, quoi. Mais le moniteur a dit que ça ne servirait à rien. Et mon fils a été retrouvé assassiné.

Je suis allée dans plusieurs armureries. Oh, pas pour acheter une arme. Juste pour voir comment on faisait.

> C'est facile comme bonjour. On m'a juste demandé ma carte d'identité. Tous les jeunes en ont, des pistolets, des fusils à canon scié, des.357 Magnum, des Uzi. Même les gamins de treize ans, ils ont des armes. Ils les volent chez les gens.

La fin de chaque témoignage est ponctuée d'une litanie. « Oh Seigneur... Oui, Seigneur... Jésus... Ainsi soit-il... Amen... Jésus, aide-nous... Dieu, crée une issue, là où il n'y en a pas ! » Parfois, la litanie s'accompagne de pleurs et de gémissements. Les têtes se courbent et se relèvent. Des mains se tendent vers d'autres mains.

Des femmes parlent de se suicider, d'autres de rester toute leur vie couchées. D'autres encore avouent se réfugier dans la drogue ou l'alcool. Toutes se disent désorientées et confondues. Surtout, elles parlent de la vie qui doit continuer. De leur lutte quotidienne – pour payer le loyer, la nourriture, la consultation des enfants à l'hôpital de la Charité. C'est ça qui les aide à vivre.

Aucune d'elles n'attend rien de la justice, sauf celle qui manifeste devant l'hôtel de ville. Les choses sont ainsi, il n'y a rien à faire. C'est une opinion commune à toutes. De fait, sur les quelque quarante membres du groupe Survivre, une seule femme sait de façon sûre qu'elle verra le meurtrier de son enfant passer en jugement. Une autre croit vaguement que la justice l'aidera. C'est-à-dire qu'au début, elle a cru que l'assassin serait jugé, mais elle vient d'apprendre que l'accusation avait été abandonnée. « Faute de preuves. »

Un cas sur quarante devant les tribunaux, le Parquet n'a pas de quoi se vanter pour son efficacité !

En écoutant parler les membres de Survivre, je découvre que dans la majorité des cas, les assassins courent toujours, ou bien, s'ils sont sous les verrous, qu'ils n'y resteront pas longtemps. J'apprends aussi que la plupart des personnes présentes n'ont jamais été entendues par des enquêteurs. Certaines n'ont même vu aucun acte légal, que ce soit le rapport d'autopsie ou le certificat de décès.

Il est vrai que dans une ville comme La Nouvelle-Orléans où la criminalité bat des records, régler les problèmes relève du défi pour les forces de l'ordre : tout d'abord, il y a la quantité – quatre meurtres en un seul week-end sont monnaie courante, principalement dans les quartiers pauvres habités par les Noirs, où la majorité des crimes a lieu [6]. Puis il y a le fait que la loi n'exige pas que tout crime ayant fait l'objet d'un rapport soit soumis à enquête policière [7]. Vient ensuite la difficulté à trouver des témoins – les Noirs des cités défavorisées répugnent à aller déposer. Par crainte de représailles de la part de dealers, bien sûr, mais aussi par manque de confiance en la police. Enfin, il y a le peu de zèle des enquêteurs, qui renâclent à mener des enquêtes dans les quartiers chauds.

Il va de soi, dans ces circonstances, que le Quatorzième Amendement, censé garantir « une protection égale pour tous », est fortement battu en brèche. Pourtant, des cas prouvent qu'avec de la détermination, des résultats peuvent être obtenus, et même très rapidement.

On l'a vu récemment quand le fils d'un juge a été assassiné la nuit devant un bar, à La Nouvelle-Orléans. Il n'y avait pas de témoin et pourtant l'enquête menée tambour battant a permis au bout de quatre jours d'arrêter deux suspects et de les écrouer. Une caution très élevée ayant été fixée, ils sont restés en prison jusqu'au procès.

Pour les 249 meurtres commis à La Nouvelle-Orléans au cours de l'année 1989, 16 assassins seulement ont été inculpés et incarcérés [8]. 85 % de leurs victimes étaient des Noirs.

Ce nombre très élevé de crimes non résolus où la victime est un Noir n'est sûrement pas l'apanage de La Nouvelle-Orléans. Mais il est difficile de le savoir, le Bureau des statistiques du Département de la Justice ne mentionnant pas la race des victimes dans ses rapports.

Une étude a été menée dans six comtés de Géorgie sur les homicides commis durant la période 1973-1991. Connue sous le nom de Chattahoochee Report, cette étude a été présentée, le 9 juillet 1991, à la Sous-Commission de la Justice pour les questions de Droit civil et constitutionnel à la Chambre des Représentants de Géorgie. Ses conclusions font état de partialité raciale évidente dans la manière dont les procureurs mènent l'accusation. Alors que dans 65 % des cas, les victimes ont été des Noirs (et 35 % des Blancs), la peine de mort, cependant, n'a été requise que dans 15 % des cas où la victime était un Noir. En revanche, elle l'a été dans 85 % des cas où la victime était un Blanc.

La partie du Chattahoochee Report intitulée : « Familles de victimes : Contraste en noir et blanc », semble sortie tout droit d'une réunion du groupe Survivre. De nombreux témoignages de familles noires de la région de Columbus, comté où la peine de mort est vigoureusement requise, indiquent que le procureur ne les a jamais entendues, bien que celui-ci ait affirmé toujours s'entretenir avec les proches des victimes. L'étude montre que dans les cas où la victime a été un Blanc, le procureur a manifesté, au contraire, une grande sollicitude envers les familles. Il est même arrivé qu'il leur rende des visites de courtoisie avant de déclarer publiquement son intention de requérir la peine de mort.

Le rapport reprend notamment un cas qui a fait la une des journaux de Columbus, où la victime était la fille d'un important entrepreneur blanc. Je cite : « Le procureur J. Smith a contacté personnellement l'entrepreneur par téléphone et lui a demandé la peine qu'il souhaitait voir requérir. L'entrepreneur a répondu : " La peine de mort " et le procureur a dit : " C'est tout ce que je voulais savoir. " Le procureur a donc requis – et obtenu – la peine de mort et en a été récompensé par une contribution de 5 000 dollars à sa campagne pour le poste de juge aux élections suivantes. Contribution la plus élevée qui lui ait été remise par un seul et même individu. »

Dans les cas où la victime était un Noir, toujours d'après le Rapport, « non seulement, la peine de mort n'a jamais été requise contre l'assassin, mais les parents de la victime ont souvent été traités comme les auteurs du crime par les forces de l'ordre ».

• Jimmy Christian, informé en 1988 que son fils avait été assassiné, n'a jamais été recontacté par aucun représentant officiel. Il n'a pas été tenu au courant des développements en justice. Et quand une arrestation a été effectuée, il l'a appris par hasard, dans la rue. Il n'a jamais été avisé de la date du procès, ni des charges retenues contre l'inculpé.

• Johnny Johnson, retrouvant sa femme égorgée en 1984 alors qu'il rentrait de l'église, a été arrêté comme suspect. Sa brève incarcération a été son unique contact avec des représentants de la loi.

• Mildred Brewer, présente sur les lieux lors du

meurtre de sa fille en 1979, s'est vue interdire de monter dans l'ambulance. Elle a été emmenée au commissariat central pour y être entendue trois heures d'affilée. Sa fille est morte entre-temps. Plus tard, quand un suspect a été interpellé, jugé et condamné, Mme Brewer n'en a pas été informée.

Et cela se poursuit ainsi, sur des pages et des pages.

La réunion de Survivre se termine, les têtes s'inclinent pour la prière. L'assistance se divise en petits groupes qui bavardent en sirotant les boissons que des membres ont apportées. Le chagrin général est immense. Pourtant, je ne me sens pas accablée. Il y a chez ces femmes noires quelque chose qui me donne de la force. « Frapper les femmes, c'est frapper le rocher », comme le dit si bien le slogan des femmes d'Afrique du Sud. Est-ce le résultat d'une souffrance endurée si longtemps, je ne saurais le dire, mais je dois reconnaître que les femmes noires ont la grâce, de la ténacité et une très forte capacité à accepter la douleur et à la supporter. *Seigneur, crée une issue là où il n'y en a pas !* Pour ces femmes, il ne s'agit pas d'un vœu pieux. C'est l'air même qu'elles respirent, le pain dont elles se nourrissent, la voie sur laquelle elles avancent.

J'entends un éclat de rire. Il s'égrène, léger comme des bulles, à l'autre bout de la pièce. C'est Shirley Carr qui entoure de son bras les épaules d'une femme. Shirley est la dame qui a pris la parole la première, ce soir, pour parler de ses deux fils abattus à cinq mois d'intervalle. Elle a surmonté sa prostration et peut soutenir les autres dans les phases de refus, de culpabilité, de rage, d'impuissance, de repli ou de désespoir qu'elles traversent. C'est à elle que songe Mary Riley pour prendre la tête de Survivre, quand elle va partir. Les mennonites, en effet, considèrent comme primordial que les groupes de soutien deviennent autonomes et soient gérés localement par les membres.

Mary Riley et moi sommes très liées. Nous nous efforçons d'établir des ponts entre nos deux organisations – la sienne, Survivre, pour le soutien aux famille des victimes, et la mienne, Pèlerinage pour la vie, en faveur de l'abolition de la peine de mort. Quand de nouveaux adhérents se présentent à Pèlerinage, nous les engageons vivement à ne pas se contenter d'être correspondants de condamnés à mort, mais à offrir aussi leurs services de bénévoles à Survivre, ou à d'autres associations de leur voisinage.

C'est avec Lloyd LeBlanc, le père du jeune David, que je tiens à terminer ce récit.

Dans les années qui ont suivi l'audition du recours en grâce de Pat Sonnier, mes rapports avec Lloyd, bien qu'amicaux, en sont restés au stade de préliminaires. Nous nous sommes téléphoné, nous nous sommes écrit, je suis allée le voir quelques fois chez lui, à Saint-Martinville. Au début, Eula, son épouse, n'approuvait pas nos rencontres. L'idée qu'une amie du meurtrier de son fils franchisse le pas de sa porte lui était à ce point insupportable qu'elle partait de chez elle quand j'arrivais. Depuis, nos relations se sont améliorées.

Il y a deux ans, Lloyd m'a confié qu'il allait tous les vendredis, entre quatre et cinq heures du matin, prier dans une petite chapelle « d'adoration perpétuelle » de Saint-Martinville. Je lui ai proposé de l'accompagner, s'il le désirait. Il m'a répondu que cela lui ferait très plaisir. C'est une chose que je tiens à faire, et je la ferai, même si c'est aux aurores.

Des vers de Rainer Maria Rilke me reviennent en mémoire :

> *Le travail des yeux est achevé,*
> *Passe maintenant au travail du cœur.*

Un jour, je décide de réaliser cette promesse que je me suis faite. Le jeudi, je me rends chez ma mère à Baton Rouge, cela m'économisera une partie du trajet. Il est encore assez tôt dans la soirée quand j'arrive. En bon frère qu'il est, Louie va m'accompagner à Saint-Martinville, pour ne pas me laisser faire la route de nuit toute seule. Lui aussi vient dormir chez maman, ce qui nous fera gagner du temps. Nous avons calculé qu'en partant de Baton Rouge vers trois heures moins le quart, nous serions rendus vers les quatre heures. Louie remplit de café un Thermos.

Rouler dans le noir à travers la région d'Acadie me rappelle le carême quand j'étais petite et que je me levais tôt le matin pour aller à la messe – même air froid et immobile, même sentiment de mystère, comme toujours quand on veille et que le reste du monde est endormi.

Dans une lettre, Lloyd m'a dit qu'il priait pour « tout le monde, mais surtout pour les pauvres et ceux qui souffrent ». Il prie pour le repos de l'âme de David et pour Eula, son épouse. Il dit des actions de grâces pour sa fille, Vickie, et les quatre petits-enfants, tous en bonne santé, qu'elle lui a donnés. Ce sont eux, Ryan, Derek, Megan et Jacob, qui ont redonné à Eula le goût de vivre. Cela a pris bien longtemps. L'année qui a suivi la mort de David, Lloyd a emmené régulièrement sa femme se recueillir sur la tombe. S'il ne l'avait fait, « elle n'aurait pas survécu. Elle était incapable d'affronter une nouvelle journée. » Trois ans durant, elle n'a cessé de pleurer. La maison était devenue un tombeau et Lloyd, qui travaille dans le bâtiment, restait au bureau jusque très tard le soir. « Pour ne pas devenir fou. » Une fois, à l'une de mes premières visites, il m'y a emmenée et m'a montré une montre de gousset qu'il fabriquait, après son travail, me confiant : « C'est important de se trouver des occupations ».

Lloyd LeBlanc prie aussi pour Loretta Bourque et sa famille. C'est surtout les Bourque qui ont voulu assister à l'exécution de Pat. Lui-même n'y tenait pas. Il avait même demandé à son frère de le remplacer. Mais celui-ci, ayant eu une crise cardiaque, en a été empêché.

La veille de l'audition devant la Commission des Grâces, une délégation de la famille Bourque a insisté auprès de Lloyd pour qu'il requière la peine de mort. Et il a fait ce que l'on attendait de lui : à l'audition, parlant au nom des deux familles, il a demandé à la Commission de ne pas accorder la grâce. Mais l'exécution l'a profondément perturbé. Il a cherché conseil et réconfort auprès du prêtre de sa paroisse. Et il s'est confessé.

Désormais, Lloyd LeBlanc prie également pour les Sonnier, pour Pat et Eddie, pour Gladys, leur mère. « Quelle douleur cette malheureuse endure ! » m'a-t-il écrit une fois. Oui, il prie aussi pour les Sonnier. Il sait que je continue à visiter Eddie et, dans ses lettres, il glisse souvent un billet de dix dollars : « Pour votre ministère dans les prisons, auprès des enfants de Dieu. »

En janvier 1991, peu de temps avant qu'elle ne meure, il est allé voir Gladys Sonnier. Pour la réconforter.

Nous roulons, Louie et moi, en direction de l'ouest, sur l'autoroute Inter-État n° 10, nous tournons à Breaux Bridge et parcouront les trente kilomètres qui nous séparent encore de Saint-Martinville. Nous traversons Parks, dernier endroit où David et Loretta ont été vus vivants, et nous arrivons à la très vieille église en bois Saint-Martin-de-Tours. Nous nous garons sur le parking. Une lumière diffuse filtre par les vitraux et colore l'herbe de taches rouges, vertes et jaunes. De grands chênes centenaires étendent largement leurs branches alentour. La nuit est très noire, car c'est bientôt l'automne, et le fond de l'air est frisquet. Vivement que nous nous retrouvions au chaud dans la chapelle !

Je frappe à la porte. Une jeune femme aux longs cheveux noirs, emmitoufflée dans une couverture, nous fait entrer avec un gentil sourire. Son tour de veille va de trois à quatre heures. Son mari vient aussi, plus tôt dans la soirée. Ils ont huit enfants.

L'intérieur de la chapelle s'orne d'une citation de l'Évangile de saint Jean, écrite à la main sur du papier blanc : « Tu me vois, tu crois. Heureux ceux qui n'ont pas vu et qui ont cru. » Sur l'autel, le Saint-Sacrement consacré pendant la messe s'offre à la vue de tous, sous verre, dans un ostensoir dont les rayons d'or du pourtour font converger le regard vers le centre. Deux bancs sont installés le long des murs. Il y a aussi deux prie-Dieu et quatre candélabres, posés à même le sol. Un crucifix et une image de Marie, mère de Dieu, décorent le mur.

Lloyd LeBlanc arrive à quatre heures moins cinq. « Ah, vous êtes déjà là ! Je suis content de vous voir entiers. Sur ces autoroutes, on ne sait jamais. » Je lui présente mon frère.

La chapelle est chaude, intime, le silence y règne, une odeur de cire d'abeille plane dans l'air. Lloyd et moi allons nous agenouiller sur les prie-Dieu. Il tire un rosaire de sa poche. Assis sur le banc derrière nous, Louie a déjà le sien dans les mains.

Et, pour reprendre l'ancienne expression française, nous « disons les grains ».

*L'un après l'autre. Je vous salue, Marie... Sainte Marie, mère de Dieu. Les mystères de Jésus-Christ, ceux dont notre vie est faite... la vie et la joie, la souffrance et la mort... Nous faisons rouler les grains l'un après l'autre... Un tour complet et on recommence, mourant et renaissant à la vie, l'âme tendue vers le ciel. Notre âme qui dit : « Je n'en peux plus, je ne peux en supporter davantage... » Je vous salue, Marie... Sainte Marie... Devenant à chaque inspiration et chaque expiration le lien avec ce que l'œil ne peut percevoir, mais que le cœur connaît. Ce cœur qui doute et sait à nouveau...*

Tenir un rosaire est un acte physique, tangible. Les petites billes sont dures et lisses dans la main, on les touche. On les laisse filer. « Ne te raccroche pas à moi », a dit Jésus à Marie-Madeleine. C'est ça le secret : *Pour tenir, il faut laisser aller. Rien n'est solide. Tout passe. Sauf l'amour. Accroche-toi à l'amour. Fais ce que commande l'amour.*

Nous récitons les prières du mystère de la Passion. L'agonie de Jésus mené à son exécution. La peur de Jésus, sa sueur mêlée de sang.

Sueur et sang ont-ils perlé aussi au front de David LeBlanc, quand il a compris qu'il allait mourir ? Et cela, l'a-t-il compris quand les ravisseurs ont tourné dans un petit chemin qu'il savait mener à un champ de canne à sucre ? Ou bien était-ce quand ils lui ont ordonné de s'allonger par terre, face au sol ? Il portait ce soir-là, pour la première fois, une chemise bleue en velours côtelé que sa mère venait de lui acheter. Dans la cuisine à côté de l'évier, il avait dit à Eula, en caressant le tissu : « Elle va me tenir chaud, ce soir, pendant le match. »

Et Loretta... La dernière soirée de sa vie, elle l'aura passée à un match de football. Elle avait retrouvé des amis là-bas. Elle avait ri et applaudi son équipe. Éclatante de santé dans la lumière des projecteurs du stade, ignorante de la route sombre qui l'attendait après.

Lloyd LeBlanc se serait contenté que Pat Sonnier soit condamné à la prison à vie. Il n'est pas allé à l'exécution dans un esprit de vengeance, mais dans l'espoir d'y entendre le condamné lui demander pardon. Pat ne l'aura pas déçu. Avant de prendre place sur la chaise électrique, il a dit : « Monsieur LeBlanc, je veux vous demander pardon pour ce qu'Eddie et moi on a fait. »

Et Lloyd a hoché la tête pour signifier que ce pardon était déjà accordé.

Quand il est arrivé au champ de canne à sucre avec l'adjoint du shérif pour identifier les corps, il s'est agenouillé près de son fils et il a récité le Notre Père. « Il était étendu par terre et les yeux lui sortaient des orbites, tous les deux, comme des billes ! » Puis, arrivé à la phrase : « Pardonne-nous nos offenses comme nous pardonnons à ceux qui nous ont offensés », Lloyd ne s'est pas interrompu, il n'a pas hésité. Il en a prononcé les mots clairement, sans équivoque. Il a dit : « Qui que ce soit qui a commis cela, je lui pardonne. »

Cependant, la lutte a été dure pour surmonter sa colère et son désir de vengeance, il le reconnaît. Et il reconnaît qu'il lui arrive d'éprouver encore ces sentiments, le jour de l'anniversaire de son fils surtout, et quand il pense à tout ce qu'il ne connaîtra jamais de lui – David à 20 ans, David à 25 ans, David marié, David papa devant sa maison avec des enfants agrippés à ses genoux, David homme mûr, comme lui-même l'est aujourd'hui.

Le pardon n'est jamais facile. Il faut prier chaque jour pour l'obtenir et lutter pour le conserver et remporter la victoire.

## NOTES DU CHAPITRE I

1. Dorothy Day : partisane de la transformation de la société par la non-violence, fondatrice de soupes populaires et d'abris pour les pauvres à New York dans les années quarante. Avec Peter Maurin le « Mouvement » et publié un journal, *The Catholic Worker*. Son autobiographie s'intitule : *The Long Loneliness* (Harper and Row, San Francisco, 1952).

2. Donald L. Barlett et James B. Steele, *America : What Went Wrong ?* (Kansas City, Andrews and McMeel, 1992), p. XIII.

3. *The Louisiana Weekly* (hebdomadaire de La Nouvelle-Orléans, publié par des Noirs) en date du 30 mai 1992, article de Jeff White : « Black Leaders React to Police Brutality Survey ». Voir également *The Times-Picayune* du 7 janvier 1993, article de Kevin Bell : « Black Males : Police Abuse Common » ; et de Sheila Grissett et Scott Aiges : « Officers Defend Marsalis Arrest » qui relate l'arrestation pour excès de vitesse de Branford Marsalis par la police de La Nouvelle-Orléans. Ce chef d'orchestre du *Tonight Show* (célèbre émission télévisée quotidienne programmée sur une chaîne nationale) fut fouillé, menotté et jeté en prison alors qu'il avait obéi aux injonctions des policiers et même signé le procès-verbal. Il déclara le 4 janvier 1993 au *Tonight Show* que la brutalité policière exercée contre lui s'expliquait par le fait qu'il était noir.

Voir encore *The Sunday Advocate* de Baton Rouge, 14 juin 1981, article de Art Harris : « New Orleans' Poor Blacks Fear Police Brutality ».

4. Langston Hughes, « Warning » dans *The Panther and the Lash : Poems of Our Times* (New York, Alfred A. Knopf, Inc. 1989).

5. Section 1 du Treizième Amendement, promulgué le 18 décembre 1865 : « L'esclavage, de même que le travail forcé, sauf en châtiment d'un crime dont l'auteur doit avoir été dûment reconnu coupable, sont bannis sur le territoire des États-Unis, et en tout lieu relevant de sa juridiction. »

6. *New York University Review of Law and Social Change*, volume 18, pp. 537-635. Contribution de James S. Liebman : « More than Slightly Retro : The Rehnquist Court's Rout of Habeas Corpus Juridiction in *Teague v. Lane* », p. 541.

Voir Hugo Adam Bedau, *The Death Penalty in America* (Oxford University Press, New York, 1982), p. 68 : de 1967 à 1982 plus de 2 000 condamnations à mort ont été invalidées sur la base de leur anticonstitutionnalité.

7. Affaire Pennsylvanie contre Finley, 481 U.S. 551 (1987), la Cour suprême des États-Unis a arrêté : « Nous n'avons jamais considéré que les prisonniers avaient le droit constitutionnel de bénéficier d'un conseil juridique quand ils interjetaient appel devant d'autres cours de justice (qu'elles soient de l'État ou fédérales), et nous refusons de le considérer aujourd'hui ». Décision confirmée dans l'Affaire Coleman contre Thompson, 111 S. CT. 2546 (1991).

8. Lors de la délibération du jury, il fut demandé au juge si Elmo Patrick Sonnier pourrait bénéficier du droit de travailler au cas où il serait condamné à la prison à perpétuité. En fait, les réglements du Département des Peines stipulaient que les detenus condamnés pour meurtre n'étaient pas autorisés à participer aux programmes de réhabilitation par le travail. Mais le juge n'avait pas copie de ces textes et le jury comprit des instructions données que si Sonnier était condamné à la perpétuité, il pourrait un jour ou l'autre être autorisé à y participer. La Cour suprême de Louisiane statua que les instructions fournies par le juge, incomplètes, prêtaient à confusion et ordonna la tenue d'un second procès, le 28 janvier 1980. (*State Louisiana v. Sonnier*, 379, So. 2d 1339 (La 1980).

9. Chronologie du jugement dans l'Affaire Sonnier :

*Avril 1978* : Elmo Patrick Sonnier est jugé, reconnu coupable et condamné à mort.

*Septembre 1978* : Eddie Sonnier est jugé, reconnu coupable et condamné à mort.

*1979* : La condamnation à mort d'Eddie Sonnier est invalidée par la Cour suprême de Louisiane.

*Janvier 1980* : La condamnation à mort d'Elmo Patrick Sonnier est invalidée par la Cour suprême de Louisiane. Un second procès est ordonné.

*Mars 1980* : Elmo Patrick Sonnier est condamné à mort pour la seconde fois.

10. Arthur S. Miller et Jeffrey H. Bowman : *Death by Installments : The Ordeal of Willie Francis* (Westport, Connecticut, Greenwood Press, Inc., 1988).

## NOTES DU CHAPITRE II

1. Comme le dit C. Murray Henderson, directeur d'Angola de 1968 à 1975 : « Le plus souvent, le meurtre est commis sous l'effet de la passion et génère quelque chose dans la psyché qui fait que le meurtrier réitère rarement son geste [...] Curieusement, de tous les criminels, les assassins présentent le taux de récidive le plus bas. » (Butler and Henderson : *The Wall Is Strong : Corrections in Louisiana,* Burk Foster, Wilbert Rideau et Ron Wickberg éd., 1991, p. 51).

## NOTES DU CHAPITRE III

1. Avec l'autorisation de sa mère, des photographies du corps brûlé de Robert Wayne Williams furent reproduites dans le journal de la prison, *The Angolite*, 15, N°5, septembre-octobre 1990.

2. Sur les 3 829 exécutions officielles opérées aux États-Unis entre 1930 et 1980, 2 307 (soit 60 %) ont été pratiquées par les États du Sud. Voir Hugo Adam Bedau : *The Death Penalty in America,* 3e éd. (New York, Oxford University Press, 1982), pp. 58-61.

3. *Time* du 18 mai 1992, article de Jill Smolowe : « Must This Man Die ? » et *New York Times* du 22 mai 1992, article de Peter Applebome : « Execution Stirs up Troubling Questions. »

4. *The National Law Journal* 12, n° 40 (11 juin 1990), contribution de Marcia Coyle, Fred Strasser et Marianne Lavelle : « Fatal Defense : Trial and Error in the Nation's Death Belt. » Afin d'établir ce rapport, le journal mena dans six États une enquête de six mois sur la défense offerte aux condamnés à mort dans le Sud des États-Unis, passant en revue les minutes de plus de 100 procès et interviewant 150 avocats, juges, procureurs et experts. Les cas d'incompétence suivants ont été relevés :

*Toxicomanie* : Un enquêteur engagé par un avocat de la défense du nom d'Emmett Moran témoigna sur l'honneur qu'il avait vu celui-ci sniffer de la cocaïne durant les suspensions d'audience et prendre des amphétamines, de l'alcool, des qualudes, de la morphine ou de la marijuana après les audiences. Néanmoins, le juge statua que M. Moran n'était pas incompétent, sa toxicomanie n'étant pas étayée par « des preuves crédibles ». Cinq juges suprêmes de Floride confirmèrent cet arrêt. Quant à Jerry White, le client de M. Moran, il attend au Couloir de la Mort d'être exécuté.

*Absence de plaidoirie* : En octobre 1989, la cour d'appel du 5e ressort refusa de déclarer inappropriée la plaidoirie de Jon Wood au procès de Jesus Romero, à San Antonio, laquelle tenait en quatre phrases : « Vous êtes un jury extrêmement intelligent. La vie de cet homme est entre vos mains. Vous pouvez la lui prendre ou la lui laisser. Je n'ai rien d'autre à dire ». La Cour statua : « Si le jury avait rendu un verdict de prison à perpétuité, cette stratégie aurait été considérée comme admirable. »

*Manque de préparation de la défense* : Dans le comté de Lee, en Alabama, après que le jury eut rendu un verdict de culpabilité au procès pour meurtre de James Wyman Smith, à dix-huit heures, le juge demanda aux avocats de l'accusation et de la défense s'ils étaient prêts à passer à la définition de la peine. L'échange suivant est cité d'après les minutes du procès :

Thomas E. Jones (avocat de la défense) : Non, Monsieur le Juge, nous ne sommes pas prêts.

Le Juge : Ça ne me plaît pas beaucoup de devoir renvoyer le jury passer encore une nuit dans un motel. Qu'est-ce qui vous manque pour être prêts ?

J. Michel Williams (avocat de la défense) : Je n'ai même pas encore lu ce dit la loi sur ce sujet.

A sept heures, le Juge ordonna la suspension de l'audience jusqu'au lendemain matin, 8 heures 30. Et M. Smith fut condamné à mort.

5. En février 1992, Rick Teissier, avocat de l'aide juridictionnelle obligé de plaider dans les 700 affaires par an, a déposé une requête devant le tribunal de l'État, pour faire reconnaître que l'aide juridictionnelle était inconstitutionnelle dans son fonctionnement.

La section de Droit criminel du Barreau américain constate que l'échec de la défense dans les affaires où la peine de mort est requise est dû principalement à « l'incompétence de l'avocat et à la sous-évaluation de ses honoraires ». Voir Ida P. Robbins, « Toward a More Just and Effective System of Review in State Death Penalty Cases », *American Law Review,* 40 automne 1990, pp. 1-296.

6. Dans l'Affaire « Cocker contre l'État de Georgie », 433 US 992 (1977), la Cour Suprême des États-Unis a déclaré inconstitutionnelle la peine de mort pour viol. La discrimination raciale est flagrante dans ce type d'affaires. Sur les 455 personnes exécutées pour viol aux États-Unis, 405 étaient des Noirs. La très grande majorité de ces exécutions – 443 – ont eu lieu dans les États du Sud.

7. En 1986, dans l'affaire « Batson contre l'État de Kentucky » (476 US 79), la Cour Suprême des États-Unis a statué que « l'égalité de protection de tous par la loi », que garantit le Quatorzième Amendement, interdit à l'accusation de récuser des jurés sur la base de la race. Cependant, on voit encore de nos jours des Noirs être jugés par des jurys composés exclusivement de Blancs ou d'une grande majorité de Blancs, comme le démontre le *Chattahoochee Report*, étude sur la peine de mort, menée en 1991, dans la circonscription judiciaire de Chattahoochee, en Géorgie, et portant sur la période 1976-1990.

8. Coyle, Strasser et Lavelle, *Fatal Defense*, pp. 32-33. En Louisiane et dans le Mississippi, les avocats de l'aide juridictionnelle se voient allouer une somme maximum de 1 000 dollars, couvrant les frais de l'instruction de l'affaire et la défense au procès. En Géorgie, le montant alloué est encore inférieur : la défense au procès est rétribuée entre 50 et 150 dollars et les frais d'instruction, de préparation du procès et des éventuels pourvois en appel ne sont couverts qu'à hauteur de 500 dollars.

9. Voir Lois Forer : *Money and Justice : Who Owns the Courts ?* (New York, Norton, 1984), sur la disparité entre riches et pauvres face à la justice.

10. Entre 1990 et 1992, 260 personnes ont été condamnées à mort, alors que pour la seule année 1991, près de 25 000 meurtres ont été commis. On voit donc qu'un meurtrier sur cent seulement est condamné à mort. Il a été procédé à 29 exécutions durant l'année 1992. Le taux des exécutions est donc de 1 pour 860 meurtres.

11. Répondant à ce qu'il appelle « le diktat moral de sa conscience », le gouverneur du Nouveau-Mexique, Toney Anaya, a commué toutes les condamnations à mort en peines de prison à perpétuité, avant de quitter son poste. Voir article de Richard E. Meyer « New Mexico Death Sentences Commuted », *Los Angeles Times,* 27 novembre 1986.
De même, avant l'expiration de son mandat, Richard

Celeste, gouverneur de l'Ohio, troublé par le nombre de Noirs et de handicapés mentaux au Couloir de la Mort, a commué en prison à perpétuité les sentences à la peine capitale de huit condamnés, dont quatre étaient des femmes. L'État a fait appel de cette décision pour sept d'entre eux. Leur destin n'est pas encore résolu à l'heure actuelle. Voir « At End of Term, Ohio Governor Commutes Death Sentences of 8 », *New York Times,* 12 janvier 1991.

## NOTES DU CHAPITRE IV

1. « C'est lui qui, aux jours de sa chair, ayant présenté, avec une violente clameur et des larmes, des implorations et des supplications à celui qui pouvait le sauver de la mort, et ayant été exaucé en raison de sa piété, tout Fils qu'il était, apprit, de ce qu'il souffrit, l'obéissance. » (Lettre aux Hébreux, 5, 7-8.)

## NOTES DU CHAPITRE V

1. En décembre 1948, l'Assemblée Générale des Nations unies a adopté la Déclaration Universelle des Droits de l'Homme et du Citoyen où il est notamment déclaré, à l'Article 3 : « Tout individu a droit à la vie » et à l'Article 5 : « Nul ne sera soumis à la torture, ni à des peines ou traitements cruels, inhumains ou dégradants. » Cette déclaration, signée par les États-Unis, n'a pas été ratifiée par le Congrès.

2. Selon le sondage CNN/Gallup du 26 juillet 1991, 76 % des personnes interrogées se déclarent favorables à la peine de mort. Pour expliquer leur choix, 13 % citent l'effet dissuasif, 13 % la protection, 50 % la vengeance.

3. A l'époque dont parle l'auteur, certains meurtres étaient passibles de peine de mort dans 36 États des États-Unis : Alabama, Arizona, Arkansas, Californie, Caroline du Nord, Caroline du Sud, Colorado, Connecticut, Dakota du Sud, Delaware, Floride, Géorgie, Idaho, Illinois, Indiana, Kentucky, Louisiane, Maryland, Mississippi, Missouri, Montana, Nebraska, Nevada, New Hampshire, New Jersey, Nouveau-Mexique, Ohio, Oklahoma, Oregon, Pennsylvanie, Tennessee, Texas, Utah, Virginie, Washington et Wyoming.

Selon la législation fédérale, la peine de mort est admise pour piraterie aérienne, en application du décret « Federal Air Piracy Act » promulgué en 1974, et pour les meurtres commis au cours d'interventions liées à la drogue.

Le Code de justice militaire (Uniform Code of Military Justice) applique la peine de mort pour une douzaine de crimes commis en temps de guerre, notamment : homicide commis au cours d'un autre acte criminel, espionnage et désertion. Depuis 1985, le crime d'espionnage commis par un militaire en temps de paix est également passible de la peine de mort. Ainsi en a décidé le président Reagan.

4. Glenn L. Pierce et Michael L. Radelet : « The Role and Consequences of the Death Penalty in American Politics », (*New York University Review of Law and Social Change*, 18 (1990-1991), pp. 711-728, en particulier p. 714.

## NOTE DU CHAPITRE VI

1. Voir Margot Garey, « The Cost of Taking a Life : Dollars and Sense of the Death Penalty », *University of California – Davis Law Review*, 18 (1985), pp. 1221-1273, et Massachusetts Bar Association, « The Dollar and Human Costs of the Death Penalty », *A Special Issue on the Death Penalty*, avril 1992.

## NOTES DU CHAPITRE VII

1. En 1979, le Congrès de Louisiane rejeta la peine des dix ans et six mois de prison avant libération, appliquée depuis 1926, et institua la prison à perpétuité sans liberté surveillée ou conditionnelle, ni commutation de peine pour des crimes, comme : le meutre avec préméditation (si le verdict n'a pas été unanime) ; l'homicide volontaire ; le viol aggravé ; l'enlèvement aggravé. En 1976, le Congrès avait déjà instauré la prison à perpétuité sans possibilité de liberté conditionnelle pour possession d'héroïne avec intention de la distribuer.

2. Selon l'étude de la National Coalition to Abolish the Death Penalty, novembre 1993 :

Parmi les 36 États qui appliquent la peine de mort :
*17 États ont de véritables* peines de prison à perpétuité sans aucune libération conditionnelle possible : l'Alabama, l'Arkansas, la Californie, le Connecticut, le Dakota du Sud, le Delaware, l'Illinois, la Louisiane, le Maryland, le Missouri, le Montana, le Nevada, le New Hampshire, l'Oklahoma, l'Oregon, la Pennsylvanie et l'État de Washington.
*12 États ont des peines de prison « à perpétuité » de très longue durée (vingt ans minimum)* : l'Arizona, la Caroline du Nord, la Caroline du Sud, le Colorado, la Floride, l'Indiana, le Kentucky, le Nebraska, le New Jersey, l'Ohio, le Tennessee et le Texas.
*7 États ont des peines de prison « à perpétuité » de durée non*

*déterminée* : la Géorgie, l'Idaho, le Mississippi, le Nouveau-Mexique, l'Utah, la Virginie et le Wyoming.

Parmi les 14 États qui n'appliquent pas la peine de mort :
*8 États ont de véritables* peines de prison à perpétuité sans aucune libération conditionnelle possible : Hawaï, l'Iowa, le Maine, le Massachusetts, le Michigan, Rhode Island, le Vermont, la Virginie Occidentale ;
*3 États ont des peines de prison « à perpétuité » avec minimum incompressible* : l'Alaska, le Dakota du Nord, le Kansas.
*3 États ont des peines de prison « à perpétuité » de durée non déterminée* : le Minnesota, l'État de New York, le Wisconsin.

3. Chronologie de l'affaire Willie :
*28 mai 1980* : Meurtre de Faith Hathaway
*30 mai 1980* : Enlèvement de Mark Brewster et de son amie.
*3 Juin 1980* : Arrestation à Hope, en Arkansas, pour enlèvement et viol de Mark Brewster et de son amie.
*30 juin-1er juillet 1980* : Procès en Cour fédérale. Willie et Vaccaro plaident coupable pour l'enlèvement et sont condamnés à 30 ans de détention en établissement fédéral.
*20-23 octobre 1980* : Procès devant une cour de l'État (le tribunal de la paroisse de Washington, en Louisiane) pour le meurtre de Faith Hathaway. Willie, reconnu coupable, est condamné à mort.
Son complice Vaccaro, jugé le même jour dans le même palais de justice et reconnu coupable, est condamné à la prison à perpétuité.
*13 novembre 1980* : Procès de Willie et de Vaccaro devant le tribunal de l'État à Baton Rouge, pour l'enlèvement de Brewster et de son amie. Tous deux, reconnus coupables d'enlèvement, de viol aggravé et de tentative de meurtre, sont condamnés à quatre peines consécutives de prison à perpétuité.
*25 janvier 1982* : Invalidation par la Cour suprême de Louisiane de la condamnation à mort de Willie. Un nouveau procès est ordonné.
*28-29 juin 1982* : Second procès. Nouvelle condamnation à mort de Willie.
*août 1983* : Procès devant un tribunal fédéral de première instance pour le meurtre du shérif-adjoint Wagner. Willie, reconnu coupable d'homicide volontaire, est condamné à la prison à perpétuité.
*7 novembre 1983* : Willie est transféré du pénitentier fédéral au Couloir de la Mort d'Angola, en Louisiane.
*28 décembre 1984* : Exécution de Willie.

## NOTES DU CHAPITRE VIII

1. Selon le Département de la Sécurité et des Peines, les membres de la Commission des Grâces étaient payés, en 1984, 28 900 dollars par an, et le président 34 700 dollars.

2. L'article de *The Angolite* reproduit un article du *Dallas Morning News* du 25 mars 1991. Auparavant, le *Morning Advocate* de Baton Rouge avait publié de nombreux articles sur le scandale des grâces et la corruption de la Commission. Cela, dès le 4 septembre 1986, date de l'inculpation de Marsellus, et jusqu'au 30 août 1989, date de sa libération conditionnelle de l'établissement correctionnel fédéral de Fort Worth, au Texas.

3. Marsellus fut inculpé d'entente délictueuse contre l'État, trafic d'influence et pots-de-vins. Le représentant au Congrès Joseph A. Delpit fut également inculpé dans l'affaire. Marsellus passa un accord avec l'accusation, selon lequel, en échange de sa coopération dans l'affaire Delpit, il était autorisé à plaider la conspiration de fraude postale, délit fédéral autorisant qu'il purge sa peine en établissement fédéral et non en prison d'État.

## NOTES DU CHAPITRE IX

1. Voir Michael A. Kroll : « *The Fraternity of Death* », in Michael L. Radelet (éd.), *Facing the Death Penalty : Essays on a Cruel and Unusual Punishment* (Philadelphie, Temple University Press, 1989). La mort de Riley est relatée par Joseph Ferretti, gardien à la prison de San Quentin, qui participa à 126 exécutions et tint un journal sur les 117 premières.

2. Voir Elaine Pagels, *Adam, Eve and the Serpent* (New York, Vintage Books, 1989), p. 25.

## NOTES DU CHAPITRE X

1. Walter Berns, *For Capital Punishment : Crime and the Morality of the Death Penalty* (New York, Basic Books, 1979), pp. 269-270.

2. Voir John Laurence, *The History of Capital Punishment* (New York, Citadel Press, 1983).

3. Voir *The Gallup Poll Monthly*, N° 309, Juin 1991. Selon un sondage, 60 % des partisans de la peine de mort, 6 per-

sonnes admettent que pour des crimes identiques les pauvres ont plus de risques d'être condamnés à mort que les personnes à revenus moyens ou supérieurs.

4. Voir. *Los Angeles Times*, 19 août 1985. « 75 % des Californiens favorables à la peine de mort » : 63 % ont affirmé qu'ils continueraient à être partisans de la peine de mort même s'il était prouvé qu'un innocent a été condamné à la suite d'une erreur judiciaire.

5. Voir Michael L. Radelet, Hugo A. Bedau, Constance Putnam : *In Spite of Innocence : Erroneous Convictions in Capital Cases* (Boston, Northeastern University Press, 1992).

6. Voir Michael L. Radelet, « *People Released from Death Row since 1970 with* Evidence *of Innocence* », texte non publié, Université de Floride, Département de Sociologie, Gainesville, Floride 32611, mars 1992.

7. David Margolick : « 25 Wrongfully Executed in U.S., Study Finds », *New York Times*, 14 novembre 1985.

## NOTES DU CHAPITRE XI

1. Willie Lawrence Celestine, exécuté le 20 juillet 1987. A l'instar de Robert Willie, Willie Celestine est défendu par Millard Farmer. Et c'est en octobre 1984 que Millard m'a demandé de m'occuper de lui.

2. Sterling Rault, exécuté le 24 août 1987, était le 992e condamné exécuté en Louisiane depuis 1722.

3. Le Bureau des statistiques du département de la Justice a recensé 23 438 homicides pour l'année 1990.

4. Les mennonites proposent des programmes de transformation sociale basés sur la non-violence.

5. Howard Zehr, *Changing Lenses : A New Focus for Crime and Justice* (Scottdale, Pennsylvania, Herald Press, 1990), pp. 215-216.

6. Les Noirs auraient-ils une propension particulière à la violence ? Pour apporter un début de réponse à cette question, se reporter à l'excellent livre de Charles E. Silberman *Criminal Violence, Criminal Justice* (New York, Vintage Books, 1980). Partant du fait que, depuis les années 1970, les auteurs d'agressions à main armée aux États-Unis sont des Noirs dans

la très grande majorité des cas, l'auteur pose la question de savoir si la propension des Noirs à la violence est un trait de leur héritage culturel africain ou si ici le résultat de leur vie ici. Il montre que le taux d'homicides dans les pays d'Afrique noire et parmi les populations noires d'Europe de l'Ouest connaissent un taux similaire d'homicides, bien inférieur à celui des États-Unis, tant chez les Noirs que chez les Blancs. Il fait ensuite l'historique du « Rêve Américain », tel qu'il a été vécu par les Noirs depuis l'esclavage. A la fin de sa lecture, le lecteur ne pourra que s'étonner, avec l'auteur, que les Noirs américains des communautés urbaines défavorisées ne soient pas plus violents !

7. Voir David Austern, *The Crime Victims Handbook* (New York, Viking Penguin, 1987) p. 7 : « A de très rares exceptions près, les tribunaux refusent d'intervenir pour faire cesser l'habitude de la police [d'ouvrir des enquêtes] selon son bon vouloir. Les tribunaux ont statué que les citoyens n'avaient pas le droit d'assigner la police en justice pour la forcer à opérer des arrestations. »

8. Michael Perlstein : « Most Killers Escape Prison Sentence, City Records », dans *Times-Picayune*, le 13 janvier 1991.

*Cet ouvrage a été réalisé par la*
*SOCIÉTÉ NOUVELLE FIRMIN-DIDOT*
*Mesnil-sur-l'Estrée*
*pour le compte des Éditions Pocket*
*en mars 1996*

POCKET - 12, avenue d'Italie - 75627 Paris Cedex 13
Tél. : 44-16-05-00

*Imprimé en France*
Dépôt légal : mars 1996
N° d'impression : 33645